U0894590

珍藏本
纪念版

汉译世界学术名著丛书

法国农村史

〔法〕马克·布洛赫 著

余中先 张朋浩 车耳 译

商务印书馆
SINCE 1897
The Commercial Press

2017年·北京

Marc Bloch
LES CARACTÈRES ORIGINAUX
DE L'HISTOIRE RURALE FRANCAISE
Société D'édition《Les Belles Lettres》Paris 1931
根据巴黎"优秀文献"出版公司 1931 年版译出

汉译世界学术名著丛书
（120 年纪念版·珍藏本）
出 版 说 明

2017 年 2 月 11 日，商务印书馆迎来 120 岁的生日。120 年前，商务印书馆前贤怀揣文化救国的理想，抱持“昌明教育，开启民智”的使命，立足本土，放眼寰宇，以出版为津梁，沟通中西，为中国、为世界提供最富智慧的思想文化成果。无论世事白云苍狗，潮流左右激荡，甚至战火硝烟弥漫，始终践行学术报国之志，无改初心。

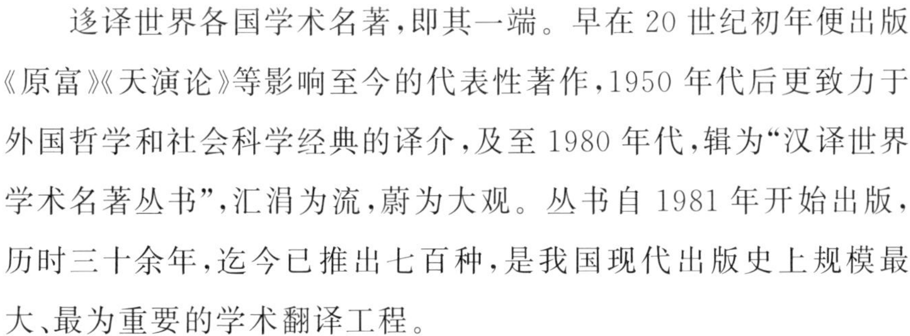

迻译世界各国学术名著，即其一端。早在 20 世纪初年便出版《原富》《天演论》等影响至今的代表性著作，1950 年代后更致力于外国哲学和社会科学经典的译介，及至 1980 年代，辑为“汉译世界学术名著丛书”，汇涓为流，蔚为大观。丛书自 1981 年开始出版，历时三十余年，迄今已推出七百种，是我国现代出版史上规模最大、最为重要的学术翻译工程。

丛书所选之书，立场观点不囿于一派，学科领域不限于一门，皆为文明开启以来，各时代、各国家、各民族的思想与文化精粹，代表着人类已经到达过的精神境界。丛书系统译介世界学术经典，引领时代思想，为本土原创学术的发展提供丰富的文化滋养，为推动中国现代学术和现代化进程做出了突出的贡献。

为纪念商务印书馆成立120周年，我们整体推出“汉译世界学术名著丛书”120年纪念版的珍藏本，寄望既利于文化积累，又便于研读查考，同时向长期支持丛书出版的译者、编者和读者致以敬意。

两甲子后的今天，商务印书馆又站在了一个新的历史时间节点上。我们不仅要铭记先辈的身影和足迹，更须让我们的步伐充满新的时代精神。这是商务人代代相传的事业，更是与国家和民族的命运始终紧密相连的事业。我们责无旁贷，必须做好我们这代人的传承与创造，让我们的努力和成果不仅凝聚成民族文化的记忆，还能成为后来人可以接续的事业。唯此，才能不负前贤，无愧来者。

商务印书馆编辑部

2017年10月

中译本序言

《法国农村史》[①]今天在西方史学界已被公认为一部古典名著。著者马克·布洛赫(Marc Bloch,1886—1944 年)是法国当代负有国际盛誉的历史学家[②],曾任斯特拉斯堡大学(1921—1936年)、巴黎大学(1937—1940 年)、蒙彼利埃大学(1941—1942 年)等校教授,著有《法国农村史》、《封建社会史》(二卷,1939—1940 年,英译本,1961 年)和《史学论文集》(二卷,1963 年)[③]等书。他于1929 年与同事斯特拉斯堡大学教授、法国历史学家卢契安·费夫尔(Lucien Febvre,1878—1956 年)合作,创办并且主编《经济与社会史年鉴》杂志。这是法国第一份社会经济史杂志,也是马克·布洛赫和费夫尔倾注全部心血的事业。特别是布洛赫。在《年鉴》的"每一期上,他的书评、札记和论文都占据一大部分,并且往往是最

---

① 法文原名《法国农村史的基本特征》,1931 年初版;再版,二卷,1952 年、1956 年。(第一卷,1952 年,系重印 1931 年版原书;第二卷系布洛赫在 1931 年后的论文和为增订 1931 年版而作的笔记,由 R. Dauvergne 编辑成书。)英文译本,1966 年,中译本系据 1931 年初版法文原著译出。

② 英国剑桥大学教授、著名经济史学家波士坦(M. M. Postan)称他为 20 世纪法国最伟大的历史学家(英国《经济史评论》杂志,1944 年,新辑,第 14 卷,第 2 期,第 161 页)。

③ 《史学论文集》包括 1911—1948 年间发表的马克·布洛赫论文。

引人入胜的部分”。[①] 到了30年代后期，《年鉴》成了全欧洲一份最生动、最富有启发性和最有创见的史学杂志，它不但反映和代表了，而且还引导和领导了法国及其邻国的历史研究，造成一代新的学风。[②]

马克·布洛赫不但是一个卓越的历史学家，而且还是一个值得后世永远怀念的民主自由战士，一个英勇的爱国者。在第一次世界大战中，他多次为法国荣立战功；第二次世界大战爆发，德国纳粹势力侵入法国以后，他因为是犹太人，被迫辞去教职。这时他本来可去美国或阿尔及尔任教，却宁愿留在法国参加抵抗阵线活动，最后于1944年被捕，在德军集中营中遇害。这时他还不过58岁。

马克·布洛赫的过早去世，使得他能够留给后世的著作不是太多。《法国农村史》是他的成名之作，也是他的史学造诣的代表作品。这书的特征，或者也可以说是马克·布洛赫史学的特征，我认为有这样三方面：

第一，古为今用。

马克·布洛赫在他生命的最后日子里，在德军集中营用小学生笔记簿写了(没有最后完成)一部小书《史学罪言或史家行业》[③]。在这本书里，他开宗明义讨论了“历史有什么用处”或“为什么要研究历史”的问题。他认为史学也能够成为一门科学。史学研究的目的

---

① 前引波士坦文，〔英〕《经济史评论》，新辑，XIV:2:161—162。

② 前引波士坦文，〔英〕《经济史评论》，新辑，XIV:2:161—162；费尔南·布劳代尔(Fernand Braudel)：“马克·布洛赫”，载《国际社会科学百科全书》。

③ 布洛赫死后，由费夫尔整理成书，于1949年出版；英译本《史家行业》，1954年。

虽然不能是探索严格和永恒不变的规律，也应当是分辨事物和增进人对于现实世界的理解，使他们通过古为今用，能够生活得好一些。[1] 由此，他认为一个历史学家的任务不能限于铺陈史料、描绘史实，而是要去解释史实，说明历史事件的前因后果，或揭示事物表象下面的隐含实质。[2] 上乘的历史著作应该能够古为今用。

马克·布洛赫的《法国农村史》是这样的一本著作。这书的内容是古代、中世纪和近代早期法国社会的物质和经济基础，也就是农业生产和庄园制度。庄园制度（农村生产关系）史占四分之三的篇幅，是全书的主要内容。专门论述农业生产的部分只占很小的篇幅：开头谈了荒地开垦、耕种技术、传统土地公用制度，最后谈了农业革命的开始和农民个人主义。但我们从书中不难看出，马克·布洛赫研究庄园制度史的目的，主要不是在于了解这种中世纪社会生产关系制度本身，而是在于了解这种制度对法国中世纪以来农业生产发展和农民个人主义的影响。在中世纪和中世纪以后的长短不同时期，欧洲地区几乎都存在过与法国庄园制度大致相同的农村社会关系，但从16世纪开始农业革命以后，西欧像英国或德国的农业一样，逐渐形成了以大地主经营的、围圈起来的大农场为主的局面；而在法国则除了少数省区有圈地农场以外，占统治地位的是农民小土地所有制，是农民个人主义经营。个体小农业直到今天还是法国经济发展中一个拖后腿的因素。这是什么缘故呢？马克·布洛赫现在提出了答案。他在《法国农村史》的最后写道：

① 《史家行业》（英译本），第10、12、17页。

② 同上，第9—13、190页。

"土地形状上的传统主义,共同耕作方式对新精神的长期抵抗,农业技术进步的缓慢,这一切的原因不都在于小农经济的顽固性吗?远在王家法庭最终批准法律承认自由租地耕种者的权利之前,小农经济就名正言顺地建立在领主的习惯法基础上,并且从地多人少这一现象中找到了它经济上的存在理由。"

这也就是说,马克·布洛赫并不认为贵族地主庄园和农奴制度是法国所以盛行小农经济的决定性因素,经济和其他的条件可能对一地的土地占有和农业经营方式有更为重要的作用。

马克·布洛赫是怎样得出自己的结论的呢?主要是从他的史学观点和方法。在本书中,马克·布洛赫的两个史学观点是清楚的:整体史观和多因素论。

第二,整体史观,多因素论。

马克·布洛赫认为史学是一门研究在时间过程中的具体的人类社会或其中某一现象的科学。由于任何时代的社会都是一个整体,任何社会现象,不论是某一事件的发生,还是某一制度的兴起或中衰都是既有历史渊源,又有当时各种环境因素的作用。全部人类历史便是这样由时间因素和空间因素相互作用而成的一个整体。从时间上来说,这是一个不断运动,不断前进,绝不返顾的整体。历史"恰似一江春水向东流,剪不断"。马克·布洛赫因此认为:从古到今的历史本来不能割断,只是因为一个人的生命过于短促而历史的范围过广,所以才需要断代研究,但不论是哪一段历史的研究都不能画地为牢,闭关自守,而必须看到别的时代,上下古今互通声气,因为唯一的真实历史是通史,而通史是只有通过断代史或部门史之间的互相合作才能写好的。[1]

从空间关系来说，任何一个特定时间的社会现象都是同当时周围环境相联系的。“欧洲封建制度不是由〔古罗马〕遗迹拼凑而成，而是从我们历史上一个时期的社会总体情况中兴起的。”马克·布洛赫因此引用阿拉伯人的一句成语——“人的近似他们的时代要超过近似他们的父亲”，来告诫历史学家不要脱离具体时代来理解一种社会现象，不要把人类社会抽象化，而是应“在思想上充分领略当时的时代气氛”[2]。一个时候的社会总体情况或时代环境自然是复杂的，是多种因素相互作用的结果，其中经济和社会因素无疑十分重要。马克·布洛赫正是因为认识这些因素的重要性，所以才用“经济与社会史”来命名他和费夫尔在1929年创办的《年鉴》杂志；但他同时认为其他如地理、心理和生产技术等也是在不同时期起着程度不等的作用的因素。

马克·布洛赫就是用这些观点写成《法国农村史》的。

第三，比较研究和综合分析。

根据整体史观和多因素论，马克·布洛赫主要运用比较研究和综合分析两种方法来研究法国农村史。他在这部书中的比较研究分为两个层次：首先是法国各地区之间的比较，这是全书的主题；其次是，他认为法国问题只有摆在整个欧洲当中去，才能更加深刻地理解。

比较研究是根据整体史观需要的史学方法。根据多因素论，马

① 《史家行业》(英译本)，第47页。

② 同上，第27、34—35页。

克·布洛赫的《法国农村史》不但是一部社会经济史,而且也是一部农民心理史和人文地理史,一部这些专门史的综合系统历史。书中对法国近代农民个人主义的论述是比较研究和多学科综合分析的成果。

《法国农村史》没有涉及封建主义。马克·布洛赫把庄园和农奴制劳动看作欧洲中世纪封建制度的主要组成部分①,但认为庄园制度和封建制度是在性质上和历史上都不相同的制度,不宜混为一谈②,所以他把欧洲中世纪封建社会中一般人的思想文化意识和政治法律制度等上层建筑问题,一概留到《封建社会史》中去详细论述,不在这里涉及。

我国从先秦以来就是一个小农经济社会。其渊源所自以及所以如此的原因,似乎到今天还有待于很好研究。对于这种研究,马克·布洛赫用以研究欧洲封建社会和庄园制度的观点、方法以及他的研究成果都可能值得我们参考。现在张朋浩、车耳和余中先三位同志把《法国农村史》译成中文,商务印书馆把它作为"汉译世界学术名著丛书"之一出版,对于我国的社会经济史教学和研究都将起帮助和促进作用,自然是很大的好事,但我还希望这书的续篇——《封建社会史》也能不久就有中文译本出版,好使大家能更深入和全面地了解马克·布洛赫。

陈 振 汉

1989 年 2 月,北京大学

① 《封建社会史》(英译本,1961 年),第 446 页。

② 《史家行业》(英译本),第 171 页。

目　　录

导言　对方法的几点思考

若将应由作者一个人承担的责任转嫁到可爱的客人们头上，这恐怕可以称之为一场恶作剧。但是我要说，假如比较文化研究学院去年秋天并未邀请我去作一系列讲座，这本书也许就不会出世。一个深知职业困难的历史学者——按福斯泰尔·德·库朗热的话来说，这是一切职业中最艰难的一项——在决定用几百页纸的文字描述一段漫长的进化史时不会不犹豫再三的，更何况这段历史还模糊不清。我终于屈从于一种欲望，向比我在奥斯陆的宽厚仁慈的听众数量更多的读者提出一些假设，直至今日，我仍未有暇运用必要的证据进一步发挥这些假设，然而眼下，我觉得这些假设会向研究者们提供有用之物，指明工作方向。在触及问题的要害之前，最好简单地解释一下我是在什么思想方法指导下致力于本书写作的。当然，关于方法的有些问题会超出，甚至大大超出我这本小书的范围。

*　　　　*　　　　*

有些时候，在一门学科的发展中，一种设想，哪怕表面看来很不成熟，往往会比许许多多的分析研究更有用，换句话说，有时候揭示问题本身比试图解决它们更为重要。我国的农村史研究似乎也到了这种时候。一个探险者在钻入茂密的丛林之前，总要简略地环顾四周，一旦钻入密林后，他的视野再也不会开阔了，我希望实现的就是这种环顾。我们的无知是惊人的。我尽力不去遮掩这种无知，也不遮掩研究中存在的空白，尽管我的资料有些部分所依据的是第一手调查，但终究是东一榔头西一棒子，难免流于不全。[①] 然而，为了使我的论文不至于不可卒读，我只在万不得已之处，才用上一两个问号。总而言之，难道不可以这么认为：在科研课题中，一切肯定都只是假定？今后更深入的研究将会宣告我的论文已彻底过时，到那时，如果我可以相信，我的错误臆测曾帮助了历史真理意识到它本身的正确，那么我的辛苦就算得到了完全的报答。

只有那些小心谨慎地囿于地形学范围的研究才能够为最终结果提供必要的条件。但它很少能提出重大的问题。而要提出重大问题，就必须具有更为广阔的视野，绝不能让基本特点消失在次要内容的混沌体中。甚至有时候，把视野放在整整一个民族的范围中还嫌不够：如果不在一开始就将眼光放在全法国，我们怎么能抓住各不同地区发展中的独特之处呢？推而广之，法国的发展运动只有放到全欧洲范围内来考察才能显出其真正意义。这种研究，既不是强迫同化，更不明确区分，也不是像玩拼照片游戏那样构建一个虚假的、传统的、模糊的总体形象，而是通过对比，在指出它们的共同性的同时指出其独特性。因此，我目前进行的民族历史某股潮流的研究紧密地与我以前努力从事的比较研究相联系，也与邀请我的比

① 顺便提一下，我远远不能达到自己曾希望达到的数量上的精确性，尤其是在农田地块的面积上：研究古代度量衡制度必需的计量工具几乎全都找不到。

较文化研究学院已往做了大量工作的研究事业相联系着。

但是,论文形式本身所要求的简单化不得不带来某种程度的曲解,这一点必须正大光明地指出来。“法国农村史”这几个字看来十分简单。然而仔细考察起来,众多的困难就接踵而至。从农业的基本结构上看,构成现代法国各地区之间的差别比任何一个单独地区同政治边境以外的其他国家的地区的差别要大得多,在过去,这种特点尤其明显。渐渐地,在这些基本的差异之上,一个人们称之为法国农村的社会建立起来了,这一过程固然十分缓慢,而且吸收了原先属于国外的许多社会或社会碎片的因素。如果我们事先不讲清楚,对这些借助于各个不协调社会的古老现象的了解与现代及当代法国的智力水平绝不可分离(而这种智力则是从原始的多样化的差异中一代接一代传继下来的),那么,把有关 9 世纪的材料当成是“法国”的,如同把 13 世纪的材料看作普罗旺斯的一样实属荒谬至极之事。一句话,定论只能在终点得出,而不是在起源,或是在发展途中:也许这是一个公认的惯例,但愿它有自知之明。

法国农村是一个庞杂的社会,在其边境之内,在同一片社会色调的版图内,顽固地聚集着各种截然不同的农业文明的遗迹。洛林的大村庄四周无圈围的长条田,布列塔尼的圈地和农舍,像古希腊卫城那样的普罗旺斯的村庄,朗格多克和贝里的不规则地块,凡此种种不同形象,我们即使闭上眼睛,也能在思想的目光前看到它们的形状,它们解释了存在于人类社会中的差异之深刻。我努力试图给这些差别以及其他许多差别以公正的评价。然而,考虑到叙述必须简要,又希望首先将重点放在几个常遭世人轻视的重大共同现象上，我不得不再三约束自己，多谈普遍性问题而少提特殊性问题，至于共同现象在各地的细微差别就留待以后的研究者去考证吧。这番做法的基本弊端是在某种程度上会掩盖地理因素的重要性：因为大自然加之于人类活动的条件即使不能解释我们农村历史的基本特征，也可以为弄清地区间的差别提供自己的帮助。将来进一步的研究必定能在这方面给予重大的纠正。

历史首先是一门研究变化的科学。在考察各类问题时，我尽量做到永远抓准这条真理。然而，我有时仍以一种离我们较近时代的光芒去照耀遥远的过去，尤其当我研究农业经营制度时。在上一门关于家庭的课程时，迪尔凯姆曾说过："要想了解现在，首先必须离开它。"我同意他的说法。但在有些情况下，为了说明过去，人们必须看一看现在，或者至少也该先看一看离现在最近的一段过去。这就是文献资料状况要求农业问题研究采取的方法，我们将看到这样做的理由。

* * *

从 18 世纪起，法国农业生活才得以见诸历史书籍，而不是在以前。直至那时，除了几位只关心烹调法的专家外，作家们极少考虑这方面的事；行政官员亦无更多的关注。仅有几本法律著作或几部习惯法向人们提供诸如公共放牧制之类的农耕基本法则。无疑，在本书中我们将会看到，要从旧的文件中摘取许多珍贵的指示并不是不可能的。但这样做须有一个条件，那就是善于发现它们。而真要这样做，首先要从整体上综观，唯有如此，才能把握住研究的总线索。18 世纪以前，不可能提供这类情景。人们生来只善于发现剧烈变化着的事物。多少个世纪中，农业从习惯来看几乎一成不变，因为实际上它变化极小，而且当它进化时，一般都平平稳稳，没有断续现象。18 世纪，耕作技术与法则进入了一个更为迅速变化的阶段。更有甚者，人们竟想改变它们。农学家们描绘了陈规旧习以便清除它们。行政官员为了测定可能实行改革的范围，纷纷探听政府的风声。由于公共放牧制和圈地问题引起的 1760—1787 年间的三次大调查勾勒出一幅巨大的地图，至此从未有过一幅可以与之媲美。这一切只是以后世纪中连续不断的长链条中的第一个环圈。

在文字的一旁，几乎与文字同样必要的是地图，它将土地的解剖模型置于我们的眼皮之下。最早的地图可以追溯到更古的年代，直到路易十四时期。但这些多数出自贵族领主之家的漂亮地图只是在 18 世纪才开始增多。自然，它们还存在着许多空缺，小地方的空白，甚至整个地区的空白。若想从整体规模上了解法国土地的面貌，就必须深入到第一帝国和七月王朝的土地簿册中，这段时期，农业革命正值高潮，而且尚未结束。[1]

这些相对较晚时代的文献资料应该成为我们研究法国农村史——我理解的农村史应既包括农业技术又包括多少紧密地支配着经营者活动的农业习惯——必须遵行的出发点。举一个例子，就能比长长的论述更清楚地说明采取这种方法的必要性。

1885 年左右，一位当时正致力于探索我们称之为长形敞地的土地制度问题的英国农村史大学者弗雷德里克·西博姆写信给福

① 关于 18 世纪的大调查（本书在以后还将经常提到），请看 *Annales d'histoire économique*，1930，p. 511；关于地图，同上，1929，p. 60 及 390。

斯泰尔·德·库朗热,向他请教,这种在大不列颠已有例证的耕地形式是否早就存在于法国。因为他们两人在欧洲文明的起源问题上具有共同的观点,所以来往很密切。福斯泰尔回复道,他丝毫不见有这种耕地形式的痕迹。[①] 不是他忘了记起来他自己并非那种轻易受外部世界影响的人。他无疑从未十分注意地观察过法国整个北部和东部那些形状奇特的、使人一下子就联想到英国的敞地的耕地。由于对农学并无特别的兴趣,所以他对收到西博姆来信的同时正在议会进行的关于公共牧场制问题的辩论漠不关心。为了向他的通信者提供情况,他只查阅了几篇十分陈旧的文章。但他对这些文章倒是深爱熟知的。它们若是能向他提供相当明晰的证明,为何对这些现象却什么也揭示不了呢?梅特兰在一个不适当的时刻指责他带有民族偏见,对明显的事实视而不见。但是长条形田地真的是日耳曼的特产吗?真正的解释不是这样的。福斯泰尔只看重了文献资料本身,而没有以最新的研究对此加以阐明。如同当时许多高明学者一样,他对起源问题深深迷恋,始终忠实地追随着一种与历史年代紧密相扣的体系,一步一步地从最遥远的古代走向现今。至少,他只是无意识地实践着相反的方法,因为无论如何,这方法总归要以某种方式强加于历史学家头上。一般来说,最偏远的不可避免地同时也是最模糊的。如何才能避免从最明了到最不明了的必由之路呢?当福斯泰尔寻求所谓"封建"制度的遥远之根时,他的脑子里必须有一个这些制度在发展鼎盛期时的形象,至少也要有一个暂时的形象,人们有权问自己,在钻入神

① 见 F. Seebohm,*French peasant proprietorship*,载 *The Economic Journal*,1891。

秘的初期社会之前，有没有确定已完成的草图的线条。历史学家永远是自己的文献资料的奴隶；尤其是献身于农业史研究的历史学家；他们必须从今到古倒读历史，不然的话，就有可能辨读不了往日的天书。

不过，有必要明确地指出，这种逆自然秩序的辨读也有它的危险。谁看到了陷阱，就不会往里掉。

新近的资料唤醒了人们的好奇心。古旧的文章还不能让这些好奇心永远处于不满足状态。这些资料应运而生，提供了比人们一开始所期望的更多的东西：尤其是那些法庭诉讼的证明，那些判决，那些法律条文，遗憾的是，就我们现在科学技术设备的状况而言，分析整理工作做得太差了。不管怎么说，这些资料远不能回答一切问题。要从这些执拗的证人的言辞中得出精确的结论十分困难，而且这样做也丝毫不合法律：各种解释千差万别，人们倒很可以把它们编成一本有趣的集子。

还有更糟糕的。威廉·莫勒于1856年写道："只要对当今英国的各郡稍稍瞥一眼，就能发现绝大多数的农耕单位都是独立的农场……今天看到的这种状况可以帮我们得出明确的结论，在以往时代，"——他指的是盎格鲁－撒克逊时代——"农村人口都是分散居住的。"他完全忘记了"圈地"革命这一置于往日与今日英国农村之间的深深的缺口。多数情况下，"孤立农场"的诞生是土地集中与兼并的结果，比亨吉斯特和霍萨*的出现要晚得多。在这

* 亨吉斯特（？～约488年），霍萨（？～455年），弟兄二人，相传为第一批迁到不列颠的盎格鲁－撒克逊人的领袖。——译注

一点上若犯错误则是不可饶恕的，因为它涉及相对较近时代的变化，很容易认识和确定。不过，真正的危险存在于推理原则本身：假如人们不加注意，它就可能带来许多其他更加难以摆脱的错误。人们常常给一个合理的方法加上一个完全任意的公式：旧的农耕习惯的不变性。这就不对了。说实在的，由于物质条件的困难，由于反作用较缓慢的经济状况，由于周围的传统主义气氛，耕作法则在当时的变化远比今天要小得多。再则，能帮我们了解昔日农业变化的资料通常既贫乏又不清楚。但我们将看到，它们甚至都达不到我想象的虚假的永恒性的程度。有时突然发生的村庄生活的某种中断——劫掠或战后的人口增长——迫使人们在地图上划出新的犁痕，有时，例如在现今的普罗旺斯，村社集团一下子决定改变祖传的习俗；更为常见的是，人们几乎难以觉察地甚至不情愿地偏离了最初的秩序，迈泽恩在表达一种对所有献身于古代农业研究的人们来说十分熟悉又使人伤心的感情时，说过一句富有浪漫气息的漂亮话，“在每个村庄中，我们都漫步于史前遗迹的废墟之间，它们比村镇的碎瓦残屑或城市的断墙塌垛还要古老得多”，这句话并无一丝谎意。事实上，在不止一块土地上，农田轮廓的古老程度要远远超过最引人瞩目的古石。但这些遗迹从严格意义上来说，却从来不是“废墟”；它们更像那些体现古代结构风格的混合式建筑，千百年来，人们不停地在那儿建屋筑舍，一遍又一遍地对它们整修。因此，它们绝非以纯粹的面貌展现在我们面前。村庄的外衣太陈旧了，但它经常拾掇缝补。一味死抱成见地忽视、拒绝研究这些变异，人们就是在否定生命，生命本身只是运动而已。让我们逆着时间的流向而进吧；一个阶段一个阶段地推进，永远细致入微地摸索运动曲线中不规则及变异之处，而不要希望——可惜人们经常这样做——一步就从18世纪跳向圆石时代。在最近的过去，有一种合理施行的逆退法，为获得越来越久远的年代的固定形象，它不要求一张可以不断翻拍出与原来一模一样形象的照片，它所希望抓住的，是电影的最后一张胶卷，然后它可以倒卷回去，尽管人们会发现不止一个漏洞，但事物的活动规律得到了尊重。

1930年7月10日
于斯特拉斯堡

书目指南

一本综合分析的书中，最棘手的莫过于参考书目的问题。难道为了减轻写作负担就可以不提供任何书目吗？但若这样，就违反了历史学者应遵守的法则，正直的做法是，未经证实，不应超越。那么全部提供吗？可是这样一来，注释就会占满书页。我只能采取如下的办法：每当所提的事实及文章比较容易找到（对于博学的学者而言）时，我就克制，不作附注，这部分资料有的来自众所周知的文献，由于有较好的表格，其摘录工作不很困难，有的借助于以下书目表中所列的图书，它们的性质清楚地揭示了应该查阅哪些书籍；相反，当万一缺少指引，连最谨慎的读者也显然会无从着手找寻时，我就明确而仔细地标明资料来源。我并不掩盖这种方法的缺点，它具有一定的任意性；它容易使我显得对那些历史学家忘恩负义，似乎我频繁地利用他们的著作而很少声明。但这又有什么办法！必须好好选择嘛。

以下的"指南"局限于主要的书籍。只有与法国相关的著作才在此提及。我愿首先提一句，从那些对各国农村史研究作出了贡献的著作中，我汲取了有益的成分，说实在的，假若没有这些著作提供的比较，没有它们研究成果的启发，我现在进行的研究是完全不可能的。提及我所利用过的所有著作等于建立一座全欧性的图书馆。不过，至少让我来提一下主要的几位：德国的格奥尔格·汉森、G. F. 克纳普、迈泽恩、格拉德曼，英国的西博姆、梅特兰、维诺格雷道夫、托尼，比利时的德马雷，农村社会史研究人员提起这些名字无不怀着深深的感激之情。①

I. 关于各时期法国农村人口历史的著作：

M. Augé-Laribé, *L'évolution de la France agricole*, 1912.

M. Augé-Laribé, *L'agriculture pendant la guerre*, s. d. (*Histoire économique de la guerre, série française*).

Fustel de Coulanges, *L'alleu et le domaine rural pendant l'époque mérovingiènne*, 1889.

B. Guérard, *Polyptyque de l'abbé Irminon*, t. I. (*Prolégomènes*), 1844.

N. Kareiew, *Les paysans et la question paysanne en France dans le dernier quart du XVIIIe siécle*, 1899.

J. Loutchisky, *L'état des clsses agricoles en France à la veille de la Révolution*, 1911.

H. Sée, *Les classes rurales et le régime domanial en France au moyen âge*, 1901.

II. 主要的地区研究：

A. Allix, *L'Oisans, étude géographique*, 1929.

Ph. Arbos, *La vie pastorale dans les Alpes françaises*, 1922.

Ch. De Robillard de Beaurepaire, *Notes et documents concernant l'état des campagnes de la Haute Normandie dans les derniers temps du moyen âge*, 1865.

① 我还利用了 H. Levi Gray 的著作 *English field systems* (1915)中的材料以及各种关于"圈地"的英国著作，在此我只提最简单的几部：G. Slater 的 *The english peasantry and the enclosure of common-field*, 1907，和 H. R. Curtler 的 *The enclosure and redistribution of our fields*, 1920.

Y. Bezard, *La vie rurale dans le sud de la région parisienne de* 1450 *à 1560*, 1929.

R. Blanchard, *La Flandre*, 1906.

A. Brutails, *Etude sur la condition des populations ruralesdu Roussillon au moyen âge*, 1891.

A. de Calome, *La vie agricole sous l'Ancien Régime dans le Nord de la France*, 1920. (*Mém. de la Soc. des Antiquaires de Picardie*, 4e série, t. IX.).

L. Delisle, *Etudes sur la condition de la classe agricole et l'étude de làgriculture en Normandie pendant le moyen âge*, 1851.

A. Demangeon, *La plaine picarde*, 1905.

D. Faucher, *Plaines et bassins du Rhône moyen*, *Etude géographique*, 1927.

L. Febvre, *Philippe II et la Franche Comté*, *Etude d'histoire politique*, *religieuse et sociale*, 1911.

André Gibert, *La porte de Bourgogne et d'Alsace* (*Trouée de Belfort*), 1930.

Ch. Hoffmann, *L'Alsace au XVIIIe siècle*, 2 vol.,1906.

R. Latouche, *La vie en Bas-Quercy du XIVe au XVIIIe siècle* 1923.

V. Laude, *Les classes rurales en Artois à la fin de l'Aneien Régime*, 1914.

G. Lefebvre, *Les paysans du Nord pendant la Révolution Française*, 1924.

M. Marion, *Etat des classes rurales daus la généralité de Bordeaux*, 1902 (et *Revue des études historiques*, même année; concerne le XVIIIe siècle).

R. Masset, *Le Bas-Maine*, 1917.

P. Raveau, *L'agriculture et les classes paysannes dans le Haut-Poitou au XVIe siècle*, 1926. ①

---

① 同一作者的文章还可补充:*La crise des prix au XVIe siècle en Poitou* 载 *Revue Historique*, t. CLXII, 1929, 和 *Essai sur la situation économique et l'état social en Poitou au XVIe siècle*, 载 *Revue d'histoire économique*, 1930.

Ch. De Ribbe, *La société provençale à la fin du moyen-âge d'après des documents inédits*, 1897.

G. Roupnel, *Les populations de la ville et de la campagne dijonnaises au XVIIe siècle*, 1922.

Th. Sclafert, *Le Haut-Dauphiné au moyen-âge*, 1925.

H. Sée, *Etude sur les classes rurales en Bretagne au moyen-âge*, 1896 (et *Annales de Bretagne*, t. XI et XII).

H. Sée, *Les classes rurales en Bretagne du XVIe siècle à la Révolution*, 1906 (et *Annales de Bretagne*, t. XXI à XXV).

A. Siegfred, *Tableau politique de la France de l'Ouest sous la Troisième République*, 1913.

J. Sion, *Les paysans de la Normandie orientale*, 1909.

Théron de Montaugé, *L'agriculture et les classes rurales dans le pays toulousain depuis le milieu de XVIIIe siècle*, 1869.

L. Verriest, *Le régime seigneurial dans le comté de Hainaut d XIe siècle à la Révolution*, 1916—1917.

第一章　占有土地的主要阶段

一、初始阶段

当我们称作中世纪开始的时期，可以视为法兰西的民族和国家缓慢地开始形成的时期，那时，农业在我国国土上已经存在三千年之久。考古资料清楚地证明，现今法国大量的乡村早在新石器时期就已由那时的耕作者建立，他们的田地在还没有金属镰刀割穗前一直使用硬质的石器工具来收割。[①] 这种史前的乡村虽然不是我这里所要叙述的主题，但对我的研究却有决定性的影响。我们要从各种特征上去说明在我国土地上实行过的诸类基本农业制度之所以常常发生困难，就是因为它们的根源过于久远，产生它们的社会的深刻结构对我们已几乎完全消失。

在罗马帝国统治下，高卢曾是帝国的主要农业地区之一，但当时在居住和耕作地周围，仍然有广袤的荒地，这些未被占领的空地在罗马帝国时代结束前夕有所扩大。那时，在动荡混乱、人口锐减的罗马尼亚，到处是不断扩大的被废弃的农地。中世纪时期，在一

---

① 参照 A. Grenier 的精彩论文：*Aux origines de l'économie rurale*，载 *Annales d'histoire économique*，1930

些土地的周围不得不一再重新消除灌木或树林，另一些地方则直至今天仍是空地或很少房舍，考古发掘工作才揭露出这里存在许多古代遗址。

4世纪和5世纪发生过几次大规模“入侵”。蛮族人数并不多，这时的罗马高卢人数无疑也大大少于现在，而且他们分布不均匀，就入侵者方面说，他们在整个地区没有形成单一的密集的集团，因而他们的影响总的说是微弱的，在各处只处于相对重要的地位。在有些地区，他们的影响则相当重大，新来者的语言代替了被征服人民的语言，如佛兰德就是这样的地区，从中世纪以来直至今天，那里住宅相互挨近，而在罗马帝国时代却曾是尽可能的散开，而且那里的拉丁文化和势力缺乏像别处那样的城市的支持，那里的城市很少很弱。整个法兰西北部地区，人们的话语中，只在很小程度上还刻印有罗马的痕迹，在他们的语音和词汇中却反映了无可争议的日耳曼影响，甚至在一些习俗惯例上也是如此。我们对奠定这一情况的条件还了解得极差，但有一个事实是肯定的，即征服者不会相互分散，否则，就会陷于最可怕的危险之中。对新石器时代证物的考察，尤其是对业已确定的“蛮族人墓葬”的研究，证明他们没有犯这一错误，他们在一块土地小群聚居，每群可能围绕一个首领而组织在一起，其中或许还多少有一些来自被征服人民的隶农和奴隶，这些小群体有时就形成从原高卢－罗马人属地中游离出来的新居住点的起源地，不管愿意与否，贵族不得不同其战胜者分配这些属地。[①] 可能到这时，未耕作过的土地或因入侵而荒

① 见 C. Jullian 的文章，载 *Revue des études anciennes*，1926，p. 145.

芜的田地又被开垦或重新垦殖起来，我们相当多的村庄的名称就是从这时开始形成的。有些名称显示出蛮族集团是一个真正的氏族集团，一种氏族族群，例如 les Fère 或称 La Fère*，[①]在伦巴第人的意大利存在过与此极为相似的集团形式。此外，这些村名经常以一个人姓氏的属格——首领的姓——加上一个集团性词汇，像 Villa 或 Villare 组织在一起，例如 Bosonis vllla，即我们现在建立的布宗维尔。词的排列顺序——表示属格的词放在前面，而它在罗马时代的组合词中则放在后面——尤其是人名的日耳曼式的外表是极有特征的。命名这些村庄的英雄人物并不都是日耳曼人。在蛮族国王统治下，那些当地的家世悠久的家族，也习惯于模仿占领者的人名。我们的博松**难道真是法兰克人的子孙或哥特人的后裔？很可能美国所有的佩西或威廉今天也同样不都是盎格鲁一撒克逊人的后代。但可以肯定，表明这些居民点的名称是比蛮族入侵更晚的事，而这些居民点自身呢？却未必如此。毫无疑问，古老的居住地往往已经更名换姓，但这些已定的遗存地区仍然以相类同的地名方式挨紧排印在地图上，人们应该设想到来自外部的人文因素对土地的占有会产生不可忽视的影响。那些远离作为罗马文化园地的主要城市的各个地区，尤其是由于史前农民寻求不太干旱的地区而成为今天法国盛产小麦的富饶地区，如博斯地区的情况就是这样。

---

* 位于今日埃纳省。——译注

① 例子请见 A. Longnon：*Les noms de lieux de la France*，1920，n° 875，及 D. Faucher，*Plaines et bassins du Rhône moyen*，p. 605，n. 2(Rocnemaure).

** 博松(?—887年)，秃头查理的姻兄，勃艮第—普罗旺斯的第一个国王。——译注在整个法兰克时期，文献中都提到拓荒。大领主、克洛提尼公爵、图尔的格雷古瓦写道：“村庄（领地）建立起来了，种植了葡萄，建造了房舍，开辟了耕地。”查理曼大帝曾命令自己的总督们在其森林中清理出能种植庄稼的土地，并且绝不允许如此开拓出来的耕田重新成为森林的侵占对象。在所有有关该时期的历史珍贵资料——财富的私有主的遗嘱材料中，几乎没有一份不回忆新建立的农庄建筑以及从占有的土地到收获的庄稼。但是不要搞错，在经常混乱的社会中那么频繁的人口流失的地方危机后，真正的夺取土地常常少于重新占有土地。例如查理曼大帝和虔诚的路易在塞提马尼——现在的下朗格多克——收容西班牙难民，在荆棘丛生的荒地和森林中开辟新的农业点，如同约翰在科比耶尔山脉“广袤的荒漠中”，先在“灯心草泉”（la Fontaine aux Joncs）附近，接着在“苏尔斯”（Sources）和“烧炭人小棚”（Huttes de Charbonniers）附近安置自己的隶农和农奴。[①] 这些地方位于萨拉森人出没的通道上，长期受战争摧残而被彻底毁没，那时甚至有过真正的占有土地，这些人类征服自然的胜利，无疑经历了十分艰苦的劳动才弥补了已经丧失的东西，因为被破坏掉的东西是太多和太严重了。9 世纪初，领主们的财产中，无人耕种的份地的数目令人不安地增加，根据 816 年前的一份简略资料，里昂教堂的垦殖地中有六分之一以上处于这种情况。[②]

① 一个很幸运的偶然机会使我们占有了关于这一安置过程的十分完整的资料：*Dipl. Karol.*, I,n°179；*Histoire du Languedoc*, t. II, pr. n° 34, 85, 112；t. V, n° 113，对照 *Bulletin de la commission archéologique de Narbonne*, 1876—1877.

② 正好是 257/1239。见 A. Coville：*Recherches sur l'histoire de Lyon*, 1928, p. 287 et suiv.

克服荒芜状况，荒芜又不断重新出现，这种斗争一直在继续，甚至从无停止过，这种努力本身就是生机勃发的最好证明，但是很难相信这种努力会获得成果。

这些努力最终仍归于失败，在加洛林王朝崩溃后，法兰西的农村明显地荒芜了，到处是一块块无人耕种的荒地，许多耕作过的土地也中断了生机。拓荒年代的历史文献——约从1050年开始，它紧接着我们称之为占有土地运动减退的时期——一致表明，当时人们首先是重新恢复田地，为此首先必须重新占有失去的土地“我们（在1102年）获得了博斯地区的迈松村，完全是一片荒原……我们开发它，清理那些未耕作过的土地”。我们收集的莫里尼修道院的编年史资料大量地提供了这种过程的类似的证明。晚一些时候（1195年），阿尔比日瓦济贫院院长指出拉卡佩勒－塞加拉尔村的情况时写道：“当这片乡村捐赠给我们时，拉卡佩勒是满目荒凉，既没有男人也没有妇女，它已经很长时间荒无人烟。”[1]我们现在再更清楚地来描述那时的景象：在居住点——一小簇房舍——周围，有一些小块田地，而在这些零星的绿地四周却是大片大片从未犁过的荒地。还要指出，如同我们很快就会了解到的，耕作方法是至少两年或三年就有一年休耕，甚至常常几年禁止耕作，这样，林木又重新生长满地。10世纪和11世纪时的社会建立在极端松散的土地占有形式上，这是一个稀稀拉拉、松松垮垮的社会，人群很小，相互居住相隔很远，这就是当时的基本特点，并决定着那一时期许多相应的文化特征，这一切，其连续性一直没有中断。诚然，村庄

① 见 C. Brunel：*Les plus anciennes chartes en langue provençale*，1926，n° 292.

到处在消失，如托内尔地区的佩松村，虽然后来邻近地区的村民们稍晚些时候重新清理出了这个农区，不过居民点却远没有再重建起来。[①] 但是，大多数村庄却继续存在下来了，虽然土地多少有所减少。各处传统的技术也有所消失，罗马人施用泥灰石的技术是比克东人的真正专长。直到16世纪，这一方法才又在普瓦图重新出现。但基本上，旧的方法一代又一代地不断演变着。

二、大拓荒时代

大约在1050年左右——有些条件特别优越的地区可能更早一些，如在诺曼底或佛兰德，另一些地区则略晚一些——开始一个新的时期，即大拓荒时代。这一时代到13世纪才终结。从各方面看，这一时期是自史前时期以来，我国土地耕种面积扩大得最快的时期。

这种巨大的努力，最动人的直接的奋战是同树木的斗争。

在这之前，长时期中，人们对是否进行耕作是犹豫不定的。在荆棘遍地、杂草丛生的草原荒野上，新石器时期的农夫因那时气候较现在干爽而选择在这样的地方便于建立自己的村庄，[②]就他们使用的简陋的工具而言，砍除林木这一任务是过于艰辛了，从那时以来，人们无疑砍除了无数稠密的枝枝叶叶，这种工作从罗马时期

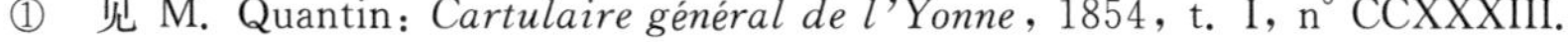

① 见 M. Quantin: *Cartulaire général de l'Yonne*, 1854, t. I, n° CCXXXIII.

② 关于德国的情况，请参阅 R. Gradmann 最近的漂亮的论文，载 *Verhandlungen und Wissenschaftlichen Abhandlungen des 23 d. Geographentags* (1929), 1930; 关于法国的情况，见 Vidal de la Blache: *Tableau de la France*, p. 54.

一直到法兰克时期都在进行,例如,9 世纪初,在卢瓦尔河和阿莱讷河流域之间,领主唐克雷德就是"靠砍伐稠密的森林"而取得完全新建的拉诺克勒村的土地的。[①] 在中世纪的古代森林中,原法兰西森林中,总的情况是林中没有翻耕过的地块,森林远未被开发,到处空旷无人。[②]

唯有的是那些"林中人",但也往往并不就一定定居在森林里,他们只不过是常出入于森林之中,或者在那里建了一些木棚,这些人是猎人、烧炭者、铁匠以及寻觅野生蜂蜜和蜂蜡者、采集制造玻璃或肥皂用的瓷土的工匠、为鞣制皮革或制造绳索而采集树皮的人等。甚至在 12 世纪末,瓦卢瓦夫人在自己的维里森林中还保留着四个仆人,其中一人是清理林地的工人(当时已经是大拓荒时代),另三个人是:一个专门负责铺设捕兽器,一个为弓箭手,一个是"烧灰工人"。在林中狩猎不仅是一种体育活动,而且也为城市或领主的制革厂、修道院图书馆的装帧工场提供兽皮,甚至还可提供菜肴和武器。1269 年,阿尔丰斯·德·普瓦提埃为准备十字军远征,命令在他的奥弗涅地区浩瀚森林属地中捕杀大量野猪,以此为"海外"远征携带腌肉。那时期,森林为居住在林区附近的居民

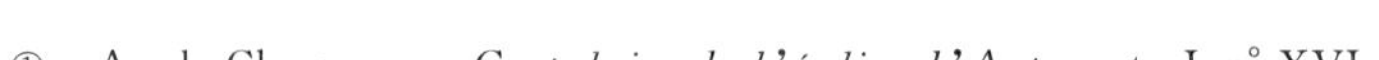

① A. de Charmasse: *Cartulaire de l'église d'Autun*, t. I, n° XVI.

② 关于森林的主要著作(除了已在书目指南中列举的作品外,还有许多十分有用的专题论文,不过它们的数量实在太多,不能一一列举),可见 A. Maury: *Les forêts de la Gaule et de l'ancienne France* 1867;G. Huffel: *Economie forestière*, 2 t. en 3 vol., 前二册第 2 版(1910 年, 1920 年),第 3 册,第 1 版(1919 年);L. Boutry: *La forêt d'Ardenne*,载 *Annales de Géographie*, 1920;S. Deck: *Etude sur la forêt d'Eu* 1929(对照 *Annales d'histoire économique*, 1930, p. 415);R. De Maulde: *Etude sur la condition forestière de l'Oreléanais*.

（当时比今天更接近于古代采集的习惯）提供我们现在再也猜想不到的丰富的生活资源。他们到森林去觅取木材，比之我们现在的煤炭、石油和金属时代来说，木材对生活是更为不可或缺的，木材用于薪材、火把、建筑材料、房梁、要塞碉堡的栏栅、制作木鞋、犁柄、各种用具，以及用作加固道路的木桩。人们并向森林索取其他各种植物产品：用作垫草的干苔藓或干树叶，榨油的山毛榉果实，野生的啤酒花，野生的果树果子：苹果、梨、花楸子、黑刺李等，人们还把这些原生的梨树或苹果树移栽到自己的果园里。但是，森林的主要经济作用却在别的方面（我们现在已经不习惯去探索它了）。森林的新鲜树叶，鲜枝嫩芽，林下的青草，橡栗和山毛榉果，这一切首先有利于用作牧场。在许多世纪中，除了有过正式的丈量土地的时候外，杂食的猪的数量曾一直作为牧场大小的最常用的衡量尺度。住在林边的村民们在树林里放牧自己的牲畜，大领主们则在森林中畜养着大群的畜群，对马群来说，这里成了真正的种马场。这些牲畜群几乎完全生活在自然状态之中，这种状况一直保留了很长很长时间，到16世纪还是如此。诺曼底的古贝维尔的领主有时到自己的森林中去寻找其牲口而每次都找寻不着，一次，他只是碰到了一头“系着铃铛”“两个月前人们曾见过的”公牛，另一天，他的奴仆成功地抓住了几头“发狂的牝马……这是两年来人们所一直未能抓获到的”。①

① 以下所提及的文献资料仅仅局限于鲜为人知的细节：关于剥椴树皮“用于制绳”（ad faciendum cordas），见国家档案馆，S 275 n° 13——关于瓦卢瓦夫人的仆人，见 B. Guérard：*Cartulaire de l'église de Notre-Dame de Paris*，t I，p. 233，n° XXV；——关于狩猎和图书馆，见*Dipl. Karolina*，I. n°191；——关于阿尔丰斯·德·普瓦提埃

对森林这种相当过度的、往往是滥采滥伐式的利用,使树群的密度逐步地下降。人们只想着剥取树皮,却使大片美丽的橡树林死亡! 在 11 世纪和 12 世纪,森林由于充塞着死去的树干和满地荆棘,以致难于繁衍滋长,到处勉强长着几棵稀疏的树木。那时,叙热尔修道院院长想在伊弗林森林为大教堂挑选 12 根优质粗大的梁木,他的守林人员都怀疑是否会找到这样的栋材,只好期望于出现奇迹,最后总算幸运地发现了,才得以如愿以偿。[①] 牲畜的牙齿和工匠们的双手长时期地使森林变得稀疏和羸弱,为大拓荒作了准备。但是在中世纪上半叶,大森林还是与人类生活分开的,它们大都远离教堂属地,这种教堂属地遍及甚至包括整个居住区。

在 12 世纪和 13 世纪,人们积极地热心于使那些森林回到人类生活中来,因而到处又开始耕作,并移来定居的农夫,但是必须缴纳什一税。在高原、山坡和冲积平原上,人们用斧子、砍刀或火来开辟耕地,说实在,完全消失的森林尽管有,但极为罕少。许多地沦为碎块地,并往往在失去其个性特征的同时,逐渐丧失了自己

的围猎,见 H. F. Rivière. *Histoire des institutions de l'Auvergne*,1874,t. I,p. 262,n. 5;——关于啤酒花,见 *Polyptyque de l'abbaye de Montierender*, c. XIII,1878 年 Ch. Lalore 版,或 Ch. Lalore, *Collection des principaux cartuiaires du diocèse* de Troyes,t. IV, 1878;——关于苹果树与梨树,见 J. Garnier, *Chartes de communes et d'affranchissements en Bourgogne*, 1867, t. II, n° CCCLXXIX, c. 10; Ch. de Beaurepaire, *Notes et documents concernant l'état des campagnes de la Haute-Normandie*, p. 409;——关于古贝维尔领主的林中畜群,见 A. Tollemer, *Journal manuscrit d'un sire de Gouberville*, 2ᵉ éd., 1880, p. 372 et 388;对照布列塔尼地区的森林牛奶棚和种马场,见 H. Du Halgouët, *La vicomté de Rohan*,1921,t. I,p. 37;143 et suiv.

① *De consecratione ecclesiae S. Dyonisii*, c. III

的名称。以前，在农村的景象中，每一块这样的黑点，就同河流和起伏的主要地层一样存在于地理词汇中，构成这些地理词汇的因素在许多情况下比之语言(历史保存着它的回忆)都存在更早。人们称呼过比耶尔、伊弗林、拉伊、克吕伊和洛热，而中世纪末期后，人们就差不多不再这样叫了。为了表示这些原来实有的碎地块，如枫丹白露森林、朗布依埃森林、圣日耳曼森林、马尔利森林和奥尔良森林，人们借用城市或猎人小屋的标志来代替旧的名称(由于成为皇家的围场或领主的围场而使那些森林更为著称)。旧名称已是被遗忘了的用语的残迹。差不多与此同时，旷野上参天乔木林的外套被撕开了，多菲内河谷的农民跨上了阿尔卑斯山森林的峰顶，在那里修建了修道士隐居的宅院。

我们再来看看那些专门清除树根的垦殖者们，在沼泽地里也可看到这些人在干活，尤其是在佛兰德滨海地区和下普瓦图的沼泽地里，以及其他许多为浓密的荆棘和杂草占据的未耕作过的地方。这些地方是荆棘和蕨类植物的世界，“所有这些占地广、面积大的植物都扎根于地层深处。”莫里尼的编年史告诉我们，用犁和锄进行顽强斗争的农民，开垦荒地往往首先从清理那些曾经采伐过的林地开始，[①]同森林进行的战争仅仅是第二步的工作。

这些土地的征服者经常建成新的村庄，在已经清理的采伐林

① 我将频繁使用“清理”(essart，essartage)一词，我采用它的中世纪时的含义：开垦。术语本身并不指明这种开垦是永久性的——我在此所说的“清理”正是这种情况——还是临时性的，下一章中我们将看到这后一类情况，它有时是通向永久性开发的道路。硬要将术语的使用局限在第二种含义上——如同 M. J. Blache 在一篇十分有趣的文章(载 *Revue de géographie alpine*，1923)那样——则不免有些过分了。

地建立起自发的居民点，如奥尔日河岸边的小村庄冷镇（Froideville），一份 1224 年的珍贵调查材料向我们证明了在此前 50 年中，一幢又一幢房屋建立起来。[①] 总体来说，这应归功于某些敢作敢为的领主。有时即使没有其它文献资料，只要考察一下地图也能发现这时期开拓出现的居住点，住宅都依照一种规则的图形集聚在一起，而且大致都近似于方格状，如 1203 年，戈歇·德·夏蒂荣在布里地区的孔特新城建立的村庄，以及在朗格多克地区建立的"城堡"。另外一种，尤其是在森林中，房舍圈起围墙，沿着特意开辟开来的道路伸展很长，耕地也沿着这条中轴线像鱼脊一样向外铺展开来，如蒂耶拉什的圣但尼森林的小村庄（图一）；或者如在诺曼底、在阿利艾尔蒙大森林中，由鲁昂大主教建立的村庄也是排列在一望无头的道路两旁。[②] 有时情况则不是这样，房舍相互拥挤在一起，也无一定格局，一小块一小块分布的田地完全区别不出毗邻哪个教区。在塞纳河南岸的小山谷中，叙热尔建立的为人所不知的沃克雷松村落，却从未听说有过小块小块的田地。新垦地常常以启示者的名字命名，当然也并不总是这样，不止一个新建的居民村落在专用词汇中即直接继承未耕作地方的名称，例如称为

---

① 国家档案馆 S 206；对照 B. Guérard: *Cartulaire de Notre-Dame de Paris*, t. II, p. 307, n° I.

② 对照由 J. Sion 提供的地图，见 *Les paysans de la Normandie Orientale*, fig. 14；关于田块分布，可看根据 1659 年原图制成的 1752 年的阿利艾尔蒙伯爵领地的地图，见 Arch. Seine-Inférieure, plans, n. 1。这就是德国历史学家的"*Waldhufendörfer*"。人们可以将它与一幅中国的垦荒地地图相比较，见 J. Sion 的 *L'Asie des Moussons*, t. I, 1928, p, 123。田块的分布极为相似，只不过房屋不建在一条轴线上。

托尔富的地方过去是一片山毛榉林地，路易六世曾在这里安置过垦荒人员。但通常情况下，人们选用更富表现力的字眼来命名，以便立刻就能清楚地联想到开垦的事来，如国王开垦地（les Essarts—le—Rois），或者是突出新移民的特征，如新城（Villeneuve Neuville）[①]，有时还往往加上一定的限定词以表明领主的身份，如阿什韦克新城，或表明某种非常引人瞩目的特征，有时是突出田园诗般的风景特点，如莺歌新城[②]，有时则强调对居民的好处，如免税城（Francheville），受保护城（Sauvetat），有时新垦地的建立者即以自己的名字来命名，如博马尔谢、利布尔讷，再有是像那些稍后时期在海外殖民的人们，他们为寻找保护以本国享有声望的地名命名新建立的村庄，如达米亚特〔取名于达米也特（Damiette），城市名，同时也是一次战役名〕、帕维、弗勒朗斯（来自佛罗伦萨）。同样，在美国有不下10个地名为巴黎，在密西西比河谷，今天的孟菲斯相近于科林斯，贝阿恩省的人看到在冈村附近于13世纪初建立了布鲁日村，差不多同时期，在卢瓦尔和约讷之间，皮赛的潮湿的森林中，一位可能参加过十字军远征的领主在该地区建立了耶路撒冷、杰里科、拿撒勒和贝特法热。[③] *

① 但是某些“新城”要远远早于11世纪，它们建于法兰克时代，也许还是罗马时代。巴黎附近的圣乔治新城就是一个从查理大帝时代起就建立的大村镇。

② 今天通称为 Neuville-Champ-d'Oisel；但圣路易的一份宪章（公布日期在该镇建成后不久）称它为 Noreville de Cantu Avis（L. De Lisle：*Cartulaire normard*，n° 693）。

③ Vathaire de Guerchy：*La Puisaye sous les maisons de Toucy et de Bar*，载 *Bullet. de la Soc. des sciences historiques de l'Yonne*，1925，p. 164。四个地方（最后一个又可拼写成 Betphaget）都离圣韦兰镇不远。

* 这些地名都是借用巴勒斯坦、以色列地区的地名。——译注

这些新建立的地点中的某些地方，以后成为重要的村镇，甚至成为城市，但大多数则仍然相当小，尤其是在一些原森林地区，这不是由于不适宜于发展扩大，而是因为移民的方式希望它就这样。在森林中，交通极为困难，甚至可能很危险，开垦者往往认为分成数量不是太多的组更方便些。每个组在森林中砍伐出一块面积不很大的土地。香槟和洛林之间光秃秃的平原上是居民最集中的地方。阿戈讷地区至今还插立着许多当时的森林村庄的木桩。在巴黎南部的森林中，一个由几个小居民点构成的村镇，具有清理过的采伐迹地马尼和小村庄马尼二个并无多大区别仅有细微差异的名称。在罗马帝国末期，中世纪前期，法国大部分地区的人们比以前更趋向于互相挨近，在那时消失的居住点中，许多是小村庄，称为微居里(Viculi)，我们知道，这些小村庄是由于安全的原因而有时被遗弃。[①] 每次大规模的拓荒活动都导致耕作者的四处分散。

然而，我们在这里要注意，谁讲到小村庄时仍是讲的聚居，是一种居住群。独立的房舍完全是另一码事，它的存在条件是另一种社会制度和不同的习惯，脱离那种肩挨肩的集体生活的可能性和爱好。在罗马高卢就可能有过这种情况。还应该看到分散于田野之中的单独的庄园，考古学已发现了它的痕迹，无疑它集中了相当数量的劳动者，他们可能就栖息于分布在主人住所周围的棚屋中，而这些简陋的建筑残迹是极易湮没的。[②] 总而言之，自从异族

① 例子见 Guérard: *Cartulaire de l'abbaye Saint-Père de Chartres*, t. I, p. 93, n° I.

② 它们并不总是完全消失殆尽。对照 F. Cumont: *Comment la Belgique fut romanisée*, 2ᵉ éd, 1919, p. 42.

入侵以来，这些庄园已被毁没或遭遗弃。甚至在有些地区，如我们在以后将看到的，大村庄似乎不为人知，相互邻近地建筑着茅屋的小群落中却生活着中世纪前期的农民，这些小群落一直保存到大拓荒时期，甚至除了新的乡村和小村庄外，还到处又建立起许多散布各地的"农业用房"(grange 一词在古代的含义较今天广泛，当时是指各种农业经营的建筑)，其中许多"农业用房"是修士团体的——不是那些乡村的建造者、原本笃会修士们修造，而是产生于标志 11 世纪结束的宗教神秘运动的新的宗教组织之手，这类僧侣是重要的开拓者，因为他们逃避人世。这些往往是过隐居生活的修道士，不属于任何正式的共同组织，他们避开尘世来到森林中从事某些种植活动。这些独居者照例回到公认的秩序范围中来而结束其隐居生活，而且这种秩序已渗透到隐居者的精神世界中。他们最著名的也是最典型的教规可能是西都会教规。不要任何的领主年金："白袍僧侣"应该依靠自己的双手劳动来生活。一个孤独者至少在开始时是强为隐匿的，犹如修道院一样，总是建立在远离居民所在地，而且往往是建立在树荫密闭的山谷之中，随时拦蓄山溪的溪水以供清苦生活所需。分布在修道院周围的"农业用房"也不靠近农民的宅舍，而是建立在"人迹罕至"的地方。在那里修道士们依靠杂务修士，随后不久即雇佣仆役耕种若干田地。在农地四周展延的则是一片牧场，放牧大群的牲畜，特别是羊群。饲养牲畜比种植更适合于扩大经营，因为教规禁止把土地分成小块，同时也因为适应极为有限的劳动力数量，但是，这些"农业用房"从未或几乎没有如修道院那样多地演变成"新城市"的中心，因为把僧侣和在俗教徒混杂一处是违背西都教会的教规的，因此，一种宗教思

想决定了一定的居住方式。此外，其它一些单独存在的农庄可能是仿照僧侣们的建设而创办起来的，它们似乎不单纯是庄稼汉们的创造物，大多数情况下是那些富有的开拓森林的主办人所建，按照共同的习惯，在这里干活的不是奴隶而是一些贫贱的人。1234年圣马丁会的长老在韦尔努的布里森林中就如此建立了漂亮的“农业用房”，并细致地围上坚固的围墙，内有压榨机，并有岗楼用以保护，对此，巴黎圣母院的文件册为我们保存了非常生动的描述。① 在我们现在的农村中，在某些乡村之间，仍不难碰到这些大农庄，由于建筑上的某些细节——一道异常厚实的护墙、角楼、窗子的形状——而显示出它们源出于中古时代。

如果认为垦荒只局限在新居住中心的周围，那未免就缩小了垦荒活动的范围。原居民集中地周围长时期创建的土地也在有规律地扩大，一些新近从荒野和树丛中开垦出来的田地和祖先们原先耕种的田地逐步连成一片。善良的拉克鲁瓦昂布利的本堂神甫在约1220年写了《列那狐故事》的第9部，他非常了解所有富有的农人在这时期都拥有自己的“新开林地”。在文献资料中，这种缓慢而有耐心和毅力的劳动留下的痕迹不如“新城市”的建立那样显著。然而，这中间隐约显露出对这些“新开垦土地”征收什一税所引起的矛盾。确实，相当一部分可能也是最最重要的一部分用于耕作的土地在原来的乡村活动范围内，为这些乡村的村民们占有时就有了那些矛盾。②

① Guérard:*Cartulaire de Notre-Dame de Paris*, t. II, p. 236, n° XLIV.

② 对照本书后面的图6。

*　　*　　*

我们现在还缺乏详细的研究，当进行这样的研究时，我们无疑将看到这种以犁来征服土地的情况有着很大的地区差异：不同的开发程度，特别是时期不一。拓荒到处都同时伴随着移民，从贫困地区移向富裕地区，从不再有可供开发利用的土地的地区流入还有着丰富的肥沃土地的地区。在 12 和 13 世纪，利穆赞人，随后是布列塔尼人来到克勒兹河下游左岸的林区安居下来。圣东基人协助在两海地区上进行殖民。[①] 我们现在暂时还仅能模糊地看到一些主要的不同景况，同整个法国形成最明显区别的是西南部地区，这里开垦林地的运动显著地迟于塞纳河和卢瓦尔河地区，并且延续了更长时间。为什么会这样呢？根据各种可能，必须从比利牛斯山地区的人们那里去解开这一谜底。西班牙的统治者为了向伊比里亚半岛广阔空旷的地区移民，尤其是在原穆斯林埃米尔酋长国的边境上移民，长期依靠外族人，许多法兰西人受“契约”移民的好处的吸引来到山口地区——“比利牛斯山口”，无疑，他们中的大多数人并没有到达直接紧邻边界的地区，特别是比斯开湾地区。这样的招引劳动力，在移民仅是部分现象的地区必然会推迟地区内部垦殖活动的充分发展。

再者，前面已进行的考察足以提醒我们，我们在这里所触及的是一种欧洲规模的现象。大批人群涌向斯拉夫平原，德意志移民和荷兰移民开发了西班牙北部荒原，整个欧洲城市在发展着，在法

① E. Clouzot: *Cartulaire de La Merci-Dieu*，载：*Arch. historiques du Poitou*, 1905, n° VIII, CCLXXI, CCLXXV, *Arch. de la Gironde*, *Inv. sommaire*, Série, H, t. I, p. VII.

国如同大多数邻国一样，人们对大面积的处女地进行拓垦，与此同时，人口也在增长。法国的拓垦运动的自身特点可以同德国的拓垦运动相比拟，无疑，除了比斯开湾地区，除了十字军远征小规模移民，以及三三两两个别人迁移到诺曼底被征服的土地或欧洲东部地区特别是匈牙利城市外，再没有其它的移民出口，拓垦活动几乎完全是在内部进行的，因而也就达到了特别强烈的程度，总之，事实是清楚的，但原因何在呢？

诚然，导致社会基本力量推动移民的原因并不难以理解，一般来说，领主对此是有兴趣的，因为他们可以从新的采地或扩大采地中抽取新的租金收入，而对移民来说，入市税犹如钓饵一样诱人，还有各种各样的特权、免税，当然有时也表现为出于真正的传道的努力。在朗格多克，人们看到信使跑遍整个地区大吹大擂地宣布“城堡”的建立，[①]在那里狂妄自大的狂热心差不多浸透了某些创建者的整个心灵，例如格朗塞尔夫的修道院长有次预称要建造1000 座住宅，在别处还要建造 3000 座住宅。[②]

在整个领主阶级共同的动机以外，教会的领主还有其另外的所特有的动机，他们中的大多数人的财富，从格列哥利教皇的改革以来，大部分来自按收成征收的什一税，这种税随着耕地的扩大而相应增加。他们的领地由捐赠形成，但所有捐赠土地的人并不总是愿意让出可以收获的土地，所以教会更经常的是得到一些未耕种过的土地，而后由修道院或教士们去清理土地。开垦荒地通常

① Curie-Seimbres：*Essai sur les villes jondées dans le Sud-Ouest*，1880，p. 297。

② Bibl. Nat.，Doat 79，fol. 336 v° et 80，fol. 51 v°.

需要投资,这笔投资多半是向耕种土地的人预先征收,要是那里已建有留归领主用的庄园,一般情况下,要对土地和建筑物进行丈量。大的修道院一般都财库充盈,表明他们经营得法,如果他们自身不能或不想那样去经营(领地),他们不难从自己的成员中或同情的教士们那里获得必要的财源,让这些人有一定的好处去负责领地的经营。在法国,开发森林没有像在德国那样发展,但拓垦者也并非默默无闻的社会之辈,许多垦殖者是神职人员,在 13 世纪上半时,奥布里·科尔努和戈蒂埃·科尔努兄弟为想达到法国教士的最高职衔,开发布里地区的森林,砍伐出大量土地,虽然后来把一份份土地转包给那些承包人去干。文献资料还不能确切地衡量在巨大的拓垦活动中高级教士、一般修士和世俗贵族各占的分量,但前者的作用是最主要的,人们不会怀疑,教士们更具有那种坚韧不拔的精神和更为宽广的眼光。

最后,除了前面刚提到的那些考虑外,国王们、大公们、大修道院院长们还都有其他的考虑,各行其是。首先是对军事御卫的关心,在南方建立"城堡",在有争议的地区,设置新的设防城市,就可以守住法、英边界重地,其次是关注民众的安全,谁要是提出人口集中,谁也就是使强盗的劫掠不能轻易进行。许多文献资料明确地提供出这些创业者砍伐森林直至捣毁"贼巢"的动机,是希望保证朝圣者或过往旅客在歹徒长期骚扰的地方有一条安全的通道。[①] 12 世纪,卡佩家族沿着王朝的轴心巴黎到奥尔良的道路两

① Curie-Seimbres 的编著,第 107 和 108 页;J. Maubourguet : *Le Périgord Méridional*, 1926, p. 146;Suger:*De rebus in administratione sua gestis*, c. VI;G. Desjardins:*Cartulaire de l'abbaye de Conques*, n° 66。

旁增设了许多居民点(图二)。出于同样的原因,西班牙的国王们通过声名狼藉的道路连接了马德里和塞维利亚。[①]

可是,这些考察告诉我们一些什么呢?它表明的是事情的发展过程,而其起点,则不得而知。因为,归根到底,移民首先需要有人,而开发森林(在缺乏技术进步的11世纪和12世纪)更需要新的劳动力。占领土地的这种奇迹般的跃进的根源,除了人口的自发的急速增加外,不可能归于别的什么原因。说实在,有时候要解决的问题离我们实在是太遥远了,就是现在的人文科学几乎也难以解答。直到现在为止,有谁真正说明了人口的波动规律?因此,我们只能满足于说明事实。在整个欧洲文化史中,尤其是法国文化史中未得出什么重大结论。当人们彼此之间变得更为接近,各种交流——物质的和精神的——活动变得比我们过去任何时候无疑都未得到的那样更容易和更经常,这一切活动,才是真正的不断复兴的泉源!M.贝迪埃先生谈到过这个世纪,它在法国产生过"最早的彩绘玻璃窗、最早的尖拱建筑、第一首武功赞歌",我们还可以补充,在整个欧洲,还产生了商业、第一批自治城市,法国还在政治制度方面恢复过王权,与此相随的是封建公国内部的巩固——此外是领主混乱状态的削弱——这种繁荣,是因为人口增加才提供了可能性,而开垦林地的镢头和砍刀则为这种繁荣作了准备。

① R. Leonhard : *Agrarpolitik und Agrarreform in Spanien* 1907, p. 287。查理七世时,当圣日耳曼牧场修道院院长要求的收益威胁到位于巴黎到奥尔良通道上的安东尼村,要引起人口流失时,国王为了让高级教士收敛一下,就强调指出这条道路上居民点的荒废将带来的危害,见 D. Anger: *Les dépendance de l'abbaye de Saint-Germain des-Prés*, t. II, 1907, p. 275。

三、从中世纪的大拓垦到农业革命

1300年前后，占领新土地的活动放慢甚至完全停止，这种情况有些地区出现得早一些，有些地区则较晚一些。但是，继续存在许多林地或森林，老实说，有的土地完全不适于耕作，或者付出艰巨的代价只能获得微小的收益，但是有的土地只要花费少许技术在短时间内经营就有利可图，可是这些土地却没有去开发占领。为什么？是由于缺乏人手？有这种可能。移民的来源不是取之不尽的，我们知道，到处都试图建立乡村，但因缺少人而受挫。特别是开垦森林的步子已走到了农业生产所可能接受的限度，因为森林和荒原都不可能无限地变成耕地，否则，人们到哪里去放牧牲畜？又到哪里去取得森林所能提供的各种产品？森林的拯救多亏那些权贵们，因为他们要打猎取乐，也由于森林的收益比过去更为可观，使他们能合乎情理地期望于它。城市在扩大，它是梁木和劈柴的消费者。在田野中，许多新的屋宇在升起，许多新的炉灶在燃烧，在同一棵树荫覆盖下，经常有几个铁匠炉。另方面，生长树木的土地面积因人们到处热衷于采伐而在缩小。食物的减少，需求的增加，面对这些物价上涨的通常因素，林木从此变成为一种有价的商品，森林的主人对整理自己的乔木林或矮树林比把森林改成田地的欲望变得更为关切，对此人们怎么会不感到奇怪？说真的，还在初始时，大自然就不是垦荒者们与之搏斗的唯一对象，村民们一向习惯于利用林地作牧场或从森林吸取天然生产的财富，他们为保护自己的权利——特别是当某个领主来分享他们的利益或以

任何一种名义拥有森林特权时——往往就要提起诉讼反对领主，或是要求对他们进行补偿。档案资料中充斥这些纠纷结案的材料。我们不要认为，这种斗争还只限于通过法庭进行和平的论争，而不是哄吵或暴力行动，同时也不要认为这种斗争只围绕耕作的利益进行。在近 1200 年时，某个名叫弗洛伊埃的人在塞纳河右岸矮树林中建立新城的事件就不是一件孤立的事件，它受到那些利用森林的莫雷和蒙特罗的人们的攻击，随后即为巴黎教务会议的敕令拆毁而从此再未恢复。差不多与此同时，在国家的另一端，普罗旺斯滨海地区的锡富尔村的村民们在牧场设置木桩制止耕地的扩大。① 可是在开始时，未耕作的空地是那么多，扩大耕植的好处是那么大，以至于人们都动犁开垦，随后，几乎达到了平衡，曾形成改变法国农业面貌的巨大的占领土地的努力终止了。

在漫长的几个世纪中，人们努力维护已取得的成果。14 世纪下半叶和整个 15 世纪——我们还将回溯到这一时期——法国，如同几乎整个欧洲一样，但比其它地方更处于一个人口减少的时期，那时，百年战争结束了，大瘟疫消退了，对农民来说也同对领主来说一样，他们这时的任务都不是建立新的村庄或扩大土地，而是重建原来的村庄和清理其已经荆棘丛生的耕田，这种工作费时很久，而且还常常不能完全达到目的。② 在整个东部地区——勃艮第、洛林，无疑还有一些地区尚未被研究——17 世纪的几次战争，一

① Guérard：*Cartulaire de Notre-Dame de Paris*，t. II，p. 223，n° XXIII；Arch. Nat.，S 275 n° 13—Guérard：*Cartulaire de l'abbaye de Saint-Victor de Marseille*，t. II，n° 1023（1197 年 2 月 27 日）。

② 14 和 15 世纪的大危机将在下面第 4 章中作详细研究。

而再地导致大量土地荒芜，许多村庄长时期被抛弃，小块土地的地界也往往被湮没而消失，一旦风暴过去，要使这种混乱状况重新恢复其整齐如新，往往需要像今天在世界大战后在被毁坏的地区那样进行真正的小块地的合并运动。

然而，尽管有过这些动荡混乱，从16世纪起，开垦森林的活动又到处恢复起来，——人们征服土地的欲望是多么坚不可摧！——但整个运动的规模已比不上中世纪时的规模。各处都在开垦沼泽泥潭，或过去的公共牧场；在某些地区，如北方的汝拉山区，中世纪的拓垦在那里仍留下许多处女地，新的城市不断建立起来。[①] 这种积极性很少来自农民群众，更确切些说，他们担心这一切会对集体的权利带来不利后果。这些经营活动主要是某些领主和半资产阶级化的大私有主进行的。整个社会的变革导致更完全地利用土地。亨利四世和路易十三时期，在全国开展了排干沼泽地的工作，该工作由一批技术专家和实业家给予指导，由几家大贸易公司——主要是荷兰人的公司——资助，这是在农业中最早运用资本主义方法的一例。[②] 18世纪，农业继续沿着同一途径发展，并更加急剧地飞速前进，为了支持这样的事业，金融公司组织起来了，甚至是专门为此而创建金融公司，王朝政府则给予扶助，但即使在这时，也远没有达到中世纪的劳动规模。有些荒原或削平山丘的砂石场上，尤其是在布列塔尼和吉那纳地区，大的农庄继续在

① 在蒙贝利亚尔伯爵领地，有四个新村镇建立于1562—1690年之间；另外，在1671年和1704年，两个以前被毁的村庄得以重建：C. D.：*Les villages ruinés du cometé de Montbéliard*，1847。

② De Dienne：*Histoire du déssèchement des lacs et marais* 1891.

扩大，新农庄也建立了起来，但却没有产生新的村庄，整个地说，只是达到中等成就。18 世纪和 19 世纪“农业革命”的成就是在别的方面：不再以减少森林来扩大耕地——技术进步，加强利用好地，而且相反还到处放弃以前占有的较贫瘠的土地——但是如同我们将看到的，由于废除了休耕制度，耕地自身就在驱除不时再生的森林。

第二章　农田生活[①]

一、旧农业的一般特征

19 世纪前的旧法国农村生活可一言以蔽之：blé（小麦）。blé 是我国的一个土生土长的词。与其他许多农业词汇（如犁、道路、初翻地（在休闲的意义上）、荒地、阿尔邦[*]等等）一样，它同拉丁语没有任何关系，可能起源于高卢语。[②] 这些农业词汇充分证实了我国农业的源远流长。不要以为 blé 这个词仅仅是当今文学上所指的小麦的意思。在中世纪以至后来的很长一段时间，这个词在农村指所有可制成面包的谷类作物。它向富人提供上等白面包，而给平民又重又黑的混合粉面包。它的成分有：小麦、黑麦——黑麦的过度种植会传播丹毒病——混合麦（小麦与黑麦的混合）、双

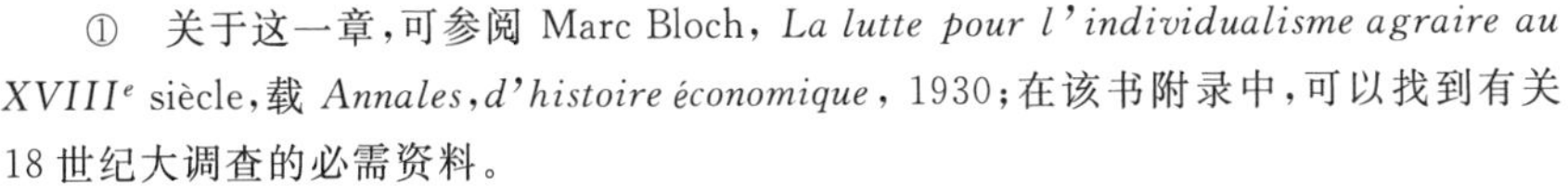

① 关于这一章，可参阅 Marc Bloch，*La lutte pour l'individualisme agraire au XVIIIᵉ* siècle，载 *Annales，d'histoire économique*，1930；在该书附录中，可以找到有关 18 世纪大调查的必需资料。

* 阿尔邦（arpent），旧土地面积单位，各地不等，相当于 20 至 50 公亩之间。——校注

② 见 J. Jud 在 *Romania* 上的文章，1923，p. 405；参阅同一作者在同一刊物上发表的出色的研究论文，1920，1921，1926 以及在 *Archivum romanicum*（1921）上与 P. Aebischer 合作的论文。

粒小麦(épautrc)、燕麦甚至大麦。[①] blé 在这个意义上是耕种面积最大的作物。没有一个村落,没有一个庄园不将最好的土地奉献给它。像阿尔卑斯山这样的坡地本来不适于麦类的生长,西部与中部地区土地渗水性不好,常遭雨水浸渍,在今天看来只适合作牧场,人们也进行小麦播种。早在 1787 年,奥尔良省级会议的成员们就说过:"法国大部分省份的农业可以看成是一个巨大的麦类加工厂。"由于生活条件的限制,长时期中土壤合理的专业化利用无法实现。面包对每个人都是基本食品,对于穷人更是每日不可缺少的食物。如何获得如此珍贵的面粉呢?买吗?那只在以交换为基础的经济体系中才能设想。买卖关系在长时期中不能说决然不存在,但确实很少见,而且十分困难。对领主来说,最有把握的还是叫人在领地上播种,而对农民说来则要在采地上自己动手了。土地,面包的源泉!领主或富裕耕农的粮仓中不是还有一些剩余谷物吗?一般说,这些谷物总是流向往年收成不好的地区。

更晚些时候,特别是 16 世纪以后,社会总体结构重新有利于财富的流通。但是一种交换经济若想在一个国家中建立起来,仅有社会环境的允许是不够的,还要在民众中产生买方与卖方的意识。适应这种新形势的首先是领主们与拥有大量土地的购买商,他们目光较远,习惯于商人式经营,有些资本并有一定的信誉。小

① 有时甚至包括豌豆和蚕豆,也许是因为人们在劣等面包中掺和豌豆粉和蚕豆粉。见 Guérard, *Cartulaire de Notre-Dame de Paris*, t. II, p. 314, n° XIII. 关于英国的面包,对照 W. Ashley, *The bread of our forefathers*, 1928。在 1277 年,布里地区尚波村教务会的议事司铎认为居住在这个村庄中很不方便,因为经常买不到白面包:见 Bibl. Nat., lat. 10942, fol. 40.

生产者，甚至小城镇市民在大革命时期还是从其分成制佃农(métayers)提供的面粉中获取面包，他们仍然长期沉湎于封闭式经济与小麦的神话中。

粮食种植的霸权使土地耕作景象比起今天来更为千篇一律。今天下朗格多克广袤的葡萄园与欧日山谷的牧场这种连作区在当时是不存在的。13世纪后才在为数不多的一些教会辖区出现最早的专门的葡萄种植区。因为酒在当时已是最佳饮料，它易于运输，而且在一些不产葡萄或只产劣质葡萄的地区销路又好。然而只是在一些离通商要道(主要是水路)较近的土地才可以自由地打破传统的耕作原则。以下的例子并非偶然，1290年左右，科利尤尔港只是鲁西永地区中唯一以葡萄业挤走了小麦种植的一个点。萨兰波在更早些时曾正确地指出，盛产葡萄酒的欧塞尔河谷地带的村民之所以“既不用播种也不用收割”，是因为河流就在脚下并“流向巴黎”这个“堂堂正正”出售葡萄酒的地方。不过即便是在葡萄业，种植专业化的进展也是十分缓慢的。在勃艮第，到了17世纪，全部从事葡萄种植的村庄也只有11个。长时期里，人们固执地像生产小麦一样地生产葡萄，以至于在一些地区，纵使年景勉强可使葡萄种植有所收获，但因土壤与气候的限制，也只能指望获得一种酸涩的劣等酒。诺曼底与佛兰德地区只在16世纪时才放弃葡萄种植，不久索姆河谷一带也这样做了。当时的交通联系欠发达，酒到处受到欢迎——由于它的酒精及味道，当然还由于祭祀上的用途。没有酒就不能做弥撒，也就没有信徒的团体(一直到13世纪，圣杯都由神甫保管)。基督教作为地中海的宗教，在传往北方的同时也带去了葡萄串与葡萄藤，并把它当作自身奥秘的一个

必不可少的因素。

谷物种植虽然到处都占优势,但也并非所有土地都种这些作物。伴随谷物的还有一些附属作物。某些饲料,特别是豆科植物,如豌豆和蚕豆,与麦类在同一块耕地上交替播种。另一些是独立种植的,如菜园中的蔬菜,果园中的果树,麻类(麻田一般都围起来,只有在普罗旺斯,大麻就长在麦田中)及葡萄藤等。由于自然条件不同,这些附属作物在各地分布也不一样,它带来地区种植的多样化。作物的成分随着时间的流逝发生着明显的变化。13 世纪时在许多地区,比如在巴黎周围,制呢业的发展促进了菘蓝种植面积的扩大,这种菘蓝就是当时的靛蓝植物。此外就是美洲引进的作物了:玉米占据了湿润又温热的土地,芸豆代替了蚕豆。最后,16 世纪起,来自小亚细亚的荞麦慢慢地在布雷斯、中央高原、布列塔尼等地区贫瘠的土地上取代了黑麦与混合麦。荞麦可能经西班牙传入,最先引进的是"药店杂货商"。不过农业大革命——人工饲料的出现与块茎植物的种植——要到更晚时代才会发生,即 18 世纪末。革命的产生首先要求同整个旧式农业经济决裂。

旧式农业经济并非完全建立在农耕上面,在法国与在所有欧洲国家一样,它是以耕地与牧场的结合为基础的。这是一个主要特征,也正是欧洲技术文明与远东截然不同之处。牲畜对人类在许多方面是必不可少的。它为人类提供了一部分肉食——其余部分来自猎获和家禽饲养——还有奶制品、皮革、羊毛,最后是畜力牵引。麦类生长离不开牲畜,需要它们拉犁耕种,特别是需要它们的粪便肥田。如何饲养牲畜是农村生活中最令人忧虑的问题之一。在河边或小溪旁,在潮湿的低洼地带,倒是有天然的牧场,农民可以收割干草以备冬季之需,待干草打完后便可放养牲畜。可是并非到处都可以找到牧场,而且,即使是最好的天然牧场也难满足人们的要求。牧场数量稀少,价格明显上涨,经常高于耕田的价格。同时富人们——领主、市民土地所有者——力图将其攫为己有。奇缺的饲料作物供应不足,便在可耕地上与谷物轮作。一般地讲,人们只依次实行两种方式饲养畜群:第一种方式是为其留出禁止使用耕犁的牧场,或是森林或是长满各种植物的荒地或大草原;第二种方式是利用耕地,在长短各个不一的收获至播种间歇期中,将畜群赶进田去自由啃食茎秆和野草。不过两者都会产生严重问题,这些问题的性质与其说是技术上的,不如说是法律上的:村社法令以及公共使用耕地的组织法。这些社会秩序方面的困难即使得到暂时解决,旧农业建立起来的畜牧与谷物种植间的平衡也极不稳定。肥料不足,极为宝贵,以至于一些领主认为有必要收"畜类税"。[①] 近代学者见此侮辱性的意志感到极为愤慨,但这其中只有农学家明智的考虑。肥料的缺乏一方面使人们不得不种植产量低但生命力强的作物,如黑麦(它比小麦更受欢迎),另一方面使作物产量很难提高。

要解释产量低的问题,还可找出其他原因,长时期中耕作不足。用来播种的耕地数量大规模增加是中世纪尤其是12世纪以后完成的技术巨大进步的结果,耕地增加了2—3倍,甚至4倍。也可能是由于劳动力的增加,使得大规模的开垦成为可能。但是,

① 见 *Archives historiques de la Corrèze*, t. II,1905,p. 370,n° LXV;以及出版者 G. Clément-Simon 的注解。更为常见的是,领主规定在某些日子畜群必须到他的土地上圈禁一段时间,以便留下粪肥。

因为饲养牲畜有困难，使得畜力使用率较低，并且组织得不好。中世纪时到处可以看到驴拉耕犁，至18世纪甚至19世纪有一些地区仍使用这个办法。驴吃得较少——像现在阿尔及利亚的小毛驴——但力气不够。当时的工具也十分简陋。想确定18世纪末期以前每一个时期、每一种土壤、每一类耕作的平均产量是十分荒唐的。但我们手中的材料可以证明，在旧日法国，如果收获能达到播种的3—6倍，人们就很满意了。如果人们考虑到自己必须具有耐心的观察、技术的想象、合作的意识，以便在没有任何本义上的科学知识的时代，在集体耕种同一块地的农村文明的开端，建立起人类活动对自然的适应能力并使之有效，那么人们就会像维达尔·德·拉·布拉什一样，对新石器时代以来一代一代为此奋斗的人们深深赞叹。维达尔在参观一个人种博物馆后，曾极为赞美地写下了关于此问题的出色的一页。不过，尽管我们感激祖先们坚韧不拔的精神，他们生产了小麦，发明了古农业并在耕地、森林、牧场间建立了充分的联系，我们仍不能无视其成就的不足、耕田的贫瘠、收益的菲薄。由于收益很少，摆脱不了贫困。

二、轮作型式

虽然各地都把小麦作为主要的农作物，但各地区间的耕作方法却有很大差别。要很好地理解这种差别，就必须把注意力集中在耕地上，暂时不考虑次要的生产活动。

古时的农民注意到，由于施肥不足，耕地需要“休闲”：即为了不使地力衰竭，不仅需变换作物，而且需在一定时期内休耕。这种原则今天看来是过时了，在当时却是合理的。由于肥料缺乏，谷物种植又占优势，可交替种植的作物很少，这都使得仅仅变换作物不能更新土地肥力，防止野草生长。从实践中人们得出了规律，并以各种方式加以应用。应该在几个耕作周期——经常是各不相同的——和休耕之间形成一种有力的、有条不紊的秩序。人们可以设想出并确实想出了几种交替方式，换言之，即轮作型式。

*　　*　　*

一直到18世纪，一些土地贫瘠的地方，如阿登山脉、孚日山脉以及西部的一些土质坚硬的地区，仍在实行“临时耕作制”。人们在一片荒地中划出一小片地，用烧土肥田法清除杂物，也就是先用火烧，[①]然后翻地、播种、筑栅以免牲畜啃食，这样连续进行3、4年播种收获，有时甚至持续8年之久。以后当产量下降预示着地力衰竭时，便放弃这块土地，让野草荆棘任意生长。这种自由休耕状态有时持续时间较长，但不要以为这一段时期土地是完全不生产的。它虽然不再作为耕田，但却重新成为牧场。遍布的荆棘可用作垫栏草、柴草，而蕨类和荆豆则可当肥料，这些东西不是没有用处。休耕期一般至少与耕作期一样长，甚至还要更长些。休耕过后，等人们认为适于重新种植了，他们便重新拖犁开耕，生产周期又开始了。这种制度自身并非毫无规律可循。比如，它限定了除开注定要永久休耕的空地之外那些留待将来开发的过渡性休耕土

① 工具的简陋与肥料的匮乏使得长期来人们一直施用火耕法，它能迅速清除土地上的杂物，并攒积起富含钾肥的草木灰；有时，人们甚至把茬秆也烧了：A. Eyssette, *Histoire administrative de Beaucaire*, t. II, 1888, p. 291；R. Brun, *La ville de Salon*, 1924, p. 309, c. 63.

地的比例，建立了这种固定性的周期。事实上，地区习惯恐怕也限制了个人的随意性，不过一般地说，这种限制并不严厉。18世纪的农学家们认为，从事临时性耕作的村社不仅给人以野蛮的印象，而且带有无政府的色彩。他们在著作中写道：村社没有“成规律的农事季节”。这里没有一种对个人生产活动带来严格限制的主要理由，临时清理出的耕地十分分散，耕作者互不干扰。加之牧场远比耕地面积大得多，所以无需担心建立放牧与作物收获间的平衡，而对这种平衡的考虑在合理种植的土地管理上则是十分重要的。

在18世纪，仍全面实行这种松弛的土地占有方式的村社组织已经很少了，不过毫无疑问，这种方式曾大规模实行过。要看到这种耕作方式可能是人类最早的创造性发明：耕种土地又不使之衰竭，并且将放牧与种麦联系起来。我们知道18世纪时许多仍实行此耕作方式的村社决定或不得不以一种“有规律”的轮作取代它，这就带来了一种新的财产分配方式。① 从表面看，这些村社在短时期一下子重复了遥远年代中许多村庄缓慢完成的变化。

向更完善体系的过渡往常是部分地进行的。到了近代，上面谈到的临时性耕作只是整个土地中的例外。不过这种地块常常散在有秩序耕作的土地旁，占据着村庄或小村不小的一部分土地。如贝阿恩省就形成一条规律：几乎每一村庄都在其可耕地“平原”（plaine）附近拥有布满蕨、矮荆豆及禾本科植物的“荒丘”（coteaux），每年，农民都要去那里清理一些快要被野草覆盖了的土

① 马里昂堡以及日维的总督代管区：Arch. du Nord, Hainaut. C 695 bis. 关于离我们边境不远的拿骚—萨尔布吕肯众亲王的十分奇特的法令，可参照 J. M. Sittel, *Sammlung der Provincial-und Partikular Gesetze…*, t. I, 1843. p. 324, 394.

地。在布列塔尼中部、曼恩省、阿登省以及上孚日省都实行着同样的耕作法，这些地区在短期内清理荒地，很大程度上损害了森林。洛林德国部分的高原、汝拉山脉、阿尔卑斯山脉、比利牛斯山脉、普罗旺斯等地以及所有中央高原都实行着此法。许多教会辖区都在正常播种的“熟地”(terres chaudes)旁拥有大块的“生地”(terres froides)——在东北部人们更喜欢使用 trieux 这个日耳曼名称——这些土地大部分不耕种，居民们在地上零散地耕出一些垄。卢瓦尔河以北的平原却相反，这种习惯几乎消失。多次的垦荒使剩下的空地减少，未开垦的土地一般是不适合耕种的，或是放牧所必不可少的，或用来打柴或供来挖掘泥煤。但情况也不总是如此。真正说来，即便在大垦荒时代，土地在最终变成耕地前都被断断续续地开发过。在受巴黎教区管辖的科尔布吕兹森林，国王扩大了对它的保护权，并给予各种优惠报酬，这就是“领主对所属森林领地拥有的特权”。路易六世只允许村民进行这种形式的森林采伐：“在森林的一边只能收获两次，然后要迁往另一边，收获在清理的土地上播种的产品。”[①]印度支那与东南亚群岛的山民们也是在森林或灌木林里到处转移耕种土地，其火耕有时也产生了一些固定的稻田。

轮作制与这种流动式耕作相比极不相同，至少在表面上是如此。不要以为这是一种像如今到处都实行的已代替了旧休耕制度的多种植物间合理的轮流耕作。村落实行的是旧式轮作，即谷物之间的轮作。在同一块土地上无限期地轮作，而且对休耕也无任

① Guérard, *Cartulaire de Notre-Dame de Paris*, t. I, p. 258, n° XVL.

何预见，至多不过有秋播与春播的轮换，而且极不规律。这难道不是对养地原则一个最惊人的否定吗！人们怎能设想从这种地力衰竭、杂草丛生的土地上收获麦穗呢？这是因为农民只耕种了一小块土地，在这块享有特权的土地上集中使用了所有的粪肥。周围的土地仅仅只有人们按需要临时清理的牧场。尽管集中施肥，产量仍然不高。这种制度在英国特别是在苏格兰十分普遍，而在法国却属例外。在法国可以找到这种制度痕迹的地方有皮卡第的绍尼附近地区、埃诺的几个村庄，还有布列塔尼、昂古穆瓦及洛林等地。① 这种制度也许在更早时较为普遍。可以设想，农村组织通过这种经验走出了临时性耕作状态。

* * *

以后，在全国范围内形成的包括养地、休耕的两大类型轮作制度逐渐地以规律性的耕种取代了以前的混乱状态。两种制度在周期长度上是不一样的。

短的一种是两年轮作：在播种年以秋播为主，有时是春播，接

① Arch. Nat., H. 1502, n° 229, 230, 233（绍尼）et H 1503, n° 32（昂古穆瓦）. ——Arch. du Nord, C Hainaut 176（布吕伊－圣阿芒和夏托拉贝）；文件包括一份布吕伊地图，画有极不规则的地块；这个村庄在路易十四发动的战争期间人口锐减，后来人口有所增加，但仍十分稀少。——H. Sée, *Les classes rurales en Bretagne du XVIe siècle à la Révolution*, p. 381 及以后；Borie, *Statistique du département d'Ille et Vilaine*, an IX, p. 31. ——Ch. Etienne, *Cahiers du baillage de Vic*, 1907, p. 55 et 107. ——不能肯定或至少不能十分肯定的与连续性耕作同时存在着临时性耕作的唯一地方是绍尼；这难道是改良的一个不幸尝试吗？无论如何，连续性轮作在 1770 年绝不会包括人工牧场；不可能将这类轮作法与农业革命引入的轮作法相混淆。关于连续种植并且不施肥料的土地的产量（产量自然不高，但还不至于毫无价值），请参照 *The Economic Journal*, 1922, p. 27.

下来就是一年的休耕。当然在每个农庄内，一年里大体只有一半土地耕种收获，另一半则空闲，如此循环，周而复始。

长的一种是三年轮作，较复杂一些，因为要让作物适应耕田。它建立在两种区别明显的收获上。在原则上，每一个经营单位，每一片土地都分成大致相等的三部分——只是大体上相等。[①] 三部分在各地叫法都不同，有 soles，saisons，cours，cotaisons，royes，coutures，勃艮第叫 fins，épis，fins de pie。没有比这些农事词汇更五花八门的了，尽管在广大地区，这三部分实质上是同一回事，由于农村中互相交流思想和语词的群体极小，这类术语不仅在地区间，甚至在村落间也有所区别。我们从收获后谈起。轮作田的一部分在秋季播种冬小麦，又叫 hivernois 或 bons blés，有小麦、双粒麦或黑麦。第二部分留待播种春小麦，或称 gros blés，marsage，trémois，grains de carême，等春暖时便下种，包括大麦、燕麦，有时是饲料作物如野豌豆或是豆科植物，像豌豆和蚕豆。第三部分休耕一年，到来年秋天再种冬小麦。其余两部分也是如此，上一年种冬小麦的轮种春小麦，种春小麦的休耕。如此年复一年进行三圃轮作。

两类轮作在地理上的分布不很严格。这是农业革命前即 18 世纪末 19 世纪初以前的情况。革命使这种休闲轮作制消亡并带

① 这里是偶然得到的几个数字。在勃艮第，圣塞纳教堂（1736—1739 年）分别为 227，243 和 246 汝尔纳*；在克莱蒙的罗马涅苏蒙富孔（1778 年），为 758、649、654；在勃艮第的蒂耶河畔马尼，一个名叫 J. B. Gevrey 的自耕农 1728 年每部分轮作田各拥有 4—5 汝尔纳土地；Arch. Côte d'Or E 1163 et 332；Chantilly，reg. E 33.

* 汝尔纳(Journal)为古代土地面积单位，相当于一人一天能耕作的面积。——校注

来更灵活的轮作——恢复其原形并非不可能，但我们缺乏精确的研究。不过，有一点是确切的，这两种轮作制自中世纪起就相互对立着。二年轮作主要在中部，有加龙河流域、朗格多克地区、罗讷河流域、中央高原南部直至普瓦图，在此以北，主要是三年轮作。

轮作型式的大致情况就是如此。如果考虑到具体情况，考察到它在各个时代的变化，事情就不那么简单。首先要看到其不规律的情况，历史年代离我们越久远，这种不规律越明显。当然在不同的土地上，对收益的追求和物质上的需要也会有力地阻止或限制个体间的差异。14 世纪初，阿图瓦省的一个佃农获得了一小块该种冬小麦的耕地，可是已错过了秋播季节，于是只好在 3 月份播种燕麦。第二年，他不得不重种春小麦，以保持其茬作与邻田相一致。[①] 怎么！是缺少种子还是缺少劳动力？人们不得不养地休闲。相反，有过多的人口要养活吗？人们当时完全可以减少牧场以换取增加收获。古老的临时性耕作的习惯与当时的思想十分相近。有时这种习惯会影响到轮作的规律性。如在曼恩省，在几个休耕期只有一年的周期循环后，接着来一个连续几年的停种期。这是个混合的制度，不过还较稳定。这样，人们断断续续地回到旧式的长期休耕法。1225 年博斯地区由耶尔修道院的修女们建立的邦利厄村的契据规定：耕地需“按照通常的轮作制”进行耕种，但考虑到农民的“贫困或为改善土地肥力”，允许使土地有几年的休

① *Bibliothèque de l'Ecole des Chartes*, t. LIII, p. 389, n. 5.

闲。[1] 长时期中,农村生活十分动荡,以至于农田的使用也不能完全固定并有秩序。17 世纪的战争以后,洛林地区的许多公爵在法令中抱怨回到土地上的农民不遵守已成惯例的轮作制度。[2] 对旧习惯,我们避免过于夸大其严格,也避免过于夸大其完善的连续性。这是离我们不太远的时代、一个和平稳定的社会的特征。然而这种变动不仅仅使洛林地区的官员们困惑不安,同时也促进了从一种轮作制过渡到另一种轮作制。

再来仔细观察一下二年轮作与三年轮作两大制度的分布。如果用地图表示,两种轮作制度不呈现大块的均匀单一的色彩,而是呈小区域的点状分布。在南方,三年轮作制一直十分罕见,甚至不存在。相反,在远方的北部,二年轮作制与其竞争型式并存,长期占据着广袤的土地。直至农业革命时,从南部的阿尔萨斯平原的一部分、斯特拉斯堡峡道到北部的维桑堡都忠实地实行着二年轮作制。二年轮作制在弗朗什孔泰山区许多村庄、在布列塔尼北部海滨都有一定数量。[3] 这些呈孤岛状分布的地区在早些时候更为

---

① Arch. Nat., LL 1599^{B}, p. 143.

② 载南锡高等法院的一份《备忘录》中的 1641 年 1 月 20 日法令, Arch. Nat., H 1486, n° 158; 1670 年 4 月 18 日最高法院的判决,见 François de Neufchâteau, *Recueil anthentique*, t. II, 1784, p. 164;参照埃比纳勒庄园佃户的调查报告(无日期), Arch. Meurthe-et-Moselle, B 845, n. 175;至少蒙贝利亚尔伯爵领地,1662 年 9 月 19 日与 1705 年 8 月 27 日各有一项法令,见 Arch. Nat., K 2195(6).

③ R. Krzymowski, *Die landwirtschaftlichen Wirtschaftsysteme Elisass-Lothringens*, 1914;对照 Ph. Hammer, *Zweifeldwirtschaft im Unterelsass*, 载 *Elsass-Lothringisches Jahrbuch*, 1927(后一篇文章的人种学结论缺乏证明)。——R. Pyot, *Statistique générale du Jura*, 1838, p. 394. — A. Aulanier et F. Habasque, *Usages … du département des Côtes du Nord*, 2e éd., 1851, p. 137—139.

普遍,中古时代诺曼底的大部分地区也是如此。同一时期在安茹与曼恩,这种状况也很普遍。[①] 曼恩地区二年期轮作制一直继续到19世纪前期,但它以一种奇特的方式结合成为临时性耕作并将土地分成三部分,形成了三种季节:每部分土地交替进行六年的耕作,小麦、黑麦及休耕轮作,然后就是整整三年的置荒。[②] 毋庸置疑,这是残存的现象。从中可以看到一个过渡阶段。加洛林王朝留下的财产清单表明:在卢瓦尔河北部的领主领地上存在着三期耕作,而且冬小麦与春小麦有差别,经常是——对耕种领主土地的佃农徭役的研究明确显示了这一点,——冬小麦的耕种面积远远大于春小麦。或者一部分地实行二年轮作,或者一部分休耕两年,而在毗邻的田上,春小麦播种在唯一一年的休耕之前。总之,此时三期耕作周期尚处于雏形。在北部,三年轮作制非常古老,其存在于法兰克王国时代就得到证明,而且还可追溯到更为久远的时代。许多世纪中——佐证在我们邻国英国就有——它与二年轮作制相混,构成了混合型式。

不过我们还要看到,两大轮作区域的基本差别并未消失。三年轮作制是北方的产物,在北方不断蔓延扩大。南方则固执地拒绝接受它,视其为异物。在北部可以明显看出,人口越是增长,耕

① Restitution du cartulaire de Saint-Serge d'Angers, par Marchegay, aux Arch. de Maine-et-Loire, fol. 106, 280, 285; G. Durville, *Catalogue du Musée Dobrée*, 1903, p. 138, n° 127(关于二熟制的批注)。

② 见 Marc, *Bulletin de la Soc. d'agriculture... de la Sarthe*, 1re série, t. VII (1846—1847年). 不管 R. Musset 在 *Le Bas-Maine*, p. 288 及下页中是如何思考的,他涉及的不是三年轮作,因为它没有冬小麦与春小麦的接茬现象。不过,三年轮作似乎多多少少同临时性耕作相混,与上述耕作形式同时存在。

作就越趋于三年轮作，因为它可以在每一年里，把休闲田保持在全部耕地的三分之一，而不是二分之一。可以肯定，南方却未感到同样的需求。直至农业革命之前，人们似乎从未想到引进此种轮作田以扩大生产。可以说两年轮作的习惯是何等地根深蒂固。这种对比给农业史提出了一个谜。显然，狭义上的地理原因是无济于事的：因为可扩展的空间非常广大，每块地的自然条件又极为不同。它们甚至超越了我们的国境，两轮制是地中海国家古老的耕作方式，为希腊人与意大利人所实行。品达与维吉尔都歌颂过这种耕作。三年轮作制在英国大部分地区与北欧所有的大平原广泛使用。我们国家中的这种对立表现了两大形式的农业文明间的冲突。由于没有更合适的提法，我们可将其称做北方文明与南方文明。形成此两者的因素至今对我们仍是深奥而神秘的。其中有种族因素、历史因素，当然还包括地理因素。因为，假如说自然环境因素自身仍不能很好地解释这两种轮作制的最终分布，它却有力地证实了三年轮作的影响远比地中海文明更为久远。罗马时代农学家了解轮作制的好处，他们甚至在最肥沃的土地上禁止休耕。不过他们在粮食作物之间插入豆科植物或亚麻，而在谷物种植中，各种类的替换毫无规律性。罗马时代虽了解春小麦的习性，但却将其看成是一个权宜之计，当冬前误了播种时才拿它来应急。[①]当然，以春播与秋播的交替为基础的耕作体系，需要在夏季不受干旱的危害。人们只能说“可能”。但有一个问题可以肯定：两种大型农业耕作方式的并存——南方方式与北方方式——既是我们农

① Columelle, II, 6.

村生活最显著的特征，同时又为我们农村经济研究的有关文明起源问题带来宝贵的启迪。

三、农田状态：长形敞地

农田状态不仅仅表现在轮换的耕作秩序上，每一种状态都形成一种由技术方法与社会组织原则组成的复杂的网络。下面研究一下存在于法国的各形式。

在研究中，我们不考虑临时性耕作的土地，（这种土地被弗朗什孔泰的一位农学家称作“随意耕作”，后面我们将回头探究其形成的线索。在这种土地上耕作者“为自己的农活”确定“开犁”方向，[①]有规律的组织制度可以草草实施一下，但不会牢固建立。）同时我们也将避免局限在由特定自然条件决定的某些教会辖区的特殊情况分析中。高山地带的优势在牧业，它的农业生活与低地及丘陵地带就显然不同。在旧时的法国，这种差别较之今天还不很明显。我们农村文明诞生于平原与丘陵；高海拔地带也采取了平原的制度，而不是创造自己独特的制度。此处我只想指出——尽管可能很简单——各种农田状态的基本特征，若要将各种状态的细微差异都展示出来，就需要写整整一本书。

首先要谈的是长形敞地，这种耕地是农田状态中最明了、结构最紧密的一种。

农村居民区在通常情况下具有一定的重要性。但这种制度与

① R. Pyot, *Statistique générale du Jura*, 1838, p. 418.

人数不多的居民点并非不能相容，特别是在刚开垦不久的地区。但从起源上看，它与村庄而不是小村子联系更紧密。那时在住宅周围，人们有自己的园地与果园，它们总是被圈围起来。所谓园地，就是圈地。园地与圈地两词在当时意思差不多，而园地一词源于日耳曼语，最初并无其他意思。圈地的篱笆是一种标志，它告诉人们在任何情况下也不允许在圈地里进行公共放牧。在耕作者土地上还可以看到其他圈地：如葡萄园，至少在北方是如此（在南部则相反，葡萄园是开放的，一旦葡萄收获后，尚活着的葡萄树就任牲畜啃食），大麻田亦是。靠近河流的地方是水草肥美的牧场。然后是耕田或延伸到耕田中的牧场。我们来看一下耕田。

耕田第一个显著特征，就是广为开放。

不要就此以为那儿见不到任何栅篱。首先要区分两种情况，一是久永性圈占，一是临时性圈占。在中世纪大部分时间里，当气候宜人的季节开始时，人们一般临时筑起篱笆，这当然不是在每块耕田周围，而是在每一组耕田周围。有时人们更愿掘沟圈占。农村历法在春季农事中安排这个活。12 世纪在阿拉斯圣－瓦斯特修道院的一个村庄中，一个世袭执达吏还在可能是领主的土地上，“于收获前重新修了沟”。[①] 收获一过，人们便拆篱填沟。以后，从12、13 世纪起，这种产生于土地占有仍相当松弛时代的习惯逐渐在各地消失了。而常有牲畜光顾的荒地也处处伸延到可耕田中间来了。大清整后的土地并入大片耕田，更加密集，更加远离牧场，

① *Cartulaire de l'abbaye de Saint-Vaast*, éd. Van Drival, 1875, p. 252.

此时这种珀涅罗珀式的工作*也就没有意义了。相反,许多普遍实行敞地制的地区在某些耕作带周围却长时期地保留着栅篱。在克莱蒙,道路旁耕田边设立的篱笆一开始是临时性的,后来随着时间的推延,往往渐渐变成坚固的荆棘墙了。① 在埃诺,在洛林,通常都在道路两旁或村庄周围修起篱笆。在贝阿恩,篱笆用来保护进行规律性播种的"平原",而在"坡地",除了几块临时性耕田要圈围外都自由放牧。于是就像在苏格兰一样,"内田"(in field)与"外田"(out-field)间形成了一堵墙,外田用来放牧或进行间歇耕作。其它地方如阿尔萨斯,在阿格诺周围,人们用篱笆将地块围成若干大片。

现在让我们穿越这些防线,如果有这种防线的话(许多地方没有)。我们的视线和研究步伐是不会被任何障碍阻挡的。从一块地到另一块地,从一组地块到另一组地块,没有其他的分界线,至多有一些打入地面的界标,有时只有一道未播种的犁沟,更为经常的是,只存在一条纯粹想象中的边界。这就给那些农民们称作"犁垄吞食者"的人有侵占土地的可乘之机。几年耕作中犁铧越出法定界限,耕地就扩大了几个新沟(或"垄"),就是说,从多数情况看,一定数量的土地只要地块狭长,犁头一偏就可带来可观的收益。有人提到,一块地在60年中面积可扩大三分之一。这种"最巧妙

* 珀涅罗珀。希腊神话中俄底修斯(攸利赛斯)之妻,为躲避求婚者,她日夜织一件衣料,织成后又拆,拆了又织。所以"泊涅罗珀式的工作"就有毫无意义的意思。——校注

① *Description de la terre et seigneurie de Varennes* (1763): Chantilly, reg. E 31, fol. 162 v°

最不宜证实”的“偷窃”被中世纪说教者与旧制度的官员揭露过，曾是——可能现在仍是——从一块地进入另一块地时没有任何界线的“光平乡野”的社会特征之一。如18世纪一份文件上讲的，由于没有凸出障碍物挡住视线，“农耕者一眼就可发现平原中以至于所在区域中自己田里发生的一切。”①人们认出了——因为在这个问题上土地景象没发生什么变化——莫里斯·巴雷斯*所珍惜的那种“清除干净”的面貌。

不过，不存在圈围现象并非意味不存在占有边界。这种边界分隔是双重的，构成一种奇怪的构图。② 首先是大块地的分隔——从十几块至几十块不等。如何称呼它们呢？叫法五花八门，农村语言从常规上讲就变化多端，给我们留下了各种名称，它们在地区间甚至在村落间都是不同的。其中有“quartiers”、“climats”、“cantons”、“contrées”、“bènes”、“triages”等等。在卡昂平原，名称来自斯堪的纳维亚，称作“delle”（它在被丹麦人长期占领

① Arch. de la Somme，C 136 (subdélégué de Doullens). 关于犁垄吞食者，有无数的文章提及。土地扩展的例子取自 F.-H.-V. Noizet，*Du Cadastre*，2e éd.，1863，p. 193；关于偷窃的文章见1768年的一个备忘录，Bibl. Nat.，Joly de Fleury，438，fol. 19. 关于中世纪的情况，见 Jacques de Vitry，*Sermoad agricolas*，Bibl. Nat.，17509，fol. 123.

* 莫里斯·巴雷斯(1862—1923年)法国小说家、散文家。——校注

② 除于伯尔福利和布拉的地图(图3)外，还可见斯普瓦、托米雷、莫纳维尔的地图(图6、13、14和15)以及圣但尼小树林的地图(图1)。这些村庄以其名称(莫纳维尔)或农业术语(于伯尔福利和布拉的“田区”)证实了日耳曼的影响。但这纯属偶然：地图的选择是由技术上的原因决定的；只举两个例子——假如勃艮第地区让西尼和蒂耶河畔马尼的地图(Arch. Côte d'Or，E 1126 et 334)不是由于无法复制，它们完全可能为读者提供无可置疑的源起高卢—罗马的地貌，这是一幅与于伯尔福利和布拉特有的地貌截然不同的地貌图。

的英国东部可以找到)。例子不一而足,为简化起见,一律称为区。每个地区的相应名称从地籍的意义上讲构成了特定地点,如“Grosse Borne 的区”(quartier)、“Creux des Fourches 区”(climat)、“Trahisons 区”(delle)。有时,这些区的界标是可以看到的,如起伏的地带、小溪、人工垒成的斜坡或篱笆。不过大部分地面上没有明显的标志,只靠地垄的方向与相邻地块区别。因为一个“区”由众多的小块地组成,这些小块的地垄都朝同一方向。每个土地所有者都要这样做。在洛林,地方当局指责战争结束后回来的农民不遵守旧传统的诉状中就有抱怨他们“随意乱垄”的文件。

分成格的许多小块地在大地表面构成了十分细密的——因为小块地为数众多——形状奇特的网络:因为它们的形状几乎完全一样,但却极不对称。每块地都随着耕垄延伸,其宽度与轴线长度比起来就小得多了,往往只有长度的二十分之一。有的地块只有几垄之宽,却长达 100 多米。以后由于土地为继承人多次分割,此状态有所改变。当地块越变越窄时,人们一般同意只作拦腰分割,从 9 世纪至 12 世纪,那些幅员广大的旧领主领地在农民之间分配后,又扩大了长形地块。当然这都是古老土地的基本特征,近代众所周知的土地合并与其说加强了这个特征,倒不如说减弱了这个特征。中世纪的文件在描述这种形状的土地时,为了指出一块耕地的位置,一般只记录“区”的名称,处于这种长形地两端土地的所有者的名称,即:一组互相平行的长带状土地中某一长带地的位置。

显然,每块地尽管十分狭长,在总的地块中却只占很小面积。每个开发者,哪怕再微不足道的开发者都会拥有,也确实拥有相当数量的分散各处的小块土地。土地的狭小和分散是古代的土地的一个规律。

两种习惯深深触动了农田生活，补充了上述体系：这就是强制性轮作[①]与强制性公共牧场。

农耕者要根据习惯的季节秩序安排农事，就是说每块地要随所属田区进行传统的轮作周期循环：在规定的年份中秋播，下一年春播（如果是三年轮作制的话），休耕时则弃置土地。由一些区组成的大规模轮作田经常与区本身一样具有被语言证实了的世俗合法地位：在克莱蒙的南蒂鲁瓦，人们以 Harupré 、Hames 和 Cottenière 区分三种轮作田（“royes”）；在勃艮第的蒂耶河畔马尼，以 Chapelle-de-l’Abayotte、Rouilleux 和 Chapelle-des-Champs 来称呼三部分轮作田（“fins”）。在一些教区里，这些轮作田几乎全部归属于一个所有者，以至于在生长季节中，两三个大耕作区明显地表现出所种植物的区别：一处是不同高度与颜色的冬小麦或春小麦；另一处则是“初翻地”（sombres）或“初耕地”（versaines），它们在一年中不种庄稼，任绿油油的青草生长。近代洛林地区的一些村庄尤其如此，可能由于 17 世纪大规模战争结束后，土地有了重新调整的机会，因而在这些地区中耕作分布极为规律。其他地方，每种轮作田都由不同几个田区构成，都保持一定的统一性以便用一个特定的名称来称呼：土地占有历经沧桑，造成了地块的分散，在博斯，土地极为零碎，以至于 sole（轮作田）这个词都不讲了，“田区”（quartier）取而代之，成了轮作的因素。每块地内部都有严

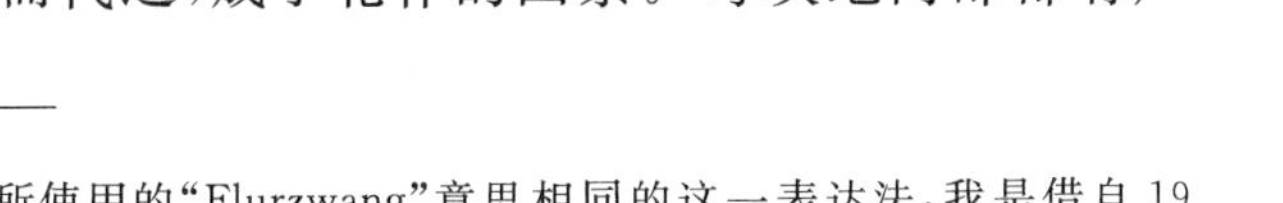

① 与德国历史学家所使用的“Flurzwang”意思相同的这一表达法，我是借自 19 世纪初一位普瓦图农学家赞美这种制度时所用的颂辞：De Verneilh, *Observations des commissions consultatives*, t. III, 1811, p. 63 et suiv.

格的统一性，毋庸置疑，在每块地或每个区，播种、收割等主要的耕作都要同时进行，具体日期则由集体或习俗而定。

这种体制建立在传统基础上，但也并非完全没有灵活性。有时村社可以决定将一个“区”从某轮作阶段转入另一阶段。像勃艮第的让西尼，教堂背后的一个田区在1667年后不久，秋播就从“河港田”改到“红棕地”进行。强制性轮作的原则虽不可违，有时却也遇到一些意外的障碍。18世纪时，马斯河与艾尔河谷三个地方(即丹村、瓦雷讷、克莱蒙)的教会辖区中，有人“违反常规，随意耕种”，(当然这些地多在住宅周围，较容易获得粪肥。)不过即使在这些地方，随意耕作的土地也只一小部分，其余地块都“服从于规律性轮种的管理习惯”。同样，在克莱蒙地区(我们对该地的耕作习惯格外了解)，自由耕作的土块只存在于三个我们刚列举了名称的居民点周围，它们都是小镇，它们的居民比其他人更倾向于个人主义。而普通村社，则毫无例外地可用1769年的一个文件来总结：“全部土地要分成三个轮作周期，不可由耕作者随意变动。”①

小麦收获后耕地休闲。土地“空了”，“闲了”。在古语中“空”与“闲”是一个意思。如是二年轮作制，则要休耕一年。如在三年轮作制，收过冬小麦的耕田则要在下一年春天播种春小麦，而收获春小麦的耕田要进入休耕期。不过这种“空闲”的土地并非一无所产。自行生长的茅草和杂草可供牲畜食用，尤其是那些杂草，它们长在茅草丛中，并在茅草死后继续旺盛地蔓延生长。18世纪一份

① 让西尼：对照1667年的测量和稍后一段时间的统计表：Arch. Côte d'Or, E 1119.——丹村、瓦雷讷、克莱蒙、蒙伯兰维尔：Chantilly, E reg. 39(1783)，图例；E reg. 31 (1762), fol. 161; E reg. 28 (1774)，图例；E reg. 35 (1769)，图例。对照图4与图5。

材料记载着弗朗什孔泰农民讲的话："一年中三分之二，农民畜群的饲料来源几乎都出自空闲的耕田。"①不过，不要以为每个耕种者都可以任意将其财富留给自己的牲畜。空闲地作为牧场是主要的集体财富。村庄中所有牲畜都集合成群，人们或根据地方政权的指示，或根据传统习惯，将它们放养在收割后的耕地上，土地所有者则必须任其啃食，如对待自己的牲畜一样，实际上他自己的牲畜也混杂其间。

流动的畜群需要更广阔的空间，仅仅开放地产主的边界是不够的，村社耕田的边界也不能阻挡它们，在许多以公共放牧为主要方式的地区，实行着——以相互居留的名义——各教会辖区间互相放养的制度：每个村庄可根据习惯将其畜群放养至毗邻村庄的全部或部分休闲地，甚至放置不相邻的村庄中去。这说明空闲地的占有制度与种有庄稼的地有明显差别。

这种放牧形式不仅在耕地上维持其统治，同样敞开的牧场也成了自己的属地。牧场一般在第一遍草割过后开敞。所以牧场经营者只有头茬草的收刈权。刈割后的再生草属于村社，村社或将这牧场放养牲畜群（这是最古老的办法），或将再生草收割后在全村分配，或者干脆卖掉。18 世纪的一位法学家曾说，作为耕田或牧场占有者，"财产所有者只有在村社的权力限制之下的极为可怜的一点产业。"②

*　　*　　*

这样一种竭力缩减经营者自由的制度意味着对个人的约束。

① Arch. Nat.，E 2661，n°243. 对照 E. Martin，*Cahier de doléances du baillage de Mirecourt*，p. 164："只是公共牧场制才使农村活起来。"

② P. Guyot，*Répertoire*，1784—1985，art. *Regain* (par Henry).

地块的圈占不仅不符合习惯,它还是违禁的。[1] 强制性轮作不仅仅是一个习惯,也不仅仅为了方便,它具有至上的强制性。公共畜群及其牧场特权是居民们必须遵守的原则。不过在古代法国,法律来源各种各样,互相联系也不紧密,这些规定的法律来源也因各地而异,确切地说,法律关系到处建立在传统习惯上,而传统习惯又是多种多样的。15 世纪末及 16 世纪,君主政权将各省的习惯以文字形式固定下来,其中许多条文在后来的法令中,在公共放牧原则及禁止圈占耕地的禁令中都有体现。有一些则未能实行,或者由于忘却,或者由于一些地区据当地习惯行事,本身就实行着不同的农耕制度,而那些互不相同的习惯很难解释详尽,或者像贝里地区那样,蔑视法学家,干脆以罗马法行事,虽然其所有制习惯与罗马市民相去甚远。不过法院监视着一切。圣路易统治时,布里的法院反对圈占耕地。18 世纪中期香槟一些村庄以政权力量推行强制性轮作。[2] 1787 年图尔的总督说道:"安茹和图赖讷的习惯法丝毫未提及公共放牧,可是上古的习惯却以法律的一般力量影响了这两个地区,以至于土地所有者在法庭面前无力维护其属

① 某些习惯法明确禁止实物地租(即按收成的比例向领主交实物租税)租地的圈占。我们还不能说其他土地的圈占就是自由的。人们一般认为,圈占耕地就是为了把它变成园地、葡萄园、大麻田等,一句话,是为了改变作物性质,而在一部分收成归属领主的农田里,原则上禁止圈占。参照一篇分析精细的文章,*Coutumes du bailliage d'Amiens*, c. 155(*Coutume réformée*, c. 197).

② *Olim*, I,p. 516,n° VI. Arch Nat., AD IV 1 (Nogent-sur-Seine,1721; Essoyes, 1779). 17 世纪的法令(见 Delamare, *Traité de la Police*, t. II,p. 1137 et suiv.)。满足于禁止那些不实行集体轮作的居民享受公共牧场的好处。关于这些决定的意义,可见本书,下面第 42 页。参照 1759 年 8 月 30 日蒙贝利亚尔伯爵领地的一项法令:Arch. Nat.,K 2195(6),以及本书第 58、59 页。

地。”在那些没有明文规定，而地方官员又令人厌恶地实行受农学家们攻击的，并使大地产者感到束缚的旧习惯的地方，集体的压力或通过劝服或通过暴力总是作为最后手段有力地维护着旧土地习惯。1772 年波尔多总督写道：“只有反映了居民的意愿，这种习惯才具有法律的力量。”不过这种习惯对居民并非无限制。对于在耕田四周立起篱笆的农民说来则更不幸了。1787 年当有人劝阿尔萨斯一个土地所有者圈围土地，以求获得比放牧更高的产量时，他说：“篱笆圈地毫无意义，因为总会被人拆除。”在 18 世纪的奥弗涅，如果有人胆敢将耕田变成圈围的果园——因为从成文的习惯法上讲他有这样的权力——那么邻居就会拆除他的篱笆，“于是引起一场官司，其后果使得村庄的人出逃，并造成全村极大的混乱。”①18 世纪的文件纷纷提到“禁止耕作者圈围其世袭地的严厉法令”与“将领地分成三份进行轮种的法令。”②事实上，对圈围的禁令、公共牧场、强制性轮作都有同法律一样的权威，——不管成文还是不成文，无论由官方强制还是集体制约，——在 18 世纪末农业发生巨大变革的时代，这些旧法律都要被推翻，而代之以新的立法。

使这种制度得以长期延续，甚至在失去法律制裁手段后仍得以延续的更为重要的原因是，这些制度构成了完善的物质运转系统。很难设想比这结合更紧的体系，甚至到了 19 世纪中期，该体系的最

① J. M. Ortlieb, *Plan … pour l'amélioration … des biens de la terre*, 1789, p. 32, n. *. —Arch. Nat., H 1486, n° 206；这类事件的一个具体例子见 Puy de Dôme, C 1840(subdélégué de Thiers).

② *Procès-verbal … de l'Assemblée provinciale de l'Ile de France* … 1787, p. 367. —Arch. de Meurthe-et-Moselle, C 320.

明智的反对者仍在赞美其和谐。[①] 耕田的形式与放牧的实践两者促进了公共轮作的形成。在这种狭小得难以置信并被四周土地包围的地块上(要到这种地块去,不得不穿过邻居的块地),如果不对经营者规定一个统一周期的话,生产几乎不可能进行。如果没有呈规律的强制性休耕,村庄的牲畜去哪儿寻找足够的野草来保证自己的食料呢? 对牧场的迫切要求也抵制了小块地的永久性圈围,因为不能阻挡畜群的通道。从另一角度看,由于耕田惊人的狭小,进行圈围也是办不到的。为了圈围这些长形的平行四边形,篱笆将要围得多么长啊! 土壤上被遮挡了多少阳光啊! 如果每块地都围上,人们怎么从一块地到另一块地去耕种呢? 最后,在这种长形带状地块上,放牧耕作者自己的牲畜而不侵犯邻人的草地也是极为困难的。所以公共放牧的形式从土地形状上看对大家也是最方便的。

除以上明显的特点外,还有人的因素。由于强大的社会聚集力和土地集体所有的社会意识,这样的制度才得以确立。公共耕作的杰作首先是土地本身。无疑,各式各样的小块"区"的形成是逐步占领未开垦的土地的结果。同时我们有确凿的证据,证实远古甚至史前形成的土地结构所服从的原则在以后几个世纪中创造了新方式。不止一个村落四周有一处处呈长条的地块,这些都是中世纪的新事物,其名称与高卢—罗马关联甚少,因为所用的词说明了这点(如 Rotures 出自 ruptura,开垦),它们交纳新垦地的什一税。12、13 世纪,在耕田通常呈长形敞地的地区,人们在一些"新垦城镇"的土地上极为整齐地将土地分隔成许多像原来一样的格状小块。勃艮第

① 见 Mathieu de Dombasle, *Annales agricoles de Roville*, t. I, 1824, p. 2.

地区贝塞的一些已被毁坏的居民点于15、16世纪又被附近的居民在丛林中重新恢复了，这些恢复的居民点证明了我们上面指出的特点。即便在19世纪中，奥斯瓦的村民们仍瓜分了公有土地，将其分成互相平行的许多又细又长的地块。[①] 然而，在那些新近或远古开垦的“区”的内部，狭窄地块紧紧相连的要排在实行集体计划情况下是不能形成的。暂且不谈一个领导者存在的可能性，现在问题不在这儿。（不管怎么说，一个集团有了领导，不会更不像一个集团。）这种安排必然要求有一个协调的轮作形式。假如它反映了集体的意愿，怎么可以不相信这种结果会自然地预料到并且获得呢？[②]

至于公共牧场，绝不能说它是耕田形式的必然要求。如果每个耕

① 关于新城镇的开垦：见图1与图6，及本书第73页的注①——关于贝塞：见第136页注①——关于奥斯瓦：*Bullet, de la soc. des sciences histor. de Semur*, t. XXXVI, p. 44, n. 1.

② 在集体规模的开垦之后，是否有一种周期性的再分配，而不是一种最终分割呢？在18世纪末和19世纪初的绍姆堡存在一些伴随间歇性耕种实行周期性分配的例子（Arch. Nat., H 1486, n° 158, p. 5; Colchen, *Mémoire statistique du département de la Moselle*, an XI, p. 119）；但这些习惯只是某种在摩泽尔地区称为Gehöferschaften的惯例形式，这儿对它无法研究。Gehöferschaften也许是相当新近的例子，不过它证实了一种旧的、根深蒂固的集体精神（参照F. Rörig, *Die Entstehung der Landeshoheit des Trierer Erzbischofs*, 1906, p. 70 et suiv.）。此外，在离我们相当近的时代，人们碰到过“交替所有制”现象：洛林地区的牧场（Arch. Nat., F^{10} 284: Soc. des Amis de la Constitution de Verdun；在英国则广泛施行着称作lot-meadows的制度）；马耶讷一些非圈围地区的耕地（*Arch. Parlementaires*, t. CVI, p. 688）：这些现象极为罕见，其演化过程也鲜为人知，我们根本不能从中得出什么结论。至于集体耕田的习惯，西博姆把英国的敞地制度的起源归于它，无疑是弄错了。我在法国见不到它的痕迹；农民们常常互相帮助，“自耕农”出借或出租自己的牲口套车给“短工”，但只是出于道义压力或资本利用的明智考虑：这些做法都未导致集体劳动。请看F. Steinbach的最新论文（*Gewanndorf und Einzeldorf*，载 *Historische Aufsätze Aloys Schulte gewidmet*, 1927），此文认为土地分割与公共地役是后来产生的现象，但我认为文章缺乏证据。

作者像我们以后将看到的其它土地制度中那样把自己的牲畜保留在自己的耕地中拴养的话,这种土地结构的缺陷是可以避免的。牧场作为公共财产,总的说是采自一种思想,一种习惯观念:人们认为,作物一旦收获,土地就不再是个人财产了。令人钦佩的是,许多法学家都指出了这一点,我们在此引用路易十四时代一个学者欧赛伯·洛里埃尔的话:“法国的一般法律是”——他了解的只是实行敞地制的地区——“土地只在庄稼生长时才得到保护,一旦收获后,从一种人权角度看,土地成为所有人的共同财富,不管他是富人还是穷人。”①

还有其它因素形成了土地公用制的强大压力。如拾穗权(glanage),这在上面讨论的地区影响尤其大,不仅残废人和妇女有拾穗权,而且所有土地不加区别地对任何人开放。这种拾穗权在其他土地制度中都不典型,然而在法国,依照《圣经》的教诲,几乎全国各地都实行这种制度,尽管形式各不相同。最有意义的还是采集权(droit d'étaule),根据此权,收割完毕后并不马上把畜群赶进耕田去啃食,而是首先让居民们进去采集。农民们捡草以作修缮房屋之用,或为其畜厩作垫草,或者干脆作烧柴用。此时,农民在田里采集不用留心是谁的地界。这种权力之大以致农民不得在收获时齐根刈割以不留茬给别人。直至18世纪,各地高等法院还表决通过,播种地收获时只许使用短柄镰刀,它留茬较高,而长柄镰刀只用在牧场上。广大的土地,当然都是在长形地上,实行着这种地役权,耕地收获并不全属土地所有者,麦穗归他所有,茎秆

① *Commentaire sur les Institutes de Loysel*, II,II,15. 这段发挥在1710年的第1版时没有。在1783年第2版时才出现,1846年Dupin版中又没有。这一段同第2版中其他一些补充部分一样,都来自洛里埃尔自己漏下的注释。

却属于大家。[1]

当然，这种制度并非绝对平等。洛里埃尔那句话也不完全可信。贫民与富人同样享有地役权，但并不完全一样。一般讲，每个人不论地块多小，都有权在公共畜群中放养自己的几头牲畜。但除了每人可享受的最低标准外，放养牲口数是按耕作者拥有地块面积的比例而定的。农业社会也存在着阶级，而且等级十分明显。富人与贫民都要遵守集体的习惯法，而集体则成了维持社会平衡和土地开发各形式之间平衡的守护神。从这种长形强制开放的耕田制度导出的农业文明形式，用若雷斯在《革命史》一书具有历史性英明预见的前言中的话来说，具有“早期共产主义”的明确标志，它的存在有着深刻的原因。

这种制度在法国很普遍，不过并非法国独有。若无完整详尽的调查，想划出该制度精确的地区边界是不可能的。它普遍实行于除科地方及西部圈围地区外的卢瓦尔河以北的全部法国，而且还实行于两个勃艮第地区。不过法国的这些地区只不过是实行此制度的更广大空间的一小块罢了。它包括英国的大部分，几乎全部德国，一直到波兰、俄罗斯的平原。其起源问题只应在欧洲范围内探讨，我们后面将会谈到。而我国独特之处，则是下面即将谈到的此制度与其它两种制度的共存。

四、农田状态：不规则形敞地

现在谈谈另一种不设篱笆圈围的耕地。它不像上面说的那样呈

---

① 有时，在茎秆分配中，耕地主人可优先抽取一份；领主也参与分配：Arch. Nat.，F[10] 284(Gricourt).

狭长形状，各小“区”的组成极为规律，并都朝一个方向，而是形状不规则，长与宽相差无几，分布不规律，在土地上像拼图游戏一样分布着。这就是我们的祖先看到的当时一部分农村的情况，以后仍然如此。这些地方有南部罗讷河、朗格多克、加龙河地区、普瓦图、贝里的大部分农村，更北一些有科地方(见图 7 至图 9)。11 世纪以后普罗旺斯耕田的宽度是长度的 48%～77%。[①] 欧洲的情况更是如此，该制度在一些土地建制研究得不如德国和英国那么深入的国家实行得更为普遍，如意大利。因为没有合适的名称，我们可以称其为不规则敞地。

原则上，这种制度不是建立在个人主义之上的。从其古老的形式上看，它包括强制性公共牧场(南方法律上的语言称之为“compascuité”)，及由此导出的必然后果：禁止圈占土地，而且可能有一定程度的统一轮作型式。[②] 不过我们将有机会指出，地役权在这里消失得比长形土地上要快得多。从外部形式看，它们也从未严格执行过。公共牧场在南部最为普遍，生命力也最强，但并不都伴有公共畜群。因为错综复杂的社会限制没能形成土地结构的坚实支柱。长形地块

① Guérard，*Cartulaire de Saint-Victor*，n° 269；在于宰热瓦，地块的长度都是标明了的，n° 198.

② 关于不规则敞地地区的旧式公共牧场：普罗旺斯，见以下第 220 页。——朗格多克和比斯开湾，有许多例子，如 E. Bligny-Bondurand，*Les coutumes de Saint Gilles*，1915，p. 180 et 229；B. Alart，*Privilèges ettitres relatifs aux franchises … du Roussillon*，1874，t. I，p. 270；*Arch. histor. de la Gascogne*，t. V. p. 60，c. 34. ——科、贝里、普瓦图直到 18 世纪乃至更晚些时候仍有无数的例子，参见普瓦图的一份很有意思的法院判决书，载 J. Lelet，*Observations sur la coutume*，1683，t. I，p. 400. ——关于强制性休耕，请看 Villeneuve，*Statistique du département des B. du Rhône*，t. IV，1829，p. 178. ——通过图卢兹高等法院的不断上诉，到 18 世纪，圈占土地的权利终于在各地逐渐赢得合法地位，但这并不意味着它在实践中不会遭到麻烦。

的所有者，夹在一个个小区之间，很少想去逃避集体的义务压力，事实上这种企图也实现不了，因为它将遇到不可克服的困难。而在一块较宽的独处的耕田上，这种企图就强烈多了。因为农田的形状似乎就说明，它的形成从一开始就没有一个统一的规划。在长形耕田地区，某个教会辖地总的讲地块分布是同样的，但有时也可以见到一些边缘如同不规则耕田那样的小地块，这是因为它或者已到了耕地的尽头，或者是荒地中的一片空地，这些地块几乎都呈方形，而且属于一个所有者。它们是在集体统一计划之外晚期垦荒的角落。此外，这两种土地形式间差别的更直接原因似乎要归结于两种技术的不同。在拼图式土地上这种占有方式的个人随意性显然是一种规律。[①]

两种耕作工具将旧法国分成两半。[②] 这两种犁有许多相似之

① 自然，后来的土地分割——有时，带导轮的双铧犁的引入起了很大作用，这点我们将会看到——可以导致在某些不规则土地上产生出一组组的长形地块来；同一现象在圈占土地的地区也有发生（我们将指出这点）。不过，很容易看出，这只是例外。

② 关于耕作工具的历史，书目繁多，但很混杂。带图画的旧文献十分少，而且无法利用。我只列举一些仍然有用的文章：K. H. Rau，*Geschichte des Pfluges*，1845；H. Behlen，*Der Pflug und das Pflügen*，1904；R. Braungart 的研究成果，*Die Ackerbaugeräthe*，1881；*Die Urheimat der Landwirtschaft*，1912（参照 *Landwirtschafliche Jahrbücher*，t. XXVI，1897），这本书只能带着极大的疑问去阅读；还有一些考古学者研究（J. Chr. Ginzrot，*Die Wagen und Fuhrwerke der Griechen und Römer*，1817；Sophus Müller，*Mémoires de la Soc. royale des Antiquaires du Nord*，1902），斯拉夫语学者的研究（J. Peisker，*Zeitschrift für Sozial und Wirtchaftgeschichte*，1897；以及 L. Niederlé 用捷克文或法文发表的各种著作），尤其还有语言学学者的研究（R. Meringer，*Indogermaniche Forschungen*，t. XVI，XVII，XVIII；A. Guebhardt，*Deutsche Literaturzeitung*，1909，col. 1445）. Gilliéron 和 Edmont 的语言学图册的“铧犁”一画几乎不能用，因为它没有区别各种型式，将分别表示各种截然不同物件的名词应作同指一个物件的许多不同称呼。不过它促使 W. Foerster 写出了一篇相当精彩的文章 *Zeitchrift für romanische Philologie*，1905 (avec les *Nachträge*).

处，它们的演变也有一致之处。在挖掘部分都改进了犁头与犁铧，而在犁刀两旁都装有犁壁。然而它们间有一个根本区别。第一种为无导轮犁，由牲畜牵引耕地；第二种则是双轮犁。[①] 没有比这两种犁的名称更能说明问题了。无导轮犁是最早讲我们母语的农耕者的一种古老工具，全法国甚至几乎全欧洲都保留了它的印欧语系的名称。在法国，它来源于拉丁语。在普罗旺斯叫无导轮犁(araire，来源于 aratrum)，在贝里与普瓦图叫“éreau”，在瓦隆地区叫“érère”，其它地方，上日耳曼方言叫 erling，俄罗斯语以与其同类的斯拉夫语则叫 oralo。[②] 第二种则相反，没有共同的印欧语系的词汇。它出现较晚，使用范围也不广泛。法语名称也不来自拉丁语：因为除了内高卢外，意大利古农业也不使用，甚至鄙视这种工具。法国人称之为双轮犁(charrue)。名称无疑来自高卢语。特别因为词的前半部的意思与 char 和 charrette(两轮马车)特别相近。这种犁的形状特别像大车，它吸收了二轮大车的主要特点——两只轮子，并将轮子与犁铧连在一处。[③] 维吉尔在描述这种农具时没称为 aratrum——因为在一个凯尔特人占一半以上的

① 某些作者认为引入犁头是双轮犁的特点，这肯定是个错误。真实情况是，无导轮犁在耕犁结实的土壤时不如双轮犁耕得那么深，它的两片犁刀经常显得笨重而无用，不如双轮犁那么好使。在普罗旺斯，人们在无导轮犁上安了一个轮子，它的位置完全不同于双轮犁上用作导轮的那两个轮子，但它也用来引导犁沟。

② 自然，也有某些例外。尤其在意大利北部，Foerster 说，pio 一词(它由一个与德语中 Pflug 同义的日耳曼单词衍生而来)用来称呼无导轮犁，而 ara (据 M. Jaberg 对我说)则是称呼双轮犁的。在挪威语中，ard 在今天似乎只用来称呼那种无犁壁或有两面倾斜的犁壁的古式铧犁，plog 则指那种稍有改进，但仍无导轮的犁具。

③ Carrugo 在鲁埃尔格这个使用无导轮犁的地方仍指一种小车：Mistral，*Tresor*，mot cite.

国家，人们不会设计一种没有导轮的犁——而是老老实实把它叫做两轮车(currus)。[①] 西日耳曼语对它的叫法则完全不同，他们的叫法后传入斯拉夫语言中，现代德语中的 Pflug 就是由此而来。按普利纳的说法，这个神秘的名称首先被多瑙河上游南部的雷特人所使用。这个词来自一个古老的方言，它早已消失，并可能完全不同于印欧语系。[②] 至于其发明者，普利纳认为是高卢人，遗憾的是，普利纳的资料模糊不清需重新校勘。他的观点置信程度如何？他看到了高卢人使用这种工具，但他还知道些什么？唯独一件事确凿无疑：不管在凯尔特与日耳曼人占领其历史定居点之前，双轮犁在那儿首先被使用和推广，它无疑是北部平原农业技术文明的产物。罗马人都因北方广泛而聪明地使用这种农具而感惊讶。怎能怀疑它不是平原的造物呢？制造这种工具本是用来耕种泥泞的原始平原，它可以犁出笔直的垄沟。双轮犁至今仍不易在坎坷不平的地带使用，它是不会诞生在这种地区的。

假如留心及时搜集必要的材料的话，——目前这样做并非不可能，只是要抓紧时间——人们就会正确地发现当代技术大动荡之前双轮犁与无导轮犁的地理分布。[③] 目前的研究状况是不足以得出准确的划分的。历史年代离我们越久远，分布情况和变迁线

---

① 见 Servius 对 *Georg*. I，174 的注释。

② *Hist. Nat.*，XVIII，18，G. Baist 所写的 *Archiv für lateinische Lexikographie*，1886，p. 285："Non pridem inventum in Gallia duas addere tal; rotulas, quod gonus vocant ploum Raeti"(手稿中还有"in Raetia Galliae"和"vocant plaumorati")。

③ 我自己就向各省的农业厅长官作过一个调查并获益匪浅，在此，谨对他们的热情帮助表示谢意。要想正确地解释当今的事实，有必要回忆一下，在 19 世纪的上半期，由农学家 Mathieu de Dombasle 发明的无轮犁具一度曾在部分土地上使用。

索就越不清楚，因而也越难把握。还有更复杂的情况：无导轮犁作为最古老的工具，在一些地区往往用来进行简单犁耕，而这些地区很久前就基本上普及双轮犁了。尽管存在众多的难题，不过从现有资料中还是可以看到近代双轮犁——我们还可以推论这种犁很早就在当地普及了——适用于长形地的耕作；而无导轮犁正相反，适用于不规则地。贝里和普瓦图的白垩质平原为我们提供了决定性的例证。那里耕田分布与博斯或皮卡第很相似（我承认，在了解它们之前我就这样想），没有长形地组成的"区"，而是一些分布零乱、大致成方形的耕田，这些都是无导轮犁的耕区。①

科地方的问题比较棘手。它拼图式的土地格局可能来自其定居的方式。在斯堪的纳维亚半岛，双轮犁长期不为人知，在许多地方现在依然如此，而无导轮犁则是传统农具。如我们所知，罗隆*的伙伴们大批移居科地方时，他们按自己国家的习惯重新调整了土地，并使用其熟悉的农具。这只是一种简单推测，证实它需要对该地区进行详尽的研究。至今我们对斯堪的纳维亚占领史的研究依据的只是地方名称，应该加入耕田格局的研究。一个不同学科不同国度学者间的紧密联系才会带来益处，谁能说这样的研究不能揭开古老的谜底呢？没有比在入侵者中进行不同种族的分类更麻烦的研究工作了。我们怎么分辨瑞典人、挪威人和丹麦人呢？不过至少可以从丹麦人的耕田格局看到他们与其它人种的差别：因为与瑞典人和挪威人相反，丹麦人很早就熟悉双轮犁和长形规

① 关于普瓦图的耕地，有一份很有趣的备忘录，Arch，Nat.，H 1510³，n° 16.

* 罗隆（860—927年），诺曼底海盗首领，据说从挪威来，后成为诺曼底第一个公爵。——校注

则地块。目前，对受斯堪的纳维亚影响，更确切地说，受瑞典—挪威影响的科地方的土地形状的解释可以在新开垦地即该地区土地大开发时代新建城镇四周的耕田中得到证明。那里有一个鲜明的对比，长形耕地组成的区又占了统治地位。[①] 土地开发初期的耕田习惯被抛弃了，而双轮犁又被广泛使用，如同我们今天在上诺曼底到处都可看到的一样。

两种主要农具与两种不同的耕田形式相对应，这一点毫无奇怪之处。双轮犁是一种受欢迎的农具，套同样的牲畜，它比无导轮犁耕得更深。可是由于有两只轮子，它到田头掉头时需要一定的空地，这就造成了技术上与法律上的大问题。一旦耕到田头，转弯就困难了。于是人们在耕地两头留出与犁垄方向垂直的一块空地，这块空地至少在全部田地耕完之前不种庄稼。皮卡第地区称这种空地为 fourrière，卡昂平原称之为 butier。或者，农耕者在各"区"之间实行一种公用地役权，称为"tournaille"，以便使耕犁掉头，可以想象这将引起多大的纠纷。无论如何，要减少这种空地，最好就是延长地块的长度。无导轮犁则灵便多了，用来耕种方形耕田。它可以在需要时随时变更耕垄方向，甚至交错犁耕。[②] 这种犁在欧洲到处可见——在斯堪的纳维亚，在东部德国斯拉夫村

① 除了第 24 页注①提到的阿利艾尔蒙的地图之外，还可参阅 18 世纪的莺歌新城的地图，Arch. Seine. Inf., pl. n° 172.

② 迈泽恩可能过分重视了交错田块的作用，不过，无导轮犁无疑不会导致方向各异的浅垄。这种方法尤其在普瓦图得到了证实，见上页注①所引的备忘录。反面的例子，可参照某些由双轮犁代替十字镐耕作后的葡萄田形状的改变情况：R. Millot, *La réforme du cadastre*, 1906, p. 49. 在中国，带轮的耕犁似乎也导致了耕地长度的增长：对照本书第 24 页注①。

庄(其使用无导轮犁的历史可以追溯到古代),在这些地区,我们还看到几乎呈方形的地块。

但是,这种纯物质因素的分析能说明一切吗?当然,要展现出在技术发明的基础上的因果之链是十分吸引人的。双轮犁统治着长形田,而这种耕田格局又有力地维持着一种公有权利的统治,安装导轮的耕犁引出了整个社会结构。当心,这般推论下去,则会忘记人类的各种创造才能。当然双轮犁迫使地块延长,但耕田狭窄的原因却不是它。本来没有什么因素可以制止土地占有者把地分成块数较少而面积较大的田块,并使每块的长与宽都较大。事实上,古代农民不仅不追求这种土地集中形式,反而避免这种集中。原因是:将所拥有的土地分散开,被认为可以形成均等的机会,农民们被允许耕种不同种类的土地,可以不至于在一次自然灾害或社会灾难中——如冰雹、病虫害、劫掠等——被摧毁,灾难总不至于同时摧毁整个地区。这种思想根深蒂固,至今还抵制土地调整的明智之举,无论长形耕地还是不规则耕地在土地分配上都受这种思想的影响。不过,在使用无导轮犁的不规则耕地上,为了使土地面积不至于过大而又要保持合适的宽度,只需缩减其长度就可以了。而在使用双轮犁的耕地上则禁止这样做,相反,为了耕田面积不至于过大而又要保持一定的长度,则必须缩减其宽度。这就决定了土地所呈现的整齐的形式,否则——荒唐的假设!——这种地块就会杂乱无章。但这种集中意味着在土地所有者之间事先达成一种谅解,同时这种默契要有一定程度的集体约束。集体约束在此至关紧要,我们几乎要推翻以上推论而声称:如无公有的习惯,双轮犁的使用将不可能。由于只凭推论来重现历史的发展变

化，要精确地衡量因果关系是十分困难的。谨慎一些讲，在我们研究中所能涉及的最久远的年代中，双轮犁的出现孕育了长形地，它与集体耕作的习惯相结合形成了一种鲜明的耕田文明，如果没有这两个特征，那耕田文明将是另一种形式。

五、农田状态：圈地

同上述两种敞地制——特点是公共地役权，仅在强弱上有所不同——相对的是截然相反的圈地制（见图 10 至 12）。

18 世纪英国农学家一般都把圈地思想与农业进步相连。在英国最富裕的农村，过时的轮作方式和公共放牧的取消都伴随着耕田的圈占。有一位名叫阿瑟·荣格的农学家于 1789 年渡过英吉利海峡，在法国看到的事情使他大为惊讶。他看到法国有些省份整个都被分割圈占，并仍沿用其邻人曾用过的旧生产方式：“居民们荒唐得不可思议，十分之九圈地的管理制度与敞地制一样，就是说，存在着大量的休闲田。”

在这些引起争议的地区，到处可见圈占将耕田分成一个个小块：圈围是永久性的，一般采用耐久圈占物。最多的是绿篱，西部地区一般设在耕地的高坡处，人们称其为壕沟（法语中 fossé 一般指“城壕”douve）。这些叶丛由灌木和树组成，使还在耕种的田地，从远处“一眼望去像一片变幻莫测的丛林”，只是有些稀疏，[①]18 世纪时一个备忘录这样写道。民间语言很自然地用一

① Arch. Nat., H 1486, n° 191, p. 19.

个古老的词 bocage 称呼实行圈地的地区，以别于白垩质平原或平原中不设障碍的耕田。1170 年诺曼底诗人韦斯描述了诺曼底农民是由实行敞地制和圈地制的两个不同部分组成，他说它们是“cil del bocagee cil del plain”*。

用来圈围的不都是植物。气候、土壤或习惯造成其它种类的圈占形式：布列塔尼一些海角或凯尔西常受海风的袭击，于是用石块垒起了小墙，它挡不住视线，在耕地上以它坚实的界线划成了广阔的格图(damier)。

如同敞地地区一样，这些物质因素只不过是深刻的社会实在的外部表现。

不要以为圈地制完全趋向个人主义，因为在圈占制占统治地位的村落还保留有广阔的公共牧场，集体权力在此被一种强大的力量维持着，布列塔尼就是如此。并且，除了布列塔尼北部和科唐坦等地，牧场往往(不是绝对)与耕地不同，它不圈占，待第一茬草收割完毕，牧场就对全体居民的牲畜开放。我们可以说，只有耕田不受集体力量的控制。更显著的特点是：实行敞地制的地区特别是长形耕田地区，不是牧场而是耕田受集体力量的控制。[①] 在圈占地区，耕田四周种上篱笆或垒起矮墙，没有公共牧养制度。当然，休闲地和其他地方一样用作放养牲畜，不过

---

* 意为“一些来自圈地，一些来自敞地”。——校注

① 没有什么比一句实行于几乎所有敞地地区的农业法的格言更能说明问题了：每当人们遇到一道隔开不同性质作物的田地的篱笆，推想起来，它肯定属于更值得圈占的那一边的土地：属于园地或葡萄田而不是牧场，属于牧场而不是耕地。而大多数圈围地区不知道这条规律。

只有耕种者本人的牲畜。每个耕种者都可自行决定其轮作方式。

独立耕种的习惯构成这种体系的基本因素。甚至在其明显特征——圈围物——存在的条件消失后它还生存着。我可以说那时只有一种道义上的圈占。在布列塔尼西南部的海滨，人们自然不会想到用绿篱圈占，也不总是修筑矮墙以替代之。但他们也没有实行土地的公共役使权。1768年，蓬克鲁瓦的总督代理人说到(他的论点为稍后的史料所证明)，“每人将自己的牲畜拴在自己地块的木桩上，以免它们跑到别人的田里。”①这种各居其所互不干扰的原则甚至在不同所有者的土地处在同一圈占区之中时也被遵守着。从历史痕迹来看，每块地块最初都属一个所有者，周围都有绿篱或石墙圈围，就如同其名称一样，原则上，每块田都有一个地名。这些地块一般比较大，而且形状不规则，但长短差别不大。许多地区使用无导轮犁耕种，可能是因为大部分地高低不平。即使使用双轮犁，像曼恩地区，人们也不怕地块过宽，因为地块分散的规律很少被遵守，我们下面就会明白其原因。以后日久天长，面积过大的地块或者由于让与或者由于继承遗产而分割成小块。有时分割又导致了新圈围。在诺曼底的一些平面图上，可以看到同一块地在不同时期被分割的情景：有两块最初圈在一起，在最早的史料中被一条想象的界线分开，而在较后的史料中却被篱

① Arch. Ille-et-Vilaine, C 1632.

笆分开了。[①] 农民们习惯于在四周有屏障的耕田中耕作。不过由于修建篱笆费用大困难多,他也就放弃了,尤其当他的耕田太小时。于是,在圈围地之外,形成了一块块小地组成的又窄又长的一组耕地,在没有明显线条标出篱笆的地图上,很容易给观察者一种敞地制中长形土地的印象。在布列塔尼的法语区人们特用 Champagne 来称呼这种结构(几人合种一组耕地),各小块地的主人都倾向于达成某种协议以实行统一的轮作,有时甚至实行集体牧养。这在历史上是有记载的,它看上去是在圈围制地区中恢复了敞地制。[②] 不过周围个体化的环境对它不利。一次我将这种 champagne 的略图指给一位对自己故乡农村习惯颇有研究的芒什省的地籍管理员,并对他说:"在这里你们至少要有一个集体牧场。"他一脸慈悲地对我说,"不,先生,问题很简单,每人都拴住自己的牲畜。"所有农业习惯都来自一种观念的表达,这是真理。在 1750 年,有人建议将在皮卡第、香槟和洛林实行的集体放牧制引入布列塔尼,至少在村庄中实行,布列塔尼三级会议代表们否决了这项建议,他们说:"不可能设想理智和统一的意识会在同一村人中占优势而使他们将羊聚集成群并由一个牧羊人放养……"[③]

① 对照图 10。在布列塔尼的瓦纳人地区的"出租领地"(其所有制形式是,土地属出租人,建筑归经营者)中,被当作"建筑"的新圈围物未经出租者同意不得设立,其建筑的价格在出租期满后,应折价归还给原租佃经营者(实际上,出租者就是领主,承租者就是佃农);对照 E. Chénon, *L'ancien droit dans le Morbihan*, 1894, p. 80.

② 18 世纪和 19 世纪有许多证明。布列塔尼的高等法院就此合组耕地颁发过一份令人费解的判决书:Poullain du Pare, *Journal des Audiences*, t. III, 1763, p. 186.

③ Arch. d'Ille-et-Vilaine, C 3243.

这样一个体系是如何诞生的？它甚至可能存在吗？为弄清这个问题，首先要研究它的地理分布，同时也要了解与这种体系相结合的生活方式。无论圈地制还是本章涉及的其他农田制度，法国都没有与众不同的，阿瑟·荣格如果观察仔细的话，会看到他嘲讽的陈旧技术在英国才同样存在。这方面的英国术语与法国有惊人的相似处，中古英语中的“champaigns ”或“champions”是敞地制，与由篱笆圈围的“woodland”相对而言。不过我们这里只考察法国的圈围情况。

布列塔尼的全部——卢瓦尔河附近的蓬沙托除外（那儿土地开放，集体放牧）；科唐坦及围绕卡昂平原的东部与南部丘陵地带；曼恩，佩尔什，普瓦图与旺代的圈围区；中央高原的大部分——除开那些泥泞的无障碍的草原；比热与热克斯地区，及西南角上的巴斯克地区，以上是我们今天能勾勒出的实行圈地的地区，这只是粗略的情况，需要在更深入的调查之后作进一步的修订。不过我们至少可以看出圈地制多建立在崎岖不平、土地贫瘠的地区。

再进一步讲，这种制度通常建立在人口稀疏的地区。其居住中心谈不上一般意义上的村庄，只能说是小村落，即不多的一批人家。现在还可以看到单个住户在偏僻的地方经营其周围的土地。不过这都是不很久的情况，或是由于个人开垦或由于整个小村落土地被一个所有者独占，我们以后将会碰到这类例子。古时这种例子也有。旧式居民点虽说很小，但还是有的。

这些居民团伙并非一成不变地耕种其土地，用篱笆或矮墙围住的耕地外有广阔的荒地，像布列塔尼的荒野，人们用来做牧场并通常进行大面积的临时性耕作。这一点可以解释为什么这些小村落可以很容易地不采用耕田上集体放牧的方式。未垦殖地作为牧场提供的资源是幅员相同但土地完全垦殖的地区所想象不到的。它同样可以解释为什么每个农民占有的土地数量少但整个开垦面积大,因为无论怎么说,耕地只是广袤土地的一小部分,而那种临时性耕作就漫无边际了。

那么,是否应该认为临时性耕作是圈围土地制度的起源呢?历史发展线索很难把握,不过对布列塔尼实际情况的研究可以帮我们形成一个想法。我们已经相当了解18世纪布列塔尼的"生地"制,即置荒与间歇耕作的轮换形式。它一小部分归集体,而另外的大部分则属于个人占有,并保留集体的地役权,而"熟地"制则完全没有这种地役权。每个耕农除圈围的耕田外,还拥有一些荒地。置荒很长一段时间后,耕作者便播一次黑麦,只收获一次,然后他种上染料木用来作家畜垫草和腐殖肥,在这个较长的时间内他将地圈起来,但只是临时性的。1769年,雷恩的总督在一篇出色的报告中讲:"按那种几乎成为法律的根深蒂固的地方习惯,染料木只准在田里长三年,到了最后期限,在生地上为保护作物而设的篱笆就必须拆除。"换句话,保护期一过,土地将重新成为公共牧场。最初,这些为数较小的耕作者占有的荒地绝大部分以至于全部都是"生地"(园地除外),除了播种期,都有义务辟为公共牧场。编于14世纪初的布列塔尼最早的习惯法《古代习惯法》尽管晦涩难懂,却明显地表现了一个过渡阶段的变化不定的状态。土地圈占是允许的,可是公共牧场制度——被称作guerb,因为土地所有者有义务放弃其土地——却又广泛实施。这个习惯被看成有利于

整个集体，并有一定的法律性质。[1] 同样，至今在马尔什已不存在的公共牧场制，在13世纪却是个惯例。[2] 就像后来对荒地进行临时性清理种植一样，个人垦殖未开发土地，逐渐形成了永久性的耕田，其形状由于最初的无计划而呈不规律的分布。由于牲畜可以随意放养在荒地上，而荒地又很接近住房，所以圈围土地以保护庄稼是必不可少的。[3] 圈围制度由此产生，因为村庄公有的永久性耕田比重很小，而且在四周有面积广大的荒地可供垦殖，集体权力就这样被放弃了。

*　　　　*　　　　*

长期以来，由于对上述多种多样耕田制度的理解不尽相同，历史学家间的观点也十分对立。在试图用人种分析作为打开历史大门的钥匙的时代，人们自然会想到求 volksgeist 来揭开这个谜底。这也是研究者迈泽恩雄心勃勃的目标。这种创新是可贵的，不过在今天最终被推翻了。他的错误之一，就是研究只限于历史上已证实了的民族：凯尔特人、罗马人、日耳曼人、斯拉夫人。然而要追

① Ed. Planiol，第256，273，274，279，280，283款。贵族不用圈围物就可以保护自己的土地（如果它相当广阔），至少，他用脆弱的圈占物就可以了。在这两种情况下，他还保留在其他土地上的公共放牧权。非贵族可以圈围土地，但必须围得结实，如果不设圈围，他仍可能保护其土地，但他对前来他土地上啃食的牲畜只有驱赶的权利，不能罚款或要求赔偿；因为公共放牧对于“众人”是必要的，必须给予鼓励。圈占保护自己所有财产的非贵族便失去在他人土地上行使公共牧场权。第280款还告诉我们，一直到4月中旬，仍不能最终决定一块土地是“耕种”还是休闲：这是不规则轮作制的一个证明。

② “无论平原或树林”，“除了播种的田地和牧场，”一切土地上都可以自由放牧。见 le cartulaire de Bonlieu，Bibl. Nat.，lat. 9196，fol. 33，83，74，104，130.

③ 由于这个道理，有时不得不种绿篱：Poullain du Parc，*Journal des Audiences et Arrêt du Parlement de Bretagne*，t. V，1778，p. 240.

溯的倒应该是史前开垦我们土地的居民。在这里既不应讲人种，也不应讲民族，没有比人种群这个概念更难以捉摸了。更合适的提法应该讲文明类型。我们要看到语言的因素不能简单地与方言等同起来，——语言和方言在语言学上的各种不同特点的边界线是不能明显地吻合的——同样，也没有任何地理区域的界线恰恰与农田生活的一系列特点皆相同的区域相重合。双轮犁与三年轮作制两者看来都产生于北方平原，不过它们扩展的空间却不重合。另一方面，双轮犁一般与长形土地相联系，不过有时又与圈地相连。即使考虑到容易产生混合形式、保留各种交叉重叠的形式的地带，人们还是可以区别法国的三种土地文明，并将它们与自然条件及人类历史结合起来。第一种是土地贫瘠，拓殖人口稀少的类型，这种类型连续性不强，而且总是——一直到 19 世纪——幅员广大：圈地制。其它两种类型的人口较为密集，基本上都建立在对耕田的集体耕作上，而且都无对耕田的圈围。鉴于耕作的扩大，都在庄稼收获与放牧之间维持一个对所有人的生活都必不可少的严格的平衡。一种可以称为北方类型，它发明了双轮犁，具有极为强烈的集体内聚力的特点，其耕地标志是呈长方形土地成组并行排列。三年轮作制可能也产生于北方，这种轮作制的影响是广泛的，在南方也有三年轮作制。不过从另一点上讲，即使在阿尔萨斯平原，也没有完全应用双轮犁并实行规律性长条状地块。第二种敞地类型为简化起见可以有保留地称为“南方类型”，这种类型忠实地使用无导轮犁进行耕作，——至少在南方各省是如此——实行两轮制，在土地分配和农田生活中，它的集体观念程度较弱。不能认为旧农业社会组织结构和思想意识中的这些鲜明的差别没有对法国社会的总演变产生深刻的影响。[①]

① 在此我将耕田的草图看作纯粹经济范围的现象。我们可以设问，在一切原始社会中惊人活跃的宗教因素在土地制度中是否起到什么作用。宗教活动（后来转变为巫术活动）长期来被认为是取得庄稼丰收必不可少的一环。田块与田块间的边界往往具有神圣的价值（参照 S. Czarnowski，载 *Actes du Congrès international d'histoire des religions … en octobre 1923*，t. I）。不同的宗教观可能导致不同的耕田状态。但人们只能提出这个问题；一旦要弄清它，田块就在我们脚下陷落。另一方面，在我国不存在罗马 centuriatio，（即在意大利，在非洲，也许还在莱茵河地区发掘出来那种文物遗迹）的痕迹吗？问题提了出来（参照 *Revue des Etudes Anciennes*，1920，p. 209）；等待着解决。但是在 centuriatio 粗线条的内部，有什么样的地块形式？有什么样的农耕习惯？再说一遍，对地图的研究还很不够；还必须加上开垦习惯的研究。这里，我们又一次提及了本注一开头就提到的问题：罗马的耕田是以长宽几乎相同的田块体现了一种宗教的规范化吗？可以看出，还有多少疑问没得到解决。

第三章　14、15世纪危机以前的领主制

一、中世纪前期领主制及其起源

对领主制的任何研究都要以中世纪前期为起点。但这并不是说领主制不用追溯到更古的年代，我们将在适当的时候探究它的起源。不过，有关公元8、9世纪时期相对丰富的材料，如契据、法律文件，特别是习惯上叫作折叠式登记册的庄园财产清单等等，在历史上首次为我们描绘了一个概貌，更久远的时代则无法做到这一点。

法兰克高卢的土地被为数极多的领主庄园所分割。这些庄园一般称为villae，尽管这个词已经转义为居住地的意思。这种庄园或villa从土地关系上讲是这样一块被管理的土地，它的大部分地产收入直接或间接地只归一个主人所有；从人与人之间关系上讲，就是只服从一个领主的一群人。

*　　　*　　　*

庄园的土地分成两部分，区别十分明显，但又相互关联，极为紧密地结合在一起。一方面，领主亲自管理或委托代表管理相当大的一部分耕地，这种地产在当时的拉丁语中叫做mansus indominicatus，在后来的法语中叫做领地（domaine）。我们称其为领

地或领主产业(réserve)。另一方面,还有众多的中、小型地块,它们的持有者要向领主提供各种服务,特别是在领地上劳动,历史学家称它们为"采地"(tenure),这是借用了中世纪晚期的法律词汇。从经济角度看,一份大产业与许多小地产在同一个组织中的共存是领主制的最基本特征。

首先考察一下领主产业。领主产业包括住宅、农田建筑、园地、荒地或森林,但最主要的部分则是耕田、牧场和葡萄园,基本上这是个农业庄园。那么这些成份全在一个完整的地块上吗?我们手中没有地图,不过从一些历史文件中我们可以看到,领主产业上的耕地通常分成许多田块,与采地佃农的土地混杂交错。地块的面积各地相差较大,巴黎齐的韦里耶尔平均为89公顷,贝里的讷耶为5.5公顷,而在兰斯地区的安特内地方则不足一公顷[1],但是一般都要大于采地,甚至在长形敞地地区亦是如此。当时中小土地所有者都在一点点地加长自己的犁垄,以便使每块土地都有均等的机会,而领主有数量较多的地块,则可以逃脱这种土地分散规律,因为领地面积一般都很大。除开房屋、森林和荒地,多少耕地属于领主,多少耕地归佃农所有呢?这是一个至关重要的问题,不同的回答将决定对领主制性质的不同认识。我们很难回答这个问题,因为缺乏有关统计资料,现有材料说明不了什么。不仅各地之间,而且不同种类的庄园之间都存在着很大差别。只有那些大地

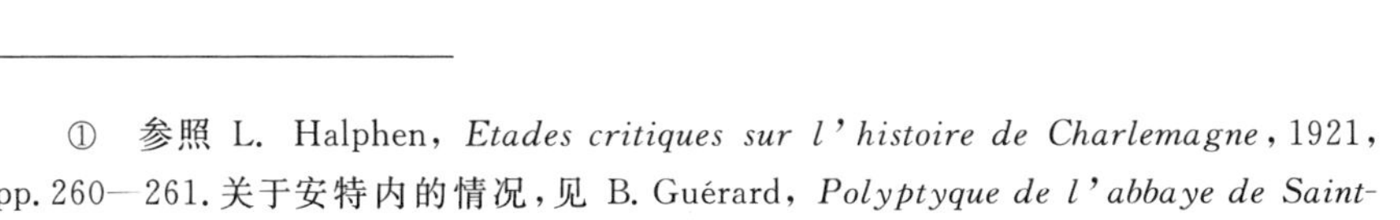

① 参照 L. Halphen, *Etades critiques sur l'histoire de Charlemagne*, 1921, pp. 260—261. 关于安特内的情况,见 B. Guérard, *Polyptyque de l'abbaye de Saint-Rémi de Reims*, 1853;遗憾的是,这里使用的长度单位叫 mappae,它在不同的地方长短不一;然而,有一点可以确信,没有一次计算结果超过了一公顷。

产能为我们提供一条略为清晰的线索，但就是大地产，我们也只知道大致情况。不过我们可以有把握地说，占总面积 1/4—1/2 的耕地为国王、高级贵族、大教会地主占有，并且他们的地块面积往往十分大，有几百公顷。这就是庄园土地的景象。

为了从面积如此之大的土地上获得收益，需要大量的劳动力。从哪儿获取劳动力呢？领主的劳动力来源主要有三个，即雇工、奴隶和劳役佃农，但三方面比例的变化极大。

雇工又分两种形式：一种是雇主付与受雇者固定的工钱，以货币或实物支付。另一种是让雇工住在家中，提供食物甚至衣物，如果还有一小笔工钱的话，也只是附加部分。第一种形式在当今大工业中是普遍现象了，它雇佣劳动力的方法较为灵活，适合于临时性劳务，劳力更换也较自由。此外，当这种方式包含有现金支付的补贴时，它就要求一种建立在商品交换与货币基础上的经济了。第二种形式在现代农业中仍然存在，以较为稳定及财富流通不频繁为特点。

尽管研究者的说法不尽相同，中世纪早期确实存在这两种酬报方式并在领主产业中实行。被科尔比修道院雇佣的人就是真正的雇工，他们在教士的花园里劳动，秋天松土翻地，春天种上庄稼，夏天则铲锄杂草。他们的报酬为一定数量的面包、几桶啤酒、一点蔬菜及几枚钱币。同样，在秃头查理时代一份教务会法规中也可以找到例证，当时一些灾区的农民在收获葡萄季节都以出卖劳动力为生。[1] 这种季节

① *Statuts*, éd. Levillain，载 *Le Moyen-Age*，1900，p. 361，cf. p. 359. —*Capitularia*，t，II，n° 273，c. 31.

性雇用要求在短期内能有一个迅速增加的劳动力。季节性雇工的存在证明了在农村人口中我们原来设想不到的人员流动，同时也证明了由于当时产量低下而形成的过剩劳动力。不过，在大领主的领地，这种雇工只起例外的、暂时的补充劳力作用。

由主人提供食物的劳动者获取的报酬在中世纪法语中称为provende(praebendam)，这种劳动者因而又叫provendier(禄工)，我们手中的古代文件上就是这样称呼的。这种雇工在整个中世纪期间都有，特别是在法兰克高卢。不过他们中只有自由人才称得上是工资劳动者，奴隶尽管也由主人负责膳宿，但所处的地位则完全不同。法兰克时代仍存在着奴隶，但就我们手中为数不少的资料来看，禄工的不同的法律地位很难区分，因为这些资料多是食物配给的记录，没有对社会地位的分析。在庄园中领取领主禄粮的各式人等中，除奴隶、自由手工业者、士兵、仆从外，还有雇佣劳动者，他们来去自由。不过这些人不足以耕种颇大面积的土地。

那么，奴隶情况又怎样呢？

还要作一个划分。有两种不同的使用奴隶耕作的办法。一种如同仆役，每天接受领主或其代理人的指派耕作，另一种是领主分配给奴隶一块地，任其耕作，收获据各种不同规定在领主与奴隶间进行分配。后者实际上就是佃农，他在领地上还要服一些徭役。这种奴隶又是禄工。

罗马时代曾有过使用奴隶集体耕种大面积土地的情况，就像以后很久美洲殖民地的种植园那样。随着罗马帝国的解体，这种从未普遍实行的耕作方法也逐渐被抛弃了。原因既有物质上的，又有心理上的。这种制度需要以数量众多、价格低廉的奴隶劳动力为前提。罗马的农学家已发现奴隶集体劳动效果不好，需动用大批奴隶才能干一些少量的活。此外，当奴隶病倒或死去时，这笔资本就消失了，同时亟待补充新人。在领地内部以奴隶生儿育女的办法补充人力是划不来的，实践证明，像对待牲畜一样地饲养奴隶长大是很难成功的。所以一般地讲，不如再买一个替换来得方便。然而，假如奴隶价格上涨，丧失奴隶的代价就变得非常沉重了。是战争，走运的战争，特别是在蛮族地区的劫掠提供了奴隶市场。罗马帝国后期，国家由进攻转入防御，以后又节节败退，奴隶买卖日渐稀少，奴隶价格随之猛涨。而佃农式奴隶则不同，他们由于有权占有部分劳动成果，所以劳动较好，至少在采地上是如此。他们有家庭，劳动力来源能长期维持。进一步讲，大规模种植是资本主义性质的，它要求劳动力资本的投入与产品之间的协调、收入与支出的计算以及对劳动持续而有效的监督，而这些条件在当时西方经济、罗马社会生活及蛮族入侵后半野蛮状况中是越来越恶化了。加洛林时代绝大多数的奴隶是佃农，如同人们所说的Chasés(casati)，就是说他们拥有自己的住所，拥有一定的耕地。只有一小部分还保留奴隶地位，而大部分已获得自由，条件是继续留在采地上生活。

不过在加洛林时代，获取奴隶的源泉——特别是对异教徒的战争——远非枯竭，奴隶市场交易很普遍，人们仍可看到一些在领主产业上无自己住宅、听命于主人的奴隶。他们提供的劳役无疑不能忽视，但他们的人数甚少，仅仅靠他们的力量不足以保证领地的耕作，他们的劳动甚至不占主要地位。所有的情况都说明了同样的结论。领地耕种决定于徭役，即决定于采地，现在就看看这一部分。

*　　　*　　　*

我们先来介绍那些数量众多，差别很大的小块开采地。一些采地与领地相连，采地上耕作的佃农的住房与领主的庭院——有的正是城堡——毗邻。而其它一些则与领地相距较远。采地来源多种多样，有赠与、财产分割、购买及一些依附性的契约，这样使得佃农的份地[①]分布得相当分散，有时需一天的路程。同样，同一村落或同一教区中混有几个不同领主的领地及其佃农采地的例子也不罕见。所以我们要避免将古代社会描绘得过于规律，土地分布无论从地形上讲还是从法律规定上讲都有许多混杂和重叠部分。

从领主税收角度看，绝大部分采地（尽管不是全部）形成一些不可分割的固定单位，人们称为份地（manse，拉丁文为 mansi）。[①]在份地上耕作人的社会身份从一开始就不同。简单地讲，其中一部分是奴隶，但更多的是隶农（Colon）。隶农从理论上讲是自由农民，但被后罗马帝国的立法束缚在土地上。加洛林王朝时代，这种将隶农世代束缚在土地上的立法近于消亡，但隶农仍被领主严格地控制着。有人将隶农与解放隶，即已从严厉的束缚下解放出来的奴隶混同。还有一些阶层也加入到这个法律上混杂的范围中来。此外，土地本身也有其法律地位，而且它不完全与土地所有者的法律地位一致。比如有自由人份地及奴隶份地等等。原则上说，不同等级的土地在法律上要负不同的义务。但很容易发生下列情况：最初属于隶农的自由人份地现在被奴隶占有，相反隶农却

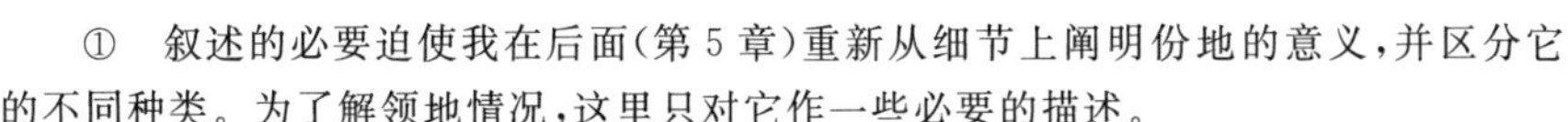

①　叙述的必要迫使我在后面（第5章）重新从细节上阐明份地的意义，并区分它的不同种类。为了解领地情况，这里只对它作一些必要的描述。

去耕种奴隶份地。这是社会等级在发生转变时的混乱特点。以后这种十分复杂的等级划分就失去了实际意义。重要的是，每个佃农都依附于其领主，整个中世纪流行的一句话言简意赅地说明了这种现象：佃农是领主的“臣仆”。

绝大部分给予佃农的采地并没有事先规定一个固定的期限。有些地期限为几年、一代或几代（一般为三代），这些耕地称做 manses censiles 或 mainfermes。不过高卢与意大利是不同的，这种定期份地很少。大部分份地没有固定期限，而且不仅在时间上，就是在劳役上也没有成文的契约，甚至连清楚的规定都没有。调整领主与其“臣仆”关系只凭庄园的惯例。

这样我们就触及到了中世纪整个法律思想领域中的一个首要概念，这个概念对农业社会结构的影响作用远远大于对其它领域的作用。我们可以毫不夸张地说，古代农业社会是建立在道地的传统主义上的，在这种社会中，只有那些长期延续的事物才最有存在的理由。集体的传统——习惯法——统治着人们的生活。初看起来它是阻碍任何进步的，其实并非如此。习惯法当时具体体现在条文中、法令中、通过调查制定的领主庄园的清单中。不过在大部分情况下，习惯法只停留在口头上。总之，人们信赖自己对往事的记忆。如果某制度存在于“人的记忆”中，那么它就是有效的。但这种“人的记忆”非常不完善，而且又有很大伸缩性。它特有的缺陷就是容易被忘记，特别是容易被曲解。这种将习惯逐渐以法律形式固定下来的做法与其说使它成为日常生活的裁决者，倒不如说使它更多地将滥用权力和失职现象合法化。习惯法是一把双刃剑，它时而为领主时而为农民所利用。至少由于其益处与弊病的伸缩性较大，其原则可以为领主随意解释。加洛林王朝时代，当那些公共法院审理诉讼案时，人们可以看到庄园习惯有时被领主用来对付其臣仆，有时被臣民用来对付其领主。这个时期，习惯法在佃农中被广泛地推行，不仅运用于隶农，而且也适用于奴隶。[①]

习惯法扩张的一个重要影响就是使得采地（无论采地或采地主人的法律地位属于哪一类）基本上成为世代相传之物。领主并无抵制这种转变的理由，相反，在大量的先例出现后，他们倒促进了这种转变。像通常那样，当采地上的隶农或奴隶死去后将土地从其子女那儿收回对领主确无好处。领主纵然扩大了领地，但却无力使收入无限增长，因为本身就以佃农劳役维持的领主产业也有毁坏的可能。而且，领主的土地上若是没有耕种者，他的贵族威望则大减。再叫其他人种倒是一个办法，但当时地广人稀，荒地到处都有，另找人会使耕地长期置荒。法兰克时代的一个新特点并不是在自由人份地上实行了土地世袭制度（该制度在小农业集团中很早就以各种形式出现了），而是这种传统法则被推广到全体佃农，甚至处于奴隶地位的人。

了解领主与其臣民之间的经济关系是十分重要的，但如果仅仅停留在这种关系上我们则不会得出一个完整的结论。领主不仅是经营上的领导，他还对佃农们行使着统治的权力，臣民们还是领主军队兵力的来源，作为补偿，领主则为他们提供保护。这方面的法律问题十分复杂，目前还不能深入研究。这里只需指出一点就够了，法兰克时代许多地区有关领主与臣民多数案子是在领主法

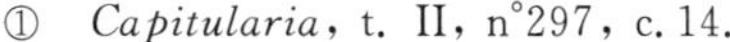

① *Capitularia*, t. II, n°297, c. 14.

庭受理的，至少从理论上说是如此。一些法兰克贵族及后来的法国贵族当被问到其领地收入多少时都乐于像那儿苏格兰高地人那样地回答："500 人。"①

从经济角度看，佃农要对领主尽两种义务：交纳佃租，提供劳役。

佃租形式多样，内容复杂，区分各种佃租的首要含义并非易事。一种是承认领主对土地实际的最高权力而佃农本人因享用了土地收益需付的酬报；另一些按人头交纳的租表明领地佃农对领主的隶属；还有一些是佃农为享用其它附加利益——如牧场——而付的代价；再一些过去曾是国家税收，被领主攫为已有。一些租按收成的比例而收，这种方式不普遍。大部分租是固定不变的，有些以货币支付，大多则以实物支付。租税本身已很重，但更重的还是劳役。加洛林时代，佃农除了是债务人，更主要的是服劳役者。从其主要作用看，这种佃农与现在挪威的 husmend 相似，在挪威，大地产者出让一小块地给佃农，条件是后者要为大地产者服劳役。

在那些形式复杂的徭役中，我们可以把比较次要的搁置一边（如货车运货义务），而区别出两种典型的劳务，一种为耕作劳务，另一种为手工业劳务。

在第一种耕作劳务中又有新的划分：按地块劳务与按天数劳务。按地块劳务就是每个小耕作者负责耕种领主的一块耕地，同时领主也发给他必要的种子。土地收获全部归领主。此外，他还要为领主提供一定天数的劳动，日期有时十分精确：多少天在地里

① S. F. Grant, *Every day in an old Highland farm*, 1924, p. 98.

干活，多少天砍柴等等，领主或其代表有权确定劳役时间以便最有利于领主地方。

每个佃农都有义务为领主提供一定天数的劳动，但关键在于需要多少天。劳役份额由领主决定，由于佃农自身或其份地的法律地位不同，其份额也就不同。这点上，领主可以随心所欲地使用佃农，习惯法对领主的权力没有任何限制，至少不被正式承认。“需要时佃农就得去，领主有命令就得干。”这种情况有时甚至在自由人份地上都如此，而在奴隶份地上则更不用说了。这是奴隶制度的旧习惯残余，奴隶从其定义上说不就是要随时听命于主人吗？不过，服役天数上却十分明确地按传统固定下来了。一般说它十分可观，通常是一周三天。但这个天数常被超过，有时在忙季，有时甚至是全年。那么农民哪有时间侍弄自己的耕地呢？不要忘记以上情况指的并非个人，而是采地，——一般讲指的是份地。每个耕作单位中有一个家庭或几个家庭，该集体中的一个人要在一周的大部分时间里为领主服役，农忙时时而还要多去一二人，而其余的人则负责各自的小块耕地。这种制度使领地管理者掌握了极为大量的劳动力。[①]

这还不是全部。佃农或至少一部分佃农每年要向领主交纳一定数量的手工业品：如木制品、纺织品、服装，在一些世代以手工业收入为主的份地上甚至还要交纳金属制品。有时手工业品的原料都由佃农自行解决，如木制品。但纺织品一类的原料基本上由领

---

① 义务劳动、徭役并非总是无偿劳动，有时领主要负责给农民提供膳食，例如 *Polyptyque de Saint-Maur des Fossés*，c. 10，载 B. Guérard *Polyptyque de l'abbé Irminon*，t. II，1844. 还有许多例子。

主提供，农民或其妻子付出时间、辛苦及技巧。加工有时在农民家里，有时领主为了防止浪费与偷窃——这种真正奴隶般的义务只强加给自有房屋的奴隶，而不包括隶农——，叫农民在领主手工工场里进行。尽管男女混杂，同在一处做工，人们还是借用晚期罗马帝国的一个常用词把这种工场称为“gynécée”（闺房，转指妇女们聚集做工的场所）。所以采地作为雇佣劳动力的来源既有工业生产的部分又有农业生产的部分。从这个意义上可以说庄园是一个大的农业与手工业的综合体，当然主要成份是农业，只是综合体不是以工资而是以土地作为劳动酬报。

*　　　*　　　*

法兰克时代的庄园是一种新的社会与政治条件下产生的新制度，还是一种来自根深蒂固的农村习惯的古老组织形式呢？这个问题的回答比我们想象的要困难。我们是否意识到我们对罗马高卢时期，特别是公元开始后三个世纪的社会生活了解得十分不够呢？从中世纪庄园各种因素的考察中，我们倾向于认为这种制度直接来自久远的习惯，至少要追溯到凯尔特时代。

恺撒笔下的高卢人民几乎全部受豪强的控制，而这些豪强同时又都是富户。毫无疑问，他们财富的绝大部分来自土地。但通过什么方式呢？很难设想他们会指挥奴隶集体耕种土地。从我们了解的材料可以看出，耕作是由臣属于他们但出身自由的被保护人进行的。这些臣民人数过多，不能全部生活在主人家中，同时他们不可能集居在人口稀疏的小城镇，于是大部分只能成为乡下农民。各种材料都表明高卢贵族是村落的统治阶层，他们很大一部分的收入来自受其统治的农民的贡赋。恺撒同时指出，加杜尔克人*的首领路克特里乌斯在其“保护地”中有一个相当于一个城市的四周修有工事的居民点乌克塞洛图努姆。怎能设想其它纯粹农业的居民点不也是受其保护的呢？这种制度可能来自于古代部落的组织形式，——尽管这可能只是一种推测，——非罗马化的凯尔特社会中（比如中世纪晚期的威尔士国家）的例子似乎可以证明从部落或氏族领袖到领地领主的过渡是很容易达到的。

罗马帝国制度下每个地区土地经营的组织形式都是相同的，也许部落制度的主要特征也因罗马帝国而保存。当然它们要适应新的经济与法律条件。无疑，奴隶的大量存在在初期造成了领主大地产。在凯尔特时代这种形式并不很广泛。威尔士国家的例子还证明，领地以至于大领地的存在，对“被保护人土地制度”来说不是必不可少的。领主的收入完全或大部分从其属地的农民的贡赋中获得。相反，农奴却促成了大块地的经营。以后奴隶劳动力日渐稀少，领主却不愿意完全放弃产业，于是就步步增加佃农的徭役，或者提高租金，或者恢复旧式劳务。① 土地贵族制度在帝国时代是强大的，有能力约束其臣民，然而在高卢，如同其它地方一样，每一领地在原则上都有自己的法律，即自己的习惯法，称为 consuetudo praedii。②

* 生活在卡奥尔地区的旧高卢民族。——校注

① 在早期罗马帝国，庄园中的徭役是不重的，但如前一样，我们缺乏高卢地区的资料：——假如我们哪怕只有像非洲发现的 saltus 那样的材料也好啊。参见 H. Gummerus, *Die Fronden der Kolonen*，载于 *Oefversigt af Finska Velenskassocietatens Förhandlingar*, 1907—1908.

② Fustel de Coulanges, *Recherches*, 1885, p. 125. 参见 Henchir-Mettich 的描绘，*C. I. L.* t. VIII, n° 25902. *ex consuetudine Manciane*.

法国土地上领主制的古老还可以从语言的演变中得到有力的证明。先看一下地名的特点。法国很多村庄的名称都用由某人的姓氏再加上表示所属关系的后缀构成。在这些进入复合地名的人名中,有日耳曼的姓氏,但更多的是更为古老的凯尔特与罗马姓氏,其附加的后缀不尽相同。后一种罗马姓氏中显然没有人种的影响,它只说明了征服者在征服一块土地后沿用自己的姓氏作地名的习惯变得很普遍了,如高卢的 Brennos 变成了 Brennacum,在以后的法语中成了 Berny 与 Bernac;Florus 是拉丁语,演变成了 Floriacum,在以后的法语中成了 Fleury 与 Florac,这种现象当然不是法国独有,很多意大利村落的名称同样以其最早主人的姓名命名。但这种习惯没有比在高卢地区更为普遍更为顽固了,至少就目前比较研究情况讲是如此。如此众多有人居住的地方如果不从主人或领主那儿获得名称,又从谁身上去获得呢?我们再深入一步。在日耳曼语言中,用来表示一个乡村居民点的普通名词经常意味着被圈围的地带,或者大胆一点地讲,它只表明了一伙居民,而 villae 在拉丁语中代表着一个大的庄园(一般包括领地和采地两部分),而高卢一罗马人也沿用了这个词义。在法文中 ville 作城市解,不久以后又加了一个指小后缀成了 village,以区别不同于城镇大居民点(ville 一词仍保留作此称谓)的乡村小居民点。如何理解大部分村落一开始就有一个领主呢?我认为应该承认,土地几经转手,时代几经变化,旧高卢村落中的首领,经由罗马庄园的主人,演变成了中世纪领主。

那么在法兰克时代,整个高卢地区都实行着这种领主制吗?回答是否定的。从各种迹象看,除了这种领主制庄园外,当时存在一些小生产者，他们对领主并无交纳租税、提供劳役的义务——当然除开对国王及其代理人的义务——他们在耕种土地（往往是相当数量的土地）时只需服从集体地役制这个农田生活的基本制度。这些自由民或者生活在自己村落中，或者混住在庄园的佃农中，住在同一个居民点，同一个教区。罗马时代这种小农一直存在，由于长期受“乡村保护地”制度的统治，他们的数目在高卢比在意大利要少。蛮族入侵后，由于日耳曼人长期持续地迁入高卢地区，他们的数目无疑有所增加。但并非全部或绝大部分蛮族完全置身于领主制之外，其实他们在祖国已习惯于服从所在村落的首领（即将演变为领主）并向他们贡赋，塔西佗*已指明了这一点。我们不可能估算出这些自由农在整个农民中所占的比例（中世纪早期人们将不受领主控制的自由地称为alleu，以后一直沿用了下来）。相反，我们可以清楚地看到的倒是对其独立地位的长期而持久的威胁，这种威胁至少在罗马帝国后期有增无减。长期的混乱、掠夺的习惯、寻求一个强有力的保护者的需要，以及由于国家的无能及习惯成自然的规律造成权力的滥用，这一切都自觉不自觉地加强了依附领主的农民队伍。领主制早于法兰克时代，只不过在法兰克时代得到了扩大。

二、从大地产主到土地食利者

现在我们置身于1200年菲利普·奥古斯特**的法国。此时

---

* 塔西佗（约55—约120年），古罗马历史学家。——译注

** 又称菲利普二世（1165—1223年），是路易七世的儿子，1180年登基。——译注

领主制情况如何呢？

初看起来，领主制此时仍然统治着乡村，从某种角度看，它比任何时期都更强大、更具侵占性，当然在有些地方，比如埃诺也可以看到自由农，但为数很少，他们虽无土地租税的负担，却很难完全逃脱领主们的控制。即使不涉及土地问题，自由农对领主依附的奴役性关系仍然相当紧密。拿法庭来说，自由农所属的法院几乎都是附近领主们的。

领主们独揽法律大权。前一时代实行的公审诉讼的方式此时所剩无几。加洛林王国时代法律关系的核心是两种平行制度，即重大案件掌握在国王的公仆——公爵手中，小案件则留给下级官员或一些领主处理，这种法律制度虽几经转变，但痕迹尚存，它表现在高级裁判权，即需要决定死刑和决斗的案件，以及初级裁判权。查理曼大帝立法规定的三种审判大会——即一年一度的审判议会——仍然在很多地方实行着。至少在法国北部，加洛林时代的老法官、助理法官仍在开庭审判。由于国王大量地让与特权（豁免权），由于职位世袭而使旧官员的后代几乎不能撤换，最后由于对各种权力的滥用与僭越，国家实际上失去了对其原有制度的控制。所以其实是领主根据世袭的、出让的或买下的权力来任命法官，召集公审大会。[①] 高级裁判权也是一种领主所有的，世袭的，可以让与的权力，领主们可以不受国王控制，在自己的领地甚至在毗邻的不得势的领主领地中行使这种特权。最后是低级裁判权和

① 12、13世纪时很多城市甚至一些村庄的居民获得了任命法官或参与指定法官的权力。但这是一种新的现象，是向集体自治过渡的新现象。

土地裁判权(即轻罪裁判和有关采地的裁判),它们在每个领地中归领主所有,至少领主可以组织、召集并主持法庭——领主自己主持或通过代理人主持——并宣布判决。法国的情况与英国不同,在英国,郡一级的法庭有百来个,是一种日耳曼传统的旧式大众法庭。法国的情况与德国也不同,德国直到13世纪,国王至少在理论上保留有直接任命高级法官的权力,而且在德国,自由人法庭尚未完全消失。而在法国,裁判权是领主的私有物。在我们谈到的这个时代,一些国王也开始试图通过一些措施(这些措施此处不必详谈)收回这种权力,但比起英国来仍是十分缓慢。

然而在领主手中,法律大权毫无限制地滥用,极大地扩充了经济剥削的力量。它增强了领主统治的权力,当时的语言中称它为ban(通告)。1246年鲁西永地区一个村庄的居民对圣殿骑士团骑士,即当地的长官承认:"您可以约束我们遵守规章(使用领主面包坊),像一个领主可以约束其臣民那样。"到了1319年,皮卡第一个领主的代表要一个农民去砍柴,这不是服徭役,其劳动将以雇工的水平付酬,然而农民拒绝了,于是被领主法庭判交罚金,因为他"不服从"。[①] 在这些实施的众多的清规戒律中最有代表性也最为重要的是领主垄断的权力形式。

加洛林时代,领地一般都有一个水磨(风车此时尚未在西方普遍使用)。当然,份地的农民不肯经常去磨麦子,因为领主总要占些便宜。但领主也不强迫他们使用磨坊。可能许多农民仍采用家

① B. Alart, *Privilèges et titres ... du Roussilon*, t. I, p. 185; A. J. Marnier, *Ancien Coutumier inédit de Picardie*, p. 70, n° LXXIX.

庭手推石磨。10世纪以后许多领主运用手中的权力，开始强迫领地上的农民使用他们的磨坊，当然要付费，大领主们甚至要求受他们裁判权和行政权管辖的其它小领主领地上的农民使用他们的磨坊。这个集中的趋势伴随着技术的进步：人力、畜力最终为水力所代替。这种集中可能借助于下列因素：水磨必然要求有一个属于一个集团共同使用的设施，而且，河流或小溪本身都是领主的私有财产，如果没有一个自上而下的指挥，谁知道农民使用手推磨的现象会持续多久。不过在领地经营集中的过程中无论工具的改进还是领主对河流的控制权都不是决定性因素。因为磨坊的“通告”——此词本身就有特点——即便是领主最普通的垄断物，它远非是唯一的形式。其他的发展形式与技术变革及水源垄断毕竟没什么关系。

付税使用面包烘炉与付税使用磨坊一样普及。葡萄酒和苹果酒产地则需付税使用压榨机，在啤酒产地则需付税使用啤酒厂，等等。甚至经常有这种情况，小土地所有者如果想扩大自己牲畜的数目，必须付税用领主的种公牛或种公猪配种。在南方，谷物脱粒一般采用马踏脱粒法，而不是用连枷打谷，许多领主只准其佃农高价租用领主厩院的牲畜，不准用其它牲口。这种垄断权力更为极端的形式是专卖权。专卖的有一些食品，尤其是酒，它规定一年中有几周领主有权独家销售酒，这就是所谓“领主卖酒与专制权”。

当然这种不断增加的约束不仅仅在法国存在。英国也有磨坊的强制使用和销售的垄断，以至于强迫购买啤酒。德国也是如此，法国的所有垄断权力在它那儿几乎都存在。但是将这种制度推到极点的是法国。没有哪一个国家比法国有更广泛的领地，也没有哪一个国家像法国那样在每个领地中有各式各样错综复杂的经济活动形式。毫无疑问，由于领主权力的极度膨胀，使得法国的领主在法庭上具有了绝对的权威。13世纪后，法律学家们开始使这种机会状况理论化了，他们同意将这种强制性义务与法律条文相结合，当然其形式随作者和种类的不同而千差万别。审判的权力是命令的权力的最有力支柱。①

除了这些义务外，其他主要的旧佃租义务仍然存在，当然有无数的小变化，这些变化决定于地区习惯、先人的规定，有的被废弃了，有的强制施行。以后又加上了两个新的沉重的负担，即什一税和人头税。②

什一税事实上是一个旧税收制度，这一阶段的新现象是领主独吞了它。基督教教义很早就对信徒们规定了这种义务，不过长时期它只有精神上的约束，违反者不受政府的制裁。到了丕平和查理曼时代，这种摩西律法式的规定带有了强制力量，那时所有的信徒都要向教会交纳其收入的十分之一，特别是其收获物的十分之一。贡赋确实要交向教会吗？或许是，不过实际上是交给其代表。这里我不陈述加洛林立法中对此的解决办法，对我们说重要

① 根据同样的命令权，领主有时强迫居民求助于一些手工业者——如理发匠、掌马蹄匠——领主给予这些手工业者以一个真正的垄断地位，并借此为自己谋取各种利益。参见 P. Boissonnade, *Essai sur l'organisation du travail en Poitou*, 1899, t. I, p. 367, n. 2 et t. II. p. 268 et suiv.

② 关于什一税，参见 P. Viard 1909 年、1912 年、1914 年的法律研究论文和 *Zeitschrift der Savigny-Stiftung*, *K. A.*, 1911 et 1913; *Revue Historique*, t. CLVI, 1927. 关于人头税，见 F. Lot, *L'impôt foncier … sous le Bas-Empire*, 1928，以及 Carl Stephenson 的研究文章，在本书 149 页有所提及；很容易看出，我和这些作品之间的观点分歧；还可参见 *Mém, de la Soc. de l'histoire de Paris*, 1911.

的只是税收的最终受益者。实际上领主很早就以其领地内设立的教堂的主人自居，他们任命教堂的住持教士，所以他们就可以将堂区收入的绝大部分吞为己有，特别是什一税一项，至少占有其中最大的份额。11世纪末开始了人们习惯称作格列哥利改革的争取教权独立运动，改革运动的领导者们在其纲领中表示要使什一税重归教会。此后许多税收通过虔诚的捐赠，通过重新赎买又渐渐回到了教会手中。但总的说并非回到神甫，甚至也回不到主教的手中。人们宁愿施舍给教会事务所和修道院，后者掌握着圣物并给予施舍人以虔诚的祈祷。至于赎买，也只有那些富裕的修道院最有利获得必要的资产。总之，格列哥利改革的最后结局与其说废除了什一税为领主所占有的特点，倒不如说使什一税成了领主收入的一种形式。小麦袋不是散发于大批小乡绅和堂区的神甫手中，却流入大税收者的粮仓，他们又转手卖到市场。若不发生这场其变化曲线由宗教秩序的动力所决定的大变革，在12、13世纪中迅速扩大了的城市又如何去获取粮食呢？

至于人头税，它雄辩地说明了佃农集团对领主的直接紧密的依附关系。另外有一个与人头税同样经常地表示这种负担的名称也很有代表性，即“间接税”。通常说来，领主无论在怎样坏的收成下都有权力要求佃农提供援助。这些援助依据不同需要采取不同形式，如服军役，以货币或实物支付的贷款，为主人、随从及客人提供住房，在紧急时刻还要交一笔现金作为贡赋。这个时期货币流通缓慢，发行量不大，领主拥有的流动资金并不多，领主时常会突然发现自己急需钱作例外之用，如需付赎金，为儿子举行骑士命名式或为女儿举行婚礼，上司例如国王或教皇催交的征税，城堡失火，新建房屋，为整个领地的土地丰裕而购置财产所需的付款等等。而他则将负担转嫁给属下，他向佃农们要求（人头税用客气一点的说法称作 demande*，又叫 qutese），也就是说强求他们（人头税也可以称作 exactio**）资助他。其属下所有人，不管属于什么阶层都得服从他的要求。如果在其下还有其他附庸小领主，他也不例外地要求他们听从。不过自然是佃农们承受这种负担。人头税从一开始就没有一个固定的周期，总额也变化不定，到处都是如此。所以一些历史学家习惯于称之为"随意定的税"。由于人头税有这样的特点，使得人们不可能预计交税的日期和总额，由于此税两次间隔时间不规律，它还没有被并入到常规税收中，所以它的合法性在很长时期中都有争议，它是农村暴动的根源，甚至在某些教会团体中人头税也被一些从法律上（即从传统意义上）受尊敬的人指责。以后随着经济的普遍发展，领主们对货币的需要更为经常，强求现象也更为频繁。以后附庸们强大到不再忍受这种不定时的剥削，他们只承认在某些情况下可以为领主提供义务，这些情况则由各附庸集团或各地区自己确定。农民们无力抵抗这种剥削，于是在领地内部，人头税几乎到处趋向于一年交纳一次，但税率每年都有变化。然而到了 13 世纪，农村到处都力争一种规律的、稳定的税务负担，这种努力促成了——除一些例外情况——一个不变的税收，一年付一笔固定的税，人称框定人头税，即，使其有一个限度。1200 年，这个运动初显成果。不论框定与否，人头税在卡佩

* demande 在法语中作"要求"讲。——校注

** exactio 也就是"强求"之意。——校注

王朝的法国——其它欧洲国家大多如此——为领主们带来了其法兰克时代祖先们不曾有的财富的巨大增长。

*　　*　　*

错综复杂的法律关系是中世纪早期领主制佃农的特征。尽管多少有些过时，它仍维持着传统社会阶层格局，作为罗马法与日耳曼法的遗产，这些法律关系又将混乱带入了加洛林社会。几个世纪的大混乱摧毁了法国与德国的——意大利并非如此，连英国都不是——全部法制教育、法制研究以及法庭对罗马法或蛮族法的全部的自觉实施，并且使执法变得非常简单。[①] 有时可以从语言上看到这一点（比如从诺曼底征服到 14 世纪间的英语），语言失去了文学上的尊严，从语法学家和文体学家那里退出来，而将其词汇分类方式减少并使之合理化。除开一些经过长时期演变后仍残留下的不算外，可以说在 11 到 12 世纪的法国，所有的佃农，或用当时的话讲，所有的维蓝（指在旧名称叫做 villa 的领地内住的居民）不是自由民就是农奴。[②]

自由农束缚于领主只是由于租种他的土地、生活在他的庄园中。从某种程度上讲，佃农与领主的关系是一种纯粹的租佃关系。这就是为什么人们经常简单地称其为维蓝或客人或居民的原因。

① 例外的例子是，在普罗旺斯几个学院中可能还有罗马法的讲授，但范围不广。教会法的教育一直保持，但与社会结构无甚关系。

② 从一些个人对农奴制的研究中我得到了一些启发，可从下列最新发表的研究文章中看到一些迹象，*Revue Historique*，t. CLVII，1928，p. 1. 关于农奴制，参照 *Annales d'histoire économique*，1929，p. 91；*Revue de Synthèse Historique*，t. XLI，1926，p. 96，et，t. XLIII，1927，p. 89；除此之外，还有 R. Livi，*La Schiavitù domestica nei tempi di mezzo e nei moderni*，Padoue，1928.

这些词都意味着维蓝的义务一开始只是一个居住的事实。不过我们不要为“自由”这个漂亮的词所迷惑，“自由”虽然与我们下面将要清楚解释的“奴役”相对立，但并没有一个绝对的标准。维蓝从属于领地，他受领主的压制，这不仅体现在要交纳各种贡赋(即享用土地需交纳的对等物)上，而且也体现在其他所有辅助义务和服从上——包括人头税，服从领主的法律，并且要隶属领主。作为补偿，他有权接受领主的保护。举一个例子，1160年库尔米耶附近的博讷维尔新建村中的佃农对领主没有任何奴役关系，但济贫院的骑士们保证“无论平时还是战时都要像对待自己人那样看护和保卫他们”。这种双方利害的一致将佃农集团和领主联系了起来。当一个圣但尼的自由民被人用刀杀死后，杀人者向修道院院长付赎金妥协了事。阿让特伊圣母院的修道士或巴黎教士会议的议事司铎若是违反协议规定没有交纳应交的地租，则债权人将抓住其佃农或夺取其地产。① 不过尽管有如此紧密的联系，如果维蓝放弃其耕种的土地，这种束缚关系也就一下子解除了。

农奴通常也以采地为主。名义上看，他要无条件地遵守佃农需遵守的所有习惯。但此外他还要服从一些特殊的规定，这些规定均来自于他所处的法律地位。首先他是一个维蓝，但他又是一个有其它义务的维蓝。尽管他承袭了古罗马 servus 这个旧名称，但已不是一个奴隶了。确实地讲，卡佩王朝时的法国已没有或几

① Arch. Nat., S 5010[1], fol. 43 v°. —Bibl. Nat., ms. lat. 5415, p. 319(1233年5月15日); L. Merlet et A. Moutié, *Cartulaire de l'abbaye de Notre-Dame des Vaux-de-Cernay*, 1857, n° 474(1249年6月); B. Guérard, *Cartulaire de Notre-Dame de Paris*, t. II, p. 291.

乎没有奴隶了。不过通常地讲他们也不是自由人。“自由”的定义，或反过来讲“无自由”的定义，其内涵都发生了变化。这种变化显示了奴隶制度的变迁，总之，社会的等级不就是在变化中显示出集体代表的体系吗？以一个11、12世纪人的眼光看，从奴隶到自由人的过程是一个摆脱等级束缚的过程。从狭义上讲，对维蓝说，更换其耕种地就意味着变更其领主。像军队仆役一样，维蓝可以从属于其父曾为之效力的贵族，或在自己主人死后仍然忠于主人的后继者，因为若不这样他将失去其采地，但他完全可以不这样做，这一点上他是自由的。从法律上讲，主仆间的义务出自一种礼仪上的契约。这种臣从是两人之间出自自愿而执手订成的协议，农奴却相反，在未出生时就注定了未来的主人，他不能选择其领主，他没有“自由”。

还有其它词可用来确定农奴的特点。如通常可以讲农奴是领主的“手下人”或用另一句同义的话讲，是领主的“效忠者”，再或领主的“卫士”。这些词都表明了一种密切的人身依附。西南部的制度通常与其它省份相去甚远，而且鲜为人知，在那里可能很早就有这样的规定：一个人因居住在某块土地上而成为农奴，这就是人称的“居住农奴”。这个不寻常的事实向我们证实了其它的情况已显示的迹象，即人属关系的制度（农奴身份与臣属身份只是它的一个方面）在奥克语区*无疑不如在法兰西中部和北部那么广泛。尽管各处都有一些领主以让予部分土地为条件争取农奴对自身农奴身份的认可，农奴制在各地却是以肉体联系而存在，人一出生，甚

* 中世纪卢瓦尔河以南通用奥克语，这些地区就称奥克语区。——校注

至出生这个事实本身，就像法律学家居伊·科基伊所讲的那样，从头到脚就已经注定了身份。

农奴的依附关系是随人而非随采地继承的。绝不能把中世纪的农奴与罗马帝国晚期的隶农相比，农奴可能来自隶农的后裔，但从其所处的条件上讲，两者则不一样。隶农原则上是自由的，从时间上看出现于农奴制之前，他们祖祖辈辈被当时的法律固定在耕种地上。隶农并非某个人的奴隶——当然主人可以把他视同奴隶——倒是土地的奴隶。这种巧妙的假定与中世纪法律的现实全不相容，同时它只能在一个强有力的国家制度下得以实施。在那种没有一个最高权威足以控制领主立法混乱状态的社会，这种个人与土地的“永恒”关系也就失去了本身的法律含义，继承人也就没有理由去保持它。一旦农民要走，谁能去揪住他？又有谁能强迫其新主人交出他收留的原来的隶农来呢？[①] 我们手里掌握着为数不少出自法庭或法学家们的农奴身份确定材料，但在14世纪以前，没有一份以任何形式讲到“对土地的依附”。当然对领主说来，由于制止人口流失是生命攸关的利害问题，在必要时他会毫不犹豫地以武力抓回出走的佃农。有时相邻的两个领主也互相定有不为出走的佃农提供住所的义务。这种措施在领主通令中可以找到根据，它既适用于法律上处于农奴地位的人，也适用于自由的维蓝。仅在众多的例子中引两个：圣让-昂瓦雷的僧侣和蒙马特尔的修女们都根据协议不在芒塔尔维尔和王后堡接收卢瓦尔河畔圣

① 可以比较一下近代波兰实行土地依附规章时所碰到的困难，见 J. Rutkowsk, *Histoire économique de la pologne avant les partages*, 1927, p. 104，以及 *Le régime agraire en Pologne au XVIIIe siècle*（摘自 *Revue d'histoire économique*, 1926 et 1927），p. 13.

伯努瓦修院的“农奴和其他地位的人”及其“巴黎圣母院的农奴和佃农”。所以当皮埃尔·德·东戎老爷在其属地向所有持有圣马丹一昂比耶尔的耕地的农民颁布一个约束性义务时并没有考虑其臣仆的法律地位。① 农奴的出走对自身地位说来很少算得上是一种罪过，因为它早已明确无误地预定了：1077 年加尔朗老爷曾说，“我把诺东维尔的全部男女农奴都送给圣马丹，无论他们的后代中有谁又迁往他处，不管他们是男是女，不管迁往地远近，是乡村、村镇、市镇或是城市，因他的农奴身份，他们同样隶属于圣马丹的僧侣们。”②农奴出走之后，与自由又不同，他们仍然摆脱不了奴役的锁链。设想迁走的农奴在他处建立了新居。他就得像以往一样向新的领主交纳贡赋。但是由于对原领主并未断绝隶属关系，所以他同时仍要对原领主承担纳赋义务。由于对两个领主都有纳赋的义务，他不得不付两倍的人头税。至少法律上如此。当时许多这样的“外来户”最后不得不四乡流浪。法则就是如此，由不得半点含糊。为了解除这种残酷的人身依附，就必须有一个立法，这就是声势浩大的农奴解放运动。

农奴那种紧密的依附关系是通过什么义务和什么剥夺体现的呢？下面介绍一下最普遍的情况。

领主虽然对佃农没有高级裁判权，但他是农奴的唯一审判官，

---

① R. Merlet, *Cartulaire de Saint-Jean en Vallée*, 1906, n° XXIX(1121). —B. Guérard, *Cartulaire de Notre-Dame de Paris*, t. I, p. 388(1152). —Arch. Nat., S 2110, n°23(1226 年 2 月).

② E. Mabille, *Cartulaire de Marmoutier pour le Dunois*, 1874, n° XXXIX (1077).

处理有关死刑及截肢等重罪，此权加强了领主的力量，并为他带来了莫大的好处：审判权是有利可图的。

从另一方面讲，农奴无论男女只能在同一领主所属的农奴中寻找配偶。这对领主是保证对农奴后代统治的必要措施。不过有时领地中的男女青年向领主请求与领地外的人通婚并获得同意，条件是支付一笔钱。这当然又是一项收入。

男女农奴都要向领主交纳年赋，称为chevage。这在领主的收入中并不占很大份额，这种人头税的主要目的就是维持一个永久性的农奴制度。

在一些情况下或在某种程度上领主有权继承农奴的遗产。这里又有两种不同的制度。一种在法国最北部尤为盛行，其表现形式与英国和德国广泛流行的几乎完全一样，该制度规定，领主在农奴死后有权获得其一小部分遗产：如最好的家具，最好的牲畜或一小笔钱。另一种制度一般称做“永久经营权”，这是法国独有的形式，也是我们国家最为流行的方式。如果死去的农奴尚有孩子，领主则什么也得不到，如果农奴死后无子，只有旁系亲属，则一切遗产都归领主所有。以后又渐渐加进一些限制，即死去的农奴的孩子必须与其双亲生活在一起才可以继承遗产。可以看出，无论哪一种原则，除了一些例外情况，都意味着农奴所处的条件与维蓝相同，都以由习惯而牢固建立起来的采地世袭制度为前提：中世纪契约把农奴视为不动产所有者。不管采取何种征税方式，领主所获利润不是微不足道就是极不规律。土地是过剩的，而劳动力却十分稀少，以至于领主不得不将自己的一部分田地置荒，很多土地的地边就这样逐渐荒废了。

不过，仅仅将农奴视为一个通过特殊的紧密纽带世代相袭依附于强大的领主的附属物的话，那我们对农奴制的考察就很不完善了。农奴的两重性是当时制度中最具特点的。农奴制度一方面使农奴依附于领主，其地位由领主决定，同时又使其在当时等级制的社会中成为最低下、最被人鄙视的阶层的成员。在与自由人发生冲突时，农奴不准出庭作证（也有例外，由于其主人的身份不同，国王的臣仆或一些教会地主的臣仆也能出庭作证）。宗教法规以农奴对领主紧密的依附关系为理由，用以前对待奴隶的做法对待他们，不许他们参加圣事仪式，除非他们获得了人身自由。奴役性的状况无疑形成了一种破坏性的烙印，但至少也同时是在这个时代人与人之间关系的体现。

法国各地几乎都可以见到这种农奴，有些地方就称为农奴，在一些偏远的地区（如布列塔尼、鲁西永）则冠以其它名称。① 但是当我们研究中世纪人们的社会地位时绝不应长期停留在名称的纠纷上，在不同的地区以至不同的村落，同一内容的名称往往会有极大的差别，这是一个普遍的规则。在一个割据的、没有规章又没有法律教育同时也没有中央政权（这是唯一可以统一词汇的力量）的社会，怎么能够要求它的词汇统一呢？同时我们也不要拘泥于某些具体的细节，要知道其中的差别是无止境的。因为在日常实践中，一切都受制于地区的习惯，而这些习惯则确定并扩大了其中的

① 布列塔尼地区的“Mottiers”和“quevaisiers”属于一种与农奴大同小异的社会地位，M. H. Sée 已经明确指出了这一点。鲁西永的 homines de remensa 无疑就是农奴；人们避免称这些人为 servi，是因为这个称呼在鲁西永一直用来指原来意义上的奴隶，直至中世纪末期，鲁西永地区始终保留着相当众多的奴隶，参见后文第 111 页。

差距，哪怕这些差距最初可能是微乎其微的。相反人们局限于一个基本原则吗？我们马上会发现，那些曾反映了人们共同见解的一般发展运动的基本概念，既简单明了又各地相同。从一个省到另一个省，从一个领地到另一个领地，用以指明农奴的名词，用以表示其法律地位的标志是变化多端的。不过尽管差别如此复杂，11、12世纪还是有一个全欧洲通用的，同时也是法国的概念，我要进行说明的正是这一点。

诺曼底暂时考虑在外。那儿农奴制度不曾有过真正的发展。据最新资料所提到的属于这类阶层的人都不可能晚于1020年以后。如科地方不规则土地一样，人口密度可能是这种反常现象的最好解释。在英格兰的丹纳罗，就是说在英国这块有很深的斯堪的纳维亚痕迹的地方，农村居民都同样保持了自由的特点，这比英国的其它地方都更突出。这种相似的现象还是值得我们深思的。

诺曼底之外，农奴在法国其它地区都十分广泛。农奴人数远远超过单一的维蓝，到处都是如此。在领主制度下农奴人数占总人口的绝大多数。

由于"一个缓慢而不动声色的革命"，[①]不同的法律阶层的人的后代渐渐融合到这个独特的阶层中来：茅屋奴、隶农、从罗马法或日耳曼解放出来的奴隶，及一些自由地所有者。其中大部分人无疑渐渐改变了地位，这种转变并没有一个明确的契约，而是一种不知不觉的过渡，在以先例和变化的传统习惯为准则的社会里，这

① 我在此借用历史学家B. Guérard的说法，尽管他的论文形式上学究气极浓，它还是深入到了中世纪社会进步问题的核心，见*Polyptyque d'Irminon*，t. I，2，p. 498.

种过渡是很自然的。其它一些人则是有意放弃自由，教堂与修道院的文件集保存了这种自我献赠的大量的例子。许多旧式的自由农出于惧怕孤立无援的处境、迫于饥饿或慑于威胁，常常自愿承认对领主的义务，与之建立奴役性的关系。实际上这是一种新的奴役形式。那些将奴役一词放在嘴头上的人自己都不明白是怎么回事，这古老的词就已渐渐演变成与其原义相去甚远的含义。蛮族入侵之后，依附关系在各处都急剧增加，但人们并没有创造新的词汇来反映新的关系。复杂的词汇逐渐形成，不过主要是大量借用了奴隶制度的专门词汇。比如当说到非世袭制的对上关系时，人们用 vassal（附庸）一词，它来自凯尔特语，后混入罗马语，意指奴隶。附庸的义务被称为“service”（服务），而这后一个词在拉丁语中只代表奴役性义务（自由农民履行的义务只能称为“officium”）。从最充分的理由看，词义的转变在最贫苦的、世袭关系最紧密的庄园中特别流行。加洛林时代，法律用语严格地称奴隶为“servi”，而口语中已把领主所有的臣仆皆称为“servi”。这种词汇进化的结果用“servage”这个贴着古代标记的词，来称呼转变中的社会制度的主要支柱，在该制度下占统治地位的是那种由各集团的习惯调整其内部细节的人身依附关系。

那么，领主们从该机构中获得了什么好处呢？无疑他们获得了很大的权力，此外还有不可忽视的利益。但从劳动者来源方面论，领主却没得什么便宜。农奴就是佃农，从事的生产劳动以在自己田里为主，此外，根据地区的不同习惯，像其它居民一样为领主服役。奴隶制度能为主人提供充分的劳动力，但农奴制只为领主提供了极有限的劳动力。

*　　　*　　　*

12世纪末期出现的两个特点深深触动了法国自身的领主制度。这两种特征既不同于中世纪前期高卢—法兰克时代的领主制，又不同于当时英国或德国的大多数领主制。这两个现象，一是份地地块(不可再分的纳税单位)的变小；一是徭役的减弱。我们先将第一点置于一边，把注意力集中在第二点上。

制造业的徭役消失了。当然领主们仍保留着供养一部分手工业者在庄园里干杂务的习惯，用授予采地的形式作为劳动报酬，由于在这些采地，农民以服劳役为主，人称“封地”。人们看不到那种聚集成群的佃农集体制造木制工具、木板、布匹或服装的现象了。只有零星的铁匠仍然交付镰刀和长矛等武器。妇女集体劳动的工场也关闭了。12世纪初沙特尔圣母院的市政长官们——这些官员同时又都是领主，统治着不同地区的土地——仍然强迫女佃农纺毛线织布，但都为领主享用，属非法行为，教会法规禁止这种敲诈，也未将这类敲诈转而服务于教会。[①] 领主们若有运气控制一个城市的话，他们的消费品的要求则由城市手工业贡赋提供——经常是向家庭手工业者、土地雇佣劳动者或其它人索取——也通过市场购买获得。

那么领主们为什么放弃强迫佃农为他们做工呢？当然从领地内部来看，这一点是可以解释得通的。但领主经济并非在所有国家都一下子卷入了交换经济的潮流，也不能说，由于各地生产用以

① E. de Lépinois et L. Merlet: *Cartulaire de Notre-Dame de Chartres*, t. I, n° LVIII (1116年—1149年1月24日).

交换的产品日益增加，加速了商品的流通，从而对领主经济产生了世界性的影响，以至于使普遍存在的购买现象比封闭式生产更有利可图。这种假设只有在一种情况下才成立，即手工制造劳役随商业的复兴而消失，可以说社会转变的因果之间存在着一定的时间差距。由于商品流通的加速没有立即产生反响，很长时间，在法国的任何地区都还可以看到旧服役形式的残余。遗憾的是有关这方面的材料太少了，不过通过这些材料我们仍可以看到，制造业劳务在12世纪初就在各地几乎都结束了，它消失得这样早，这样整齐，以至于我们不能把它归因于商业的进步（商品流通的发展此时尚处于雏形），倒是应将它看成领主制组织机构发生的深刻、广泛变革的一个方面，当然它反过来对法国经济的整体也产生了一定的影响。或许那时市场产品的极大丰富促使领主更多地购买商品。不过，可能一开始市场本身并没有达到极大的丰富以满足领主新的需求。在我们刚开始的对交换机制的研究中，领主制的兴衰看来占有最重要的位置。9至12世纪这个大变革时期的旧制度发生了变化，而农业徭役方面的变化则更为明显。

作一个细致的比较。巴黎南部的蒂艾村至少从查理曼大帝统治时期就属于圣日耳曼德普雷的僧侣，直至法国大革命。在查理曼大帝时代，大部分自由人份地一周要服役三次（两次用来耕作，一次是手工劳动）。除此之外，每一个佃农要负责耕种4平方佩尔什*的领主冬小麦田和2平方佩尔什的春小麦田，最后还要随时听候领主吩咐尽运输义务。对其它人说来手工劳动时间的长短全

* 佩尔什是法国长度单位，各地不一，相当于18.20英尺至22英尺。——译注

由领主随意而定。而对奴隶份地，每一个份地要耕种4阿尔邦的修道院的葡萄田，同时一旦接到命令还有耕地及从事手工劳动的义务。1250年这个地区废除了农奴制：一个宪章规定了劳役的总日期。被废除的只是奴役性义务，其它义务都只写成书面文字被当成古老的习惯加以遵守，而实际上这些习惯最初可以追溯到13世纪初，没有留下计件劳役的痕迹。每一个佃农一年中都要为修道院割草1天，如果他拥有耕畜的话，则还要为修道院耕作9天。[①] 这样最多的每年服役10天。过去，那些免受领主随意支配的受保护佃农一年要替领主耕作156天。事实上这种对比并不完全正确，因为一个份地可以包括好几个家庭。1250年时正相反，徭役明显地针对每个家庭的户主。不过即使假设平均一个份地上有两个家庭，这种差别也是够大的了。

有时这种转变进行得过了头。12世纪时，香槟地区的博蒙和加蒂奈地区的洛里斯广泛实施的两个宪章逐条写明了已成为当地习惯的条文，但都没有规定任何农业劳务。然而，确有某些地方习惯法仍要求在社会阶层的另一端保留“任人剥削”的、如同加洛林时代的servus一样的农奴；这种习惯法极为罕见，至于它们除了肯定一种在实践中相当空洞的原则之外是否还起到什么作用，就不得而知了。领主究竟将这些众多的劳动日作何用途呢？我们将看到，一般情况下，再也没有多少活可干了。蒂艾的例子无疑可以代表一般的、通常的情况。田间劳作彻底消失了。劳役日仍保留

① 加洛林时期的蒂艾对自由人份地和奴隶份地还要加上3天杂务劳作，称为“hôtises”。关于奴隶解放，请看 *Polyptyque d'Irminon*, éd. Guérard, t. I, p. 387.

下来，不过也已没有多少内容。这一阶段开始于 1200 年左右，此后几乎得以确立。菲利普·奥古斯特时代通常的徭役制度就是如此，路易十六时代的情况大致上也是如此。

对农业劳役这种奇迹般的减弱，首先似乎可以从两点上得到解释：或者领主为自己领地的垦殖找到了一个新的劳动力来源；或者他已经将领地本身缩小到了极点。①

第一个假定与事实相违，不能成立。实际上，除了徭役之外，领主还能求助于什么劳动力呢？奴隶制吗？由于奴隶补充来源断绝，它已经彻底消亡了。当然，战争还未断绝。不过基督徒再也不允许以战争谋取基督教徒的奴隶了。宗教观点使所有基督教团体的信徒成为同一个大家庭的成员，他们之间绝不允许互相奴役：它只允许将非基督教徒或者——有时怀着犹豫——分立派教徒置于奴役地位。基于此理由，在中世纪只有对非基督教或非天主教徒的侵袭中容易获取可怜的果实的地区，才能找到数量可观的奴隶，日耳曼东部边境，西班牙的光复战争*，还有那些濒临地中海的、有航船将混杂的人口投入市场的地区：由鞑靼人或拉丁人的海盗船带回的非洲黑人、“黄褐色”的穆斯林、希腊人和俄罗斯人。奴隶这个词本身在原始词义上也代替了以往的词 servus（农奴，我们已经知道，这个词的意思也改变了），本身只成了一个人种学术语；奴

① 领主同时还可能以不同于徭役的办法从采地抽取某些劳动力，比如强迫采地佃农的子弟到他家中服役一段时间：如“仆役制度”在某些日耳曼庄园中起着相当重要的作用（尤其是在中世纪末期以后的东部地区）。但是在卡佩王朝统治下的法国，尽管人们可以恢复某些领主权力，至少迫使农奴从事家务劳役，这些试图总是孤立的，并且在实践中没有多少效果。

* 指西班牙中世纪驱逐伊斯兰教徒的战争。——译注

隶(esclave)与斯拉夫人(slave)就成了同一个意思。奴隶这个词语成了许多人的不幸的根源,这些人死在德国人城堡的台阶下,或死在意大利市民的劳役中。在法国(某些特殊情况略去不计),到12世纪,只有濒临地中海的省份仍在实行奴隶制。但是,即使在这些地区——不同于伊比利亚某些地区,如巴利阿里群岛——奴隶商品也极为稀少,极为昂贵,一般都不用于农田垦种劳动。奴隶贸易提供的是家仆、婢女、姘妾等。农庄男女仆役则完全没有或几乎完全没有。

至于农村雇佣劳动者,他们一直起补充作用。随着人口的增长,他们的重要性似乎也日益提高。某些僧侣阶层,尤其是西都会教士,为了解决人手问题,最初求助于建立低级的修士团体,如杂务修士,后来终于决定大量地雇工从事劳务。但是,若要以这种方法开发在广度上可与昔日的领地媲美的领主产业,就必须有一支广大的农业无产者队伍的存在。它当然不存在,也不能够存在。法国人口尽管比以往任何时候都多,但还未过剩;由于缺乏严格意义上的技术改进,在旧采地上和大开垦时代新开的采地上的农活仍然束缚了众多的劳动力。最后,受当时经济一般条件的限制,供养或支付如此众多的人,对于经营者来说,也是一桩很麻烦的事。

毫无疑问,只是因为领主们接受或诱使自己缩小领地,他们才听凭如此繁多的农业徭役自行取消,不久前还委托给佃农种植的土地渐渐地融合消失在——M. Ch. 一埃德蒙·佩兰曾极清楚地揭示了在洛林地区的这种情况[①]——甚至就在起先曾负责耕种这

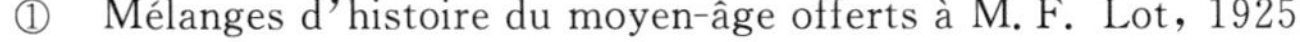

① Mélanges d'histoire du moyen-âge offerts à M. F. Lot, 1925.

些土地的佃农的采地中。至少最初领主庄园中由佃农计日耕种的田地的分割部分,有一部分用作小块封地以奖赏由大贵族统领的武装附庸,这些附庸在10世纪和11世纪数量十分可观。[①] 很有可能这些佩剑军人也跟着争先恐后地把自己的封地分给农民种,而农民则向他们支付佃租。另外一份,也即最大部分,由领主自己直接出让给佃农,有的落入旧佃农之手,有的到了新来户的名下。通常,农民要将收成的一个相当比例交做租税——一般从1/3—1/12不等,人们把这种实物地租叫做Champart,还有叫做terrage或agrier的。在加洛林时代,以这种负担方式耕种的土地极为罕见;到了卡佩时代则变得相当多了。只有当人们承认如此负担的地块绝大多数都是起源于一种新的分配,这种租税上的差异才能得到解释。同样,许多地方实行的实物租税采地得以辩解。一开始,领主们并不自愿地把其领地的划分看成是不容改变的。奥尔良的圣厄韦尔特修道院从俗权上和教权上都于1163年重新建立,开始时,它找不到"以自己的犁"耕种在布莱的产地的可能性,就将土地分给了农民。后来,议事司铎们估计到还是自己耕种更为有利,于是获得国王路易七世和教皇亚历山大三世的恩准,将他们自己出让的土地重新要了回来。[②] 实物地租作为新的分配财产的佃租形式,在原则上常被认为不应包括遗产。在图赖讷,在安茹,在奥尔良,13世纪的法学家们仍然确认领主有权将那些以产品为贡

① 这个观察所得应归功于M. Deléage,他研究过中世纪勃艮第地区的农业发展。

② Arch. Loiret, H 4: bulle d'Alexandre III, Segni,9月9日〔1179年;cf J. W. 13467 et 13468〕;参照 A. Luchaire *Louis VI*, n° 402.

赋的田块并归到自己的保留领地中。[①] 直到1171年，属于巴黎圣母院的庄园的米特里莫里的实物租税田块还随着神甫们的意志而数易其主；属于博杜安·堂第伊庄园的加尔什的租税田直到1193年都不能被继承；在瓦卢瓦，于13世纪期间制定成的博莱斯特村的习惯法叙述道：这类地产被出卖时，任何东西将不归领主所有，“因为在以前，任何人对它都没有继承权。”[②]但是，不要弄错：这些例子足以提醒我们，在实践中，继承权已像米特里莫里或加尔什地方那样通过明确的惯例，或像博莱斯特那样通过条文，渐渐渗入到这个领域。领主们接受或者任其进行。正是在这种与旧采地形式相似的永久采地的形式下，大领地最终移到了广大农民的手中。在我们的许多教区里，一些与四邻的情形一样的、长久以来分割为众多小细块的土地，至今仍保留着如“徭役田”之类的名称作为地名；由此可见，在遥远的年代里，它们从属于领主产业，依靠采地佃农的强迫劳动而耕种。

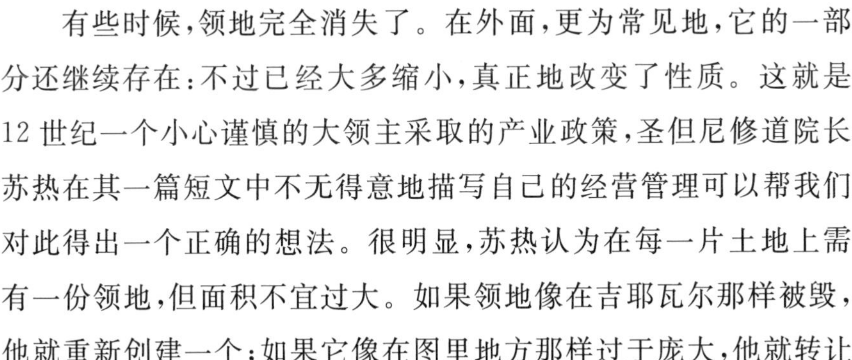

有些时候，领地完全消失了。在外面，更为常见地，它的一部分还继续存在：不过已经大多缩小，真正地改变了性质。这就是12世纪一个小心谨慎的大领主采取的产业政策，圣但尼修道院长苏热在其一篇短文中不无得意地描写自己的经营管理可以帮我们对此得出一个正确的想法。很明显，苏热认为在每一片土地上需有一份领地，但面积不宜过大。如果领地像在吉耶瓦尔那样被毁，他就重新创建一个；如果它像在图里地方那样过于庞大，他就转让

① *Etablissements de Saint Louis*, éd. P. Viollet, I, c. CLXX; cf. t. IV, p. 191.

② Guérard, *Cartulaire de Notre-Dame de Paris*, t. II, p. 339, n° IV. —Arch. Nat., L 846, n° 30. —Paris, Bibl. Ste Geneviève, ms 351, fol. 132 v°.

一部分。他是如何构思一个领地的必需成份的呢？一幢房子，最好“固若金汤适于防御”，供掌管庄园的僧侣代表居住，并使他本人在巡视途中能有一个“栖身之所”；一座花园，几块菜地以供养常住的和临时的客人；些许仓库以堆放什一税和实物地租的农产品；牛栏羊圈以饲养领主畜群，这些牲畜无疑要去公共牧场食草，而它们的粪便则供于领主的园地和保留地；最后，若有机会，还要一个鱼塘或葡萄园，提供给修道院及其附属机构以鲜美奇珍而又必不可少的食品，在当时，自己生产这些物品比到市场购买那些难以保证质与量的东西要合算得多。总之，它既是一个管理中心，又是一个多多少少特殊化的、而确有重要意义的庄园，一小队奴仆，再加上部分徭役，就应足以耕种：就其规模与存在理由而言，它与昔日那种巨大的农业企业完全是两回事。[①]

领主们逐渐放弃直接管理耕种大片产地的理由，我们不难找到几条。加洛林时代的领地向主人交纳大量的食品。不过，并不是所有食品都入库进仓，尤其那些易变质的东西；财产积累只有及时合理利用时才能为人们带来益处。使人焦虑的问题！查理曼大帝关于皇家庄园的著名敕令也被此问题整个地纠缠住。一部分由领地中的禄工就地消费。另有一部分供给领主，他有时住在他处，经常过着一种游荡不定的生活。至于剩余部分（如果有剩余的

① 请对照 Arch. Nat.，LL46 号资料提供的关于 13 世纪圣莫代福塞修院的领地和皮埃尔一世（1256—1285 年）修道院长的产业的类似图表。最大块的可耕产业田地——几乎属反常情况——有 148 阿尔邦，相当于 50 到 75 公顷，按照今日官方的区分法，这是一个转大的产业，而不是“很大”，因为它还远不到 100 公顷。绝大部分新兴城镇的产业也是在这个范围之内。

话），——只是在大丰收的年头——人们尽量将它们出卖。但是，当时的物质与精神条件产生了多少困难啊！为了避免浪费、丢失和无谓的运输，精确的计算是必不可少的。人们做得到吗？当人们看到在产业法中，君王们（查理曼大帝之类的）和高级僧侣们（阿拉尔·德·科尔比）煞费苦心地向下属们解释最简单账目的必要性时，不禁感到悲怆动人；那些叮嘱有时表现出的幼稚证明其对象的头脑是何等糊涂，根本就理解不了这些东西。为了适当地分配果实，也许还需要一个正在使用之中的管理机构。不然，官僚制度问题这个从加洛林帝国而来的君主制的暗礁就不会被领主制很好地解决。“士官”即领主的军官像是小型化的伯爵或公爵，他们有的是自由人，有的还是农奴，他们有采地作为报酬，迅速地变成世袭的封臣，他们为自己的利益行使授予他们的指挥权，将领主产业或赢利的全部或部分据为己有，有时还跟主人公开交战。很明显，对于苏热来说，经营一落入士官手中，就意味着失去了经营。以转让作为前提的制度将走什么样的道路，付出何等危险的代价！最后，出卖剩余产品说起来很容易，但在什么市场上出售呢？10 世纪和 11 世纪，城市人口十分稀少，差不多还是半农村化。平民们经常挨饿，但因没有钱，也买不起东西。在这种情况下，多多进行小规模垦种，靠它们生活，对它们负责，不是更为有利更为方便吗？小规模经营的地租，其收益很容易预算，其中一部分可以折为货币，这样更容易运输和积攒。这些农民的小块田不仅仅带来佃租，领主还可以得到佃农，或是附庸（领主将自己的领地分为小块的封地以奖赏这些附庸），还可以得到“手下人”，他们数目众多可以作为他的军事力量，为他赢得声势和威望。从罗马时代末期起，该运

动就以取消大规模的奴隶种植园和增加茅屋奴与采地的数目而告开始。法兰克时代的繁重徭役只是一个权宜之计，旨在为领土保持一个较大的规模。以后时代的大领主们——因为小领主的情况我们不熟，很可能他们从未有过很大的产业领地——只是重画并延长了前期进展的曲线。

然而这些貌似清楚的解释遇上了困难，低估这种困难的严重性将是不诚实之行为。以上展示的生活条件是全欧洲的普遍现象，只有徭役的弱化和领地的缩小是从法国观察到的特殊现象，其他欧洲国家没有。在英国没有任何共同之处，尽管如伦敦的圣保罗的年贡征收人所记录的那样，13 世纪时那里的情况使人逐条逐段联想起加洛林时代财产登记簿上的描述，就我所看到的情况来说——从事这种比较研究所遇到的障碍是人文科学平庸进展的最惊人标志之一——德国的大部分地区也与法国没有共同之处。毫无疑问，这两个国家也将发生同样的变化，只不过要迟一两个世纪罢了。为什么有这种差别呢？我只能请求读者们原谅，我的情景就像那个正在研究的人，他的第一个职责就是说："我还未寻找到。"在此我承认自己这方面的无知，并邀请人们继续从事调查研究以期弄清楚我国农村史中三四个关键现象之一。

在领主制经济生活中，没有任何转变比这一转变更有决定意义。从法兰克时代以来，采地佃农不仅要交租，而且要服劳役；但在天平的两个托盘上，劳役这一头显得更重。现在，平衡倒过来了，在旧税上又加上了新的负担：人头税、什一税、付税使用磨坊权、强迫劳役，从 12 和 13 世纪起，领主终于认为旧徭役地租施行至此已没有用处了，就代之以强迫地租，但他们一直坚持不给补贴就不废除徭役地租。劳役已经变得十分轻微。过去采地是第一号的劳动力来源，而现在人们可称之为佣金的东西——并不考虑这个词确切的法律意义——构成了劳动力存在的真正理由。领主拒绝担任一个庞大的农业的、带部分工业成分的组织的领导者。在很多日子里，再也见不到全村强健的居民聚集在他的工头身边干活。作为旧日产地残余的农庄，他还常保留着，但他越来越克制自己，不去亲自开发它，尤其从13世纪后，个体家庭农场的习惯普及开来，它还不是永久的，而是暂时的：区分自然相当之大，其效果的显示我们不久将会看到，但它并不阻碍主人继续分散自己的土地。假设有一个大工厂主，为了在一系列的小车间里使用机器，便将工厂的机器弃置于职工手中，而满足于成为一个股东，或者说得更确切一点（因为大多数的租税数目是固定的或变得固定），成为家庭手工业者的债券持有人；通过这一形象，我们将对从9世纪至13世纪领主制生活中发生的变化有一个大致的想法。当然，在政治上领主仍是一个头领，因为他继续任军事首领、法官和手下人的天然保护者。但从经济上说，他已不再是庄园经营的头领了，这一点将很容易使他停止做一个简单意义的头领，他成了一个土地食利者。

第四章　从中世纪末到法国大革命前领主庄园与所有制的演变

一、领主庄园法律地位的演变；农奴地位的变化

领主的收入危机结束了中世纪时期，开始了现代的历史。

但并非旧的框架都完全动摇了。由于旧的人与人关系的概念变得模糊不清而造成特征混淆，人们对领主的佃农，开始使用以前表明整个其它从属关系的一个词，称其为他们的"附庸"。对佃农及其采地，领主行使的大部分权利，在弗朗索瓦一世时期，甚至在路易十六时期，都基本上同圣路易时代一样。不过，有两点重要的例外：领主裁判权衰落，农奴地位的消失；在通常情况下是消失了，即使在它还继续存在的地方，它也有了深刻的变化。

领主的司法权并没有就此灭亡，只是大革命才消灭了它。许多诉讼事件仍然要通过领主的司法权，但该权的好处和力量已大不如前。从 16 世纪起，一种法则被普遍接受，并几乎被一直运用，即禁止领主个人出席审判。同时，司法制度的不断复杂化也使审判变得困难，令领主为难，从此，领主必须设置职业法官，同时对法官支付报酬，但不再像人们以前所做那样提供一份"俸禄地"(这一

报酬方式在经济上的好处已经不再那么明显了），而是用货币支付。无疑，这没有超过国王敕令对法官某些技术性保证的要求，敕令要求给予法官适当的工资应严格得到遵守，归法院裁判的人向法官支付的“讼费”构成他们土地资财以外最明显的收益。对领主来说，这是一笔真正的负担，而且常常是相当重的负担。此外诉讼人还要加上其它的费用，整个花费常常超过所得，以致有时人们非常害怕审判。17 世纪一位勃艮第贵族写道：“罚金、无主财产和没收钱物的收入不够支付法官们的工资。”1781 年，马耶讷公爵领地的总管给主人的报告中写道：“贫穷……使我们发生许多违法案件。我尽我可能私了了许多事件，由此拯救了 2、3 个歹徒，他们几乎是用公开的暴力拘押行旅之人。”①

特别是国家法庭或——或大公法庭、国王法庭，从 16 世纪以后几乎完全统一为国王法庭——对领主法庭构成了可惧的竞争对手。国家法庭收回了领主法庭的大量诉讼案件，并通过迅速笼络地方官吏，独揽了许多其它诉讼案件，总而言之，从此以后国家法庭接受了所有申诉。从而，无论上层或下层的有审判权的人，都产生厌倦与冷漠——因为，按照 17 世纪以前的旧原则，上诉人直接指责的是第一审法官而不是胜诉人——更糟的是，他们大大丧失了权力和威望。在 10 世纪和 11 世纪，使领主们扩大其发号施令权及其收入，正是他们压在属民头上的司法权。武器并没有从领主手中完全失落，因为在涉及许多利益相关的乡村治安方面，他们通常保留着最后的王牌，但是武器也被大大地削弱了。领主制度

① J. De la Monneraye, *Nouvelle Revue Historique de Droit*, 1921, p. 198.

本身是否也受到了威胁？由于国家法庭的态度，我们将会看到这种威胁是怎样被摆脱的。法官如果要保持甚至有时加强他有利的权力时，他的每一次判决都有招致失败的危险，然而在表面上他要装得是首领的样子。

* * *

国家及其法庭不断扩大的活动所表现的社会结构的变化，也成为农奴制度变迁的根源。对 11 世纪的社会结构，人们曾作过精确的描绘，把它作为主要是垂直线型结构的代表，这种结构表现为社会分成许多以一个首领为中心的集团，而这个首领自身又依附于另一个首领，这些集团包括农奴、佃农和从属的“同伙”。从 12 世纪中叶起，或者大致在这前后的时期，人群则相反是按水平方向组织成各个层次。许多大行政单位——公国、君主国——吞并和消灭了小领主庄园。形成等级制的阶级，尤其是很快形成贵族阶级。市镇——特别是城市，但它往往扩展到纯粹是乡村集体的范围——成为这一革命制度的基础，同等地位者之间互助的宣誓替代了旧的下级对上级顺从的宣誓。人与人关系的依附性趋向削弱。可是，以奴隶、隶农、附有条件解放的奴隶（由于自愿的屈从，或名义上如此）和许多以前的自由农民零乱构成的农奴阶层就其深刻的本质来说，是这一隶属与保护体系中的一分子，社会等级的各层次在这一体系中自上到下彼此互为隶属者和保护者。说真的，事情还不仅如此。农奴仍然是被看作为最低的等级，但这只是他过去地位的一个方面。相反，从 13 世纪开始，同演进的一般进程相适应，在“奴役”的范围越来越严格地向外确定界限的同时——从此在法律上提出了农奴和骑士这两种人不能兼任——这

就是阶级的特征，它在这样条件下由共同舆论构成的思想中居统治地位。

此外，由于“骨肉关系”这种概念变得模糊和消失，从此农奴地位更多地不是与人，而是与土地联系在一起，使一个农民成为农奴的，不再是他的出身，而是他占有的采地的性质和居住的土地的性质。人们喜欢把这种占有土地的农奴看作是“捆绑在土地上的人”。当然我们不能确切无疑地说，他绝无可能离开自己的土地，但是，如果没有得到主人的允许而离开的话，他就将失去其采地。这后一点受到了学者们学说的影响。自12世纪和13世纪以来，法学家们沉浸在罗马法的熏陶之中，他们专心致志地在那些受崇拜的教科书中为他们时代的社会法规，特别是为农奴法规寻找先例，把它作为一切科学的源泉。真是艰苦的事业！这是比农奴制更具有中世纪时代特征的制度吗？农奴和奴隶这两个词的同源性可以同古代的奴隶一词对照，但是，两者身份的差别是显而易见的；我们法国的法学家理智地抛开某些个人的差异不过多为其类似性而苦恼，东德意志的法律界人士在以后几个世纪中不得不从中吸取经验教训，以免对他们国家的农奴作出最大的损害。反之，隶农不同于奴隶，但其前提条件是要顺从于领主，他们接受不那么随心所欲的类似性，无疑，他们强调这种类似的思想，只因为他们那时的农奴由于其比个体的人更为现实的特征而已经在一定程度上接近于这样一个条件，即其基本特点是人和土地的联系。但是，他们对新生的这个类似性的法律上的表达只加强了它本身。甚至公证人或理论家从此也爱用一些新的术语名词来区别新类型的农奴，称其为“领地奴隶”，或更多地称其为“领地农奴”——这种词的

组合同从前的“赤膊汉”相对比实在是令人惊异的——这是一些借用的名词，中世纪罗马法学家曾首先用来描述隶农。但是，我们千万不要夸大这种学说影响的重要性。如果土地一如以往那样比劳动力多得多，那么领主为羁留住自己的农奴而作出的努力，以及收回其“份地”的威胁无疑是徒劳无益的。没有大拓荒，“拴住”的法则就仅仅是空洞的形式。

旧的租税和有关奴隶身份的限制规定，首先是“死手权”和“违法婚姻税”在大部分地区继续存在。但除此以外，又产生了新的观念，它随着强调阶级地位的低下和束缚的实际性质，形成了新农奴的标准。所谓的“任意税”负担，这种既没有形成文字条款，也没有确定可依的惯例，这种领主可以随心所欲地征收的税在以后普遍地转变为农奴地位的标志，“随意性”的人头税在一开始构成几乎全部的贡赋，但在租约以后，这就成为例外了。诚然，所有农奴不再交纳人头税，但起码还要服徭役，成为“任人支配”的人，二者必居其一，这是目前对农奴所能作出的认识。在加洛林王朝时期，“一接到命令”就劳动是农奴的通常命运，他们那时是真正的奴隶。同自由相对立的服从主人意志的思想可能多少已变得淡薄，但在意识中继续存在。这样一种义务的不正常性质，另外还有农奴和罗马奴隶之间的相近(这种相近不管怎样都不会不产生精神上的某种影响)将有助于这种意识重新复萌。

到中世纪末，奴隶状况的主要特征就是这样，至于各地的许多差别，我在这里不可能详述；一直到完全不再有农奴，也即到大革命前的情况都仍然是如此。但属于这一社会地位的人的数量则越来越少。

农奴消失的大规模过程始于13世纪，继续到16世纪中叶。各地奴役性的义务多半由于直接废除而消失。然而，一般来说，这是明文规定的行动，“解放农奴”是确定的事，农奴逐个逐个地或者至少是逐户逐户地，有时整个村庄地获得自由。这种自由更多地不是给予他们的，而是卖与他们的。诚然，解放行动是被视为虔诚的行为，如同博马努瓦尔所说，是一种“伟大的舍施”，这样一种行为，在最后裁判日将会使大天使的天平倾向天国。在宪章的前言中，人们乐于多少带着雄辩的心情不厌其烦地重提这些伟大真理。人们列举福音书的教诲，如果公证人宁愿在法典中而不是在圣经中去寻找他们的灵感——他们将发现“天赋自由”的美丽光彩。礼仪要求这种臣从的宣誓施于道德的训诫，无疑，在夸张的辞藻下，不止一次地隐藏着真挚的感情，如同是天真的；总之，人们从现实世界的良好行动中所能获得的好处不排除获得更高补偿的希望。怎么！领主阶级会由于纯洁的仁慈而完全自行消失吗？实际上，除了极为罕见的例外，感激或友谊原因外，奴隶的解放是真正的契约的结果，这种契约的条款往往经过长时间的辩论和激烈的争执。我们希望不希望了解这些契约为什么能那样大量地被接受？对我们来说应该问一问这两个阶级的人从中期望得到什么样的好处。

无疑，领主放弃了一些有利可图的权利，但它们是不稳定的、不方便的征捐的权利，作为交换，领主常常可获得一大笔钱，这笔钱是一次完全付清的，它或者是使领主能摆脱一部分财政困境，这些困境是贵族和地主境遇中经常的伤心之事，或者是使他终于又可以开销长期盼望的奢侈支出，或者是还可以开辟更有利可图的道路。不管因素如何多种多样，货币之河的奇妙炼金术丝毫改变

不了“自由的价值”！这价值可能在国王的银箱中编织出权力来，因为有时候需要满足收税人，而一个因缺钱而受折磨的领主除了解放农奴外已不能找到别的财源。有时，领主们在佛罗伦萨的银行中需要清了巨额的债务，有时他们还要去添肥幸运的敌手的财库；在普瓦捷战役之后，* 不止一个骑士或侍从要求无偿出卖赎身的金钱才能摆脱英国人的魔爪。在其它地方，它们形成教会的珍宝：如在圣日耳曼德普莱修道院，院长用解放农奴换来赎金，使得圣母祭台得以建成矗立，并使它成为圣路易的巴黎的珍宝之一，更经常的是，赎身金变成令人欣慰的阳光照耀下的资产：田地、牧场或葡萄园，变成田租和什一税的收税人、压榨机、房屋、磨坊、购买物、建筑物，这一切全靠农民在羊毛长统袜里一个苏一个苏地积攒货币，当有一天他们感到不能再忍受农奴地位时，他们就最终交出了这些货币①。在别的时候，“解放者”自己承认定期的和固定的收益比过去份地的租金更多，更有利地替代了农奴的变化不定的负担。更后一些时候，报酬又来了，它有时是土地，解放了的村庄把一部分公有土地归予领主。这种财产的让与在16世纪的勃艮

---

* 1356年，法国国王约翰二世的军队在普瓦捷附近被英军打败。——译注

① Arch. Nat., JJ60, fol. 23(1318年12月17日)，瓦伊修道院长使一对农奴获得自由，教士向国王交纳十分之一附加税的必要性的理由陈述；—Froissart, éd・S. Luce, t. V, p. I n. 1 —Arch. Nat., L 780, n° 10(1255年12月)。圣日耳曼德普莱的教会因受解放奴隶所带来的损害，于是抗议只交纳2460利佛尔的惯例；他们认为用这笔钱来购置财物才是公平合理的；通过相当复杂的金钱兑换，他们的要求才得以满足。—Bibl. Ste. Geneviève, ms 351 fol. 123；交给该隐修院议事司铎的清单上这样写道：“Iste sunt possessiones quas emimus et edificia que fecimus de denariis libertatum hominum nostrorum et aliorum quorum nomina inferius scripta sunt”. 在各种收入、建筑及维修费用中，包括460利佛尔什一税，60利佛尔人头税。

第地区以及17世纪的弗朗什孔泰地区中特别常见,到今天还存在于不止一个农村共同体的生活中。[1] 正由于战争的破坏,勃艮第和弗朗什孔泰的农民那时非常贫穷,而另一方面领主们则开始有兴趣收罗零散的土地。但是,农民为了获得自己的自由却几乎从来也不放弃其全部或部分份地。与此相反,领主在放弃死手权的同时也就放弃了有一天用农奴的遗产来扩大自己庄园的希望。在法国,解放农奴人口没有导致像晚些时候瑞士的类似的社会变革,没有导致哪怕是有利于领主的部分的剥夺。

除这些可以直接感触到的好处外,往往还有另一些起作用的动机,不止一份证件为我们提供了坦率的证明。仍然处于奴隶劳动的土地是不是靠近别的已被自由支配的土地呢?这些"新城"的建造者往往确保了可贵的自由的成果——情况并非总是这样,在奴隶制的兴旺年代,甚至新开垦的土地上也有农奴——或则这些村镇过早获得了解放奴隶劳动的土地面临着人口散失的极大危险,而越来越被景况好的家庭所吞并。最明智的办法是理所当然由获益者本身同意及时付出代价以制止人口外流,这种办法不是没有好处的。这种明智的做法在危机时期是特别值得称道的。百年战争,和更晚些在许多边境地区的17世纪的战争,使荒无人烟的景象又重新出现,促使土地占有者变得更慷慨大方。勃艮第的比尔骑士团封地的接客修士们于1439年解放了图瓦西村的人,他们写道:"过了一些时候,所有的住房和谷仓或大部分图瓦西村的

① 当然还有一些更古老的例子,参见 De Vathaire De Guerchy 的论文,载 *Bullet. de la Soc. des Sciences Historiques de l'Yonne*,1917.

建筑被焚毁和拆除……同时也由于强迫的死手权的作祟，没有任何别的人愿住到指定的城市……因而大家都逃亡，仍然留在有自由的地方。”同样，1628 年，弗朗什孔泰地区蒙蒂勒·勒·格雷的领主不掩饰自己希望解放的乡村将“更适于居住和进行移民”，并“由此”使领主的税收成为“最大的收入”。赤贫往往是自由之母。①

而且，就一般情况来说，通过很好准备和精心构思的解放农奴，被大领主庄园的管理人员看作是一件杰出的事业，这方面最好的证据是在那些被某些强大的领主——国王如美男子腓力*及其儿子，或更晚一些的弗朗索瓦一世和亨利二世，以及大贵族如贝阿恩的加斯东·福比斯伯爵——有组织宣扬的农村中，他们引导甚至强迫其庶民迁到那里，都取得了成功。②

农奴们的情况如何呢？

“老爷……没有一样活儿我不干，为了自由我干到老，老婆孩儿得解放”，12 世纪的伟大诗人克雷蒂安·德·特鲁瓦让自己笔下的某个奴隶朗诵着这些诗句。中世纪文学作品曾描述了这些奴隶的形象，③不止一个“赤膊汉”念叨着这样的诗句。奴隶制历来不就是一个“污斑”吗？而且无疑，随着私人依赖以及保

---

① J. Carnier. *Chartes de communes et affranchissements*, t. II, p. 550. —J. Finot, *Bullet. de la Soc. d'agriculture … de la Haute-Saône*, 1880, p. 477.

* 即法王腓力四世（1268—1314 年）。——译注

② Marc Bloch, *Rois et serfs*, 1920. — Garnier, *loc. cit.*, *Introduction*. p. 207. —P. Raymond 于 1387 年就前两个协会的注⑱和注⑲所作的调查，载 *Bullet. de la Soc. des sciences … de Pau*, 1877—1878.

③ *cligès*, v. 5502 e suiv.

护和服役互相交换这种过去同奴隶条件相应的固有观念逐渐失去力量而让位于下层阶级激烈的觉悟，同时随着处于这一地位的人口日益减少，仍然保持奴隶身份的人更感孤立，比以往任何时候都更感到被人看不起，这种欲望也变得越来越使人伤心，这些卑贱的人们的呻吟几乎没有传到我们这一代。然而，这些人中有一个人却相当成功地戳穿了文献资料的隐晦：男奴隶和女奴隶很难能够结婚，一位编年史作家写道：许多年轻女奴隶因没有配偶而“枯萎”。[①] 说真的，从 14 世纪初起，虽然伪造列那狐故事的悲观主义作者谴责禁止“被剥夺的一代”[②]自由婚姻，这样的奴隶还是很多，但障碍并非一点不可克服。在领主庄园内，同一主人的奴隶，男奴隶和女奴隶相互结合，哪怕因此会使同一血缘关系的婚姻增多起来，而且在教会圣职人员的眼里，这会提供更有力的禁止的理由，因为即使不算并不违反原罪的奴隶制本身，至少他们也要谴责禁止在集团外结婚的规定。如何做到能够独立自主地在小的奴隶群体以外寻找伴侣呢？向领主付一笔钱——如果结成配偶的各方是属于不同领主的农奴，就需要向两方的领主付钱——有时，就在两个领主之间交换农奴，在 12 和 13 世纪时，大部分领主管家的家庭就是这样形成的，他们通常属于农奴阶层，但非常能干而又很富有，以至于不愿同普通农民通婚，他们就相互缔结体面的联姻。但当每个领主的农奴比

① Du Cange, *Manumissio et Recuil des Histor de France*, t XXI, p. 141; Guérard, *Cartulaire de N. D. de Paris*, t. II, p. 177, n° VII. 还有许多有名的证明材料，这里不可能一一列举。

② 见该诗第 37203 行及以下各行。

过去少时，加上在整个地区农奴的总数都变得更少时，本来糟糕的事就变得更糟了，因为自由民之间的婚姻，不得不越来越少考虑那样做，数量不多的自由出身的男人或女人打算放弃那样做，对他们自己（由于“斑疹”是传染性的）或对其孩子都同意同类人结婚，而他们的近亲则常常对此反对，这是由于荣誉感或是由于害怕有一天看到家庭的遗产陷入死手权。1467 年，香槟地区一位贫穷的女仆被证实杀害婴儿，她为自己的罪行辩解，说是因她未能按照自己的心愿结婚，其父亲拒绝她同她中意的人结合，因为这个男人是位农奴。[①] 可以肯定，像这样冷酷的父亲不是个别例子。同样，领主们怕失去自己的佃农，而对农奴来说，他们担心成为在大量已获得自由的人群中唯一仍被强制承担负担的人，成为大家所鄙视的对象，这就说明了农奴解放运动一旦引人某一地区，就会一地又一地的迅速蔓延开来。

但是他们必须购置那么昂贵的家产。如果说获得家产的愿望从 13 世纪起在各地差不多是同样的，那么其可能性在各地却相反是非常不一样的。只有卖出他们产品的农民才能弄到必需的钱，这样的农民才可能有一定的积蓄，或者是，根据他们的能力去找那些将资金投入农村的放债者，特别是在定期利息的方式下寻求那些放债者，这种利息在当时经济中起着同今天的抵押一样的作用。总之一句话，他们是生活在交换已经盛行的地方，生活在城市的市场能够吸收大量农产品的地方，货币和经营

① G. Robert, *Travaux de l'Académie de Reims*, t. CXXVI, 1908—1909, pp. 257—290.

精神在相当程度上显示已创造出一个不大不小的资本家阶级。从13世纪下半叶起，巴黎地区就已集中具备了这些特征，因此从前曾将许多人奴役的农奴制在瓦卢瓦王朝开始之前，就在那儿完全消失了。在经济条件还不太成熟的地方，这种农奴制则延续了更长时间。14世纪，巴黎的各个教会在大城市附近已没有一个农奴，而在他们香槟的庄园上却还保留着大量农奴，奥尔良修道院从圣路易时代起就解放了博斯的“赤膊汉”，在弗朗索瓦一世时取消了他们在索洛涅乡村中的死手权和结婚税，诚然，解放农奴已真的成为大量的现象，但应指出，这种解放往往不是由于这个或那个领主的个人措施，而是由于广大社会集团的特有条件，在香槟地区及中部地区各省，在勃艮第地区的公爵领地和邻近的弗朗什孔泰地区，解放农奴的运动不是急剧地发生的，而是忽快忽慢地进行着，这是我们应确切研究的，以便有一天能够描绘出它演进的曲线图，这一进程一直延续于整个16世纪的中期，无论是在两个勃艮第或中部地区，解放农奴都没有彻底完成。从16世纪下半叶起，领主们越来越像我们在以后将看到的那样一心维持自己的权力，特别是死手权，这些权力使他们获得来自土地的收益，他们停止了对解放农奴事业的同情。那些还没有获得自由的乡村越来越难以获得自由。到处是仍处于奴隶地位的人，他们一直继续存在到大革命为止。但正如人们所知道的，奴隶的地位已大不同于原来的状态。

然而，是那些纯粹经济上的原因，而不是领主裁判权的削弱，或同以前依附领主的农奴所保持的个人联系的疏松，自15世纪起引起危机，并导致领主命运的变化。

二、领主财富的危机

中世纪的最后两个世纪，是西欧和中欧农村处于灾难和荒芜的时代，人们把这说成是13世纪繁荣的代价。前一世纪的巨大政治创建——在新德意志不太大的“版图”内建立了卡佩王朝和金雀花王朝——由于它们势均力敌而导致了各种各样的战争事件，似乎一时不能完成保持治安和秩序的任务，而这本来是它们存在的理由。特别是，人群的紧缩，一系列的开荒和人口的增长，给瘟疫的盛行造成了非常有利的土壤。经历二次玫瑰战争的英吉利和几次大土地暴动的荒芜的德意志，乡村变成；不毛之地并再也没有重新出现，与法兰西形成了显明的对照，那时，法兰西正经历着一个更大的灾难，真正到了被榨干刮净的地步，百年战争的法兰西，遭到结队士兵的抢劫，忍受着扎克雷农民起义以及比起义本身更可怕的对起义的镇压所造成的荒芜，最后还要受到“人口大量死亡”的打击，而一直影响到力量的恢复。

瓦卢瓦王朝的胜利曾带来了相对的和平，但在查理七世和路易十一时期仍有继续不断的动乱，王国的大部分地区成为一片血海，当时的资料——大量简陋的但确实的证物、调查材料、教区访问记录、财产清册、自由证书或转让证书，编年史还不多——纷纷描述了农村的可怖景况，在那里“不闻鸡鸣狗吠”。多少法国人在那时都可能像卡奥尔地方的一位教士那样说：“在他的教区里，他一生中所见到的就是战争！”只要稍有守夜人的警报，人们就习惯地跑到河中的岛屿上去寻求避难之地，或是在森林中用树枝搭造窝棚，他们被迫长时期地集居在城市的城墙后，但在那里鼠疫不止一次地袭击这些赤贫的并且拥挤不堪的人，许多农民逐渐地背井离乡流落他方，卡奥尔地方的农民就大批地迁移到加龙河谷，甚至远至孔塔。各地都有一些村庄在几代人的时间中整个地被遗弃。继续有人的地方极为少见，而且也仅仅是很少一点人。在普雷阿尔卑斯、佩里戈尔和塞诺内，森林吞占了农田和葡萄园。计不胜数的教区一眼望去只是“牵牛花、荆棘和其他杂物”。原来的边界已分辨不清，到近 15 世纪末时，沃德塞尔奈修道院修士们的土地才重新开始移民，“那里没有任何男人和女人能说那儿有着他们的遗产”。

这种破坏在一些地方过了几个世纪后才恢复过来，而另一些地方则再也没有消除。在皮赛，这时期形成的荒地直到 19 世纪才再次耕种。当时，由于田地得到了复耕，但被破坏的村庄则常常还未能重建起来，因此居住非常集中。勃艮第地区贝塞的田地曾不得不分给毗邻的两个集居点的善良居民，居民点在地图上被永远抹去，那时在蒙贝利亚尔伯爵领地中 12 个被摧毁的村庄中，有 10 个村庄再也没有重现。然而，几乎到处都在重建，虽然非常缓慢。1483 年在巴黎南部的雷纳木兰，有二位农民自称是第一批——第一个已有十二三年，另一位也有了八九年——“开垦”土地的人。有时原来的居民一个跟着一个地返回故乡，而他们旧日邻居的住宅仍然是一片荆棘。在其他地方，有意于重新开发土地的领主们则招引外来的劳力：例如在普罗旺斯地区有意大利人，北部地区和勃艮第地区有萨瓦人和法兰西人，在瓦朗蒂努瓦地区和孔塔韦纳森甚至还有德意志人，在桑斯地区有布列塔尼人、利穆赞人和图赖讷人。或者是，一些流浪汉就此而定居下来，如1457年，三个诺曼底的贫汉就构成了巴黎附近马尼小村庄的全部人口。在加蒂奈沼泽地的拉沙佩勒一拉雷讷，1480年的居民中有二人来自博若莱，另一人来自安茹，第四个人来自图赖讷。在离此不远的沃杜埃，最初的开垦者中有一人是诺曼底人。在同一个小小行政区中的弗洛蒙，情况也是一样。人口繁殖的中断是那么长久，移民的优势是那么强，以至于产生了好像是农业记忆上的一大裂口：在加蒂奈的勒克罗兹，从14世纪到15世纪，各处的地名几乎都改变了。在如此的人群混杂面前，如何毫无保留地相信农村人口会与城市的杂混相反，会完全保持种族的纯一？重新占据土地的事业一直不断继续到16世纪的头二三十年，那种毅力和生动的情景仍然引起现代人们记忆犹新的印象。①

农民经受了难忍的痛苦，但总的来说，这种重建的活动对他们却还是有利的。为了确保人口滋生以获得佃租收入来源，领主们往往同意给予相当可观的好处，有些好处是能马上得到的，如暂时免除负担、借给工具或种子，另一些好处则是较长期性的，如各种免税、很低的货币地租率。1395年，圣日耳曼德普莱的修士曾徒

① 危机和重建的情况还没有得到足够的研究，我这里仅对参考书目所列地方专著中所没有提到的这方面的一些情况给予注释。H. Denifle, *La désolation de églises*, t. II, 2, 1899, pp. 821—845. —J. Maubourguet, *Sarlat et le Périgord méridional*, t, II, 1930, p. 131. —J. Quantin, *Mémoires lus à la Sorbonne*, *Histoire et Philosophie*, 1865(Sénonais). —Roserot, *Dictionnaire topographique du département de la Côte d'Or*, p. 35; Arch, de la C. d'Or, E 1782 et 1783(Bessey). —C. D. *Les villages ruinés du comté de Montbéliard*, 1847. —*Bulletin de la Soc. des Sciences historiques de Yonne*, 1925, p. 167 et 184(Puisaye). —Ch. H. Waddington, *Annales de la Société Historique et Archéologique du Gâtinais*, t. XXXIX, 1929, p. 14 et suiv. (Gâtinais).

劳地试图首先重建他们各自在瓦朗通的葡萄园，他们提供一阿尔邦*仅8苏**租金的土地，从1456年开始又作了新的尝试。尽管这期间货币已大大丧失其金属含值，这一次必须稳定地维持比4苏更低的租金，这样的代价明显地取得了成功。[①] 领主们可以合法地随意占有那些长期没有被耕种的土地，他们常常采取使人承认这种权利的预防措施，不过他们这么做是为了能将这些荒地分配给新的佃户，而不等待原来耕种者的可能归来，他们并不打算给自己专门增加一份地。在这时期，也看不到他们有任何努力去广泛使用直接开发或以临时租种去代替永久租地。领主们按照以前的日常规则，往往以周围的许多小块耕地围绕中等规模的公共地产，通过这样的方式建立起新的领主庄园。诚然，农民的生活在危机过后仍然非常艰苦。英国人福蒂斯丘在路易十一时期曾对比他自己的国家和我国农村群众的状况，他在法国这块记事牌上抹上了更为暗淡的色彩。这有许多原因。他强调了压在我国农民身上越来越沉重的负担，如皇家的赋税。他尽管是一个细心的法学家，但还是忘记了主要的一点，即除了受税捐的重压、恶食破衫，以及对起居舒适与否满不在乎外，我国的乡民至少没有中断持有自己作为“产业”的土地。

大量的农民何以能够幸运地摆脱了几乎是致命的灾难呢？无疑，他们终究是从留下苦难痕迹的耕地中获益，而且也从死神那里获益，因为死亡使他们的行列变得稀疏。劳动力因缺少而变得昂

* 1阿尔邦(arpent)相当于20—50公亩。——译注

** 1苏(sou)相当于1/20法郎，即5生丁。——译注

① Olivier Martin, *Histoire de la coutume de Paris*, t. I, 1922, pp. 400—401.

贵起来，在农村也如同在城市一样，工资经常不断地上涨，尽管有皇帝敕令和地方政府命令，阻止工资上涨的企图只是徒劳，这些法令与我们留下了这方面的证据。查理五世时期，我们可以看到由于日工资的涨价，许多短工得以获得土地。[①] 假如领主对“使用雇工”经营一个大农庄有兴趣，那要花费很大的代价。这一原因使得领主宁可把土地分配出去，但是由于土地重新变得数量众多，而人力却又缺少，为了招引佃农，就不能对这些佃农提出过多的要求，特别是要保证他们对土地具有继承权，他们习惯于有这种权利，没有阻力他们不会放弃这种权利。

然而，这些合乎逻辑的考虑并不说明一切。在 17 世纪，重新燃起的战火导致某些省如勃艮第、洛林完全同样的毁坏，土地荆棘丛生，田界丧失殆尽不再能够辨认，村庄变得空无人烟，在这些村庄的废墟中，不幸的人们回复到最原始的生活方式，依靠渔猎为生，恢复非常缓慢，部分是依赖外来人才重建起来。这一次，领主们懂得了如何使重建工作朝着有利于自己的方向进行。因为那时已经面目一新和富有的领主阶级意识到了自己的力量，并创造了比过去大为完善了的经营方法。相反，在中世纪末，在小农庄经营者之上的只是一个微弱的阶级，他们的财产被大大削弱了，他们的精神状态使自己只具有适应没有先例的情况的一般能力。

* * *

他们的财产，首先在乡村的不幸中受到打击。无疑，对世俗贵族阶级，战争却起码使他们受益。骑士阶级则既不怕惩罚，也不怕

① L. Delisle, *Mandements… de Charles V*, 1874, n°625.

抢掠，在1382年，查理六世曾在默伦集合一支军队，打算用来惩罚不顺从的巴黎，我们可以看到集合在国王旌麾下的贵族纷纷带着自己的四轮马车，他们想用它去装运征服这个大城市后的战利品①。无论是这种谁也说不准的，并且要遭受许多残酷报复的收获，还是那种由宫廷支付抚恤金，大大小小的贵族为使其收支平衡已越来越惯于索求钱财，宫廷的年金，已不如那么多地租、人头税或什一税的收入来得正常和可靠，可惜时代的苦难已将它减至到消失了？大部分贵族没有存钱，也不可自我强制储蓄，许多家史悠久的领主到百年战争快结束时，已经是只能靠临时弄钱生活。至于宗教团体，它们已经到了只能勉强养活少数教士的地步。

再有，原有的税是不是意外地继续在交纳？或是又重新恢复了征收？假如它们是以现金征收——除什一税以外，从13世纪以来经常就是这样——但它们的现实价值已远远不及以前。从15世纪末起，价值下降很大，在下一世纪中，价值更以骇人的速度下降了。货币价值的暴跌是使领主阶级一时变穷的主要原因。这一情况应分为性质上和时间上都很不相同的两个阶段，但其后果则交织在一起：首先是记账货币贬值，然后是货币金属降低了价值。②

① Chronique des quatre premiers Valois，éd. S. Luce，1862，p. 302.

② 希望读者对这一货币史的梗概叙述的不充分予以原谅。没有比货币经济史更模糊不清、更难于理解的东西了，特别是有关中世纪末或16世纪大危机时的“有关财产转移”的情况。可是，也没有人比我们对旧法兰西的社会生活特别是农村生活认识得更多，我不得不扼要地指出，货币变动的最大特征，就是其本身就非常复杂，所谓扼要，也就是就只是以一种非常简单的说明方式，假如要做得更好，就必须有长期的讨论，在这里就完全不属于本题之内了。

继承下来的复杂的货币传统，被加洛林王朝时代的人系统化，旧法兰西以利佛尔、苏和德尼埃等货币单位来计算。这三种货币单位间的比值是不变的：1利佛尔等于20苏，1苏等于12德尼埃。但是在长时期中，就其金属方面来说，这些货币没有一种是稳值的。在几个世纪里，在法国铸造的只有德尼埃。[①] 它们的名义价值总是一样的，而它们的贵金属含量则相反，在各个地方各个时期变动极为频繁。就总的说，德巴埃的贵金属含量是大大降低了。在圣路易时期，一个德尼埃已成为微不足道的东西——特别是在一个货币流通比过去频繁得多的社会里——它已几乎只能当作铜币使用，并且实际上在以后也只限于起这种作用。君主制度几乎一直控制着货币的铸造，这时开始铸造具有更高贵金属含量的重币，其基本价值也更高；一些用银铸造，另一些硬币则用黄金铸造。但是这一不可避免的改革最终仅仅是增加了支付手段的不稳定性，因为在这些货币中，按照过去的习惯，一律都缺少任何表明其市价的标记，它们的名称本身，如格罗、埃居、阿奈尔、法郎、路易等只是表明一种货币的种类，而不表明其价值。另方面，利佛尔同其辅币之间是抽象的量度，由唯一的国家铸造者规定比例关系，例如一个一定种类的硬币被看作代表多少利佛尔、苏和德尼埃，这种比价关系完全是随意定的，可以变动，实际上也在变动。一会儿，这些货币变“弱”了，也就是说，同量的金属从此后作为记账单位代表

① 这并不是说，所有涉及货币的支付，或至少货币符号的支付都是使用德尼埃，我这里不说用实物支付。虽然实物也具有货币的价值，也不谈使用金属铸块的情况，大量的支付常常使用外国金币，如用拜占庭或阿拉伯金币支付，但是上述后一种支付方式不应用于领主的地租。我希望能在别处更详细地来讨论这些棘手的流通问题。

着更大的数目(因此,记账单位只具有更“低”的价值),一会儿,由于一个相反的记账方法,货币又变“强”了。在1337年1月1日正好值一个利佛尔的同等重量的黄金,到10月31日后却记为1利佛尔3苏$1\frac{7}{9}$德尼埃;利佛尔贬值了。1346年4月27日,这时利佛尔的价值大大提高后,同量的货币金属这时就只相当于16苏8德尼埃。有许多原因使得统治当局采取这样的措施,但对我们来说往往难以区别出其中是哪些原因。这些措施导致铸造新的货币,对统治者来说,它们成为可观的利润的来源。这些措施正好改变了国家债务和债权的平衡,也使得两种贵金属的实际价格及其法定比价重新得到调整,这是复本位制经常要解决的问题。当由于磨损或者被非常狡诈的投机商的凿削,而使得流通中的硬币的净金属含量低于从铸造厂出厂时的含量时,这种“弱化”导致金属的官价重新回升到它的实际价格。最后,在金融技术还完全处在原始状态的时代,不懂得运用银行券和以浮动利率运用贴现的奥妙时,“转移”是国家唯一的或几乎是唯一的手段,它使国家得以在流通中活动。在很长时期中,货币波动的曲线丝毫没有平稳。结果,货币变“弱”成为主要的趋势,而且是大大的趋弱。下列数字明显地表明了这种变弱已经达到了什么样的程度:“骑士比武图案”的利佛尔,这是一种基本记账单位货币,在1258年它代表相当于我国货币112.22法郎的黄金价值,到1360年时仅值64.10法郎,1465年时值40.68法郎,1561年时值21.64法郎,1666年时值9.39法郎,1774年时值5.16法郎,到1793年废除旧货币制度前夕,已仅值4.82法郎。撇开这些数字的某些较强点外,从1359年

起，利佛尔降低了含金量，只相当于今天的29.71法郎，在1720年时，只值2.06法郎。银市的曲线在各方面都相类似。[①]

所有支付活动特别是领主的租税，原则上仍用记账货币来表示——但保留某些既成的商业合同的特别条款——佃农用不到携带那样重量的黄金或白银，而只需支付相等值的利佛尔、苏或德尼埃。租金的数量，虽然丝毫不表明固定的现实，但其本身却几乎普遍地得到遵守不予改变。因为它是由习惯，有时则由口头规定，但经常是，并愈来愈经常是通过书面文字形成法典化，在任何情况下都不得违反，出于需要，法庭可以出面使其得到遵守。在中世纪的通行语言中，租金不就是称为“习惯”吗？那应该支付租金的人不就是被叫做“习惯者”吗？由此，一个在1258年收租为1利佛尔的领主，他的继承者在1465年继续收取同一数目；但是在1258年，老领主按黄金价值征收大约为112法郎的租税，而到1465年，他的继承者只能征收相当40法郎的黄金价值。同样，在今天，1913年签订的一项契约债务继续以“法郎”清算，对债权人就要损失或将近损失4/5。这样，同法律形态相结合表现为习惯，同经济形态相结合则表现为货币单位的贬值，农民渐渐感到自己的负担减轻，

① 这里借用的数字来源于N. De Wailly在*Mém. de l'Acad. des Inscrip-tiors*, t. XXI,2, 1857,但作了下列修正：1.按新货币法的法郎价值计算；2.由于这一原因，不得不只考虑旧记账单位的黄金的价值，这是现行单本位制所几乎必须注意的，它有着各种不便，我知道，银的含量并不总是按照金的含量的比例而变的，而作为国际交换手段的金的法定价格常常是远离它的贸易市价（一般是偏低），最后，领主的租税几乎总是用银来支付，幸而这里仅仅涉及量的范畴，不会有错误的可能；3.我坚决舍去百分数以下的小数，这些小数仅能给予数学上的但却完全是走了样的精确意义，自然，我不关心1577年政府所作的取消用利佛尔、苏和德尼埃计算的企图。

要是他们出卖自己的劳力或出售其产品，他们的收益不再服从于任何习惯的约束，从而能够保持在新的基准水平之上，而领主们则慢慢地变得贫乏。

演变是缓慢的，在开初还意识不到。13 世纪末和 14 世纪初最好地表现了这一点。如同从铸币使用扩大以来人们所自觉地做的那样，许多领主的管家继续推行以支付银子来代替实物租税，这样，最活跃的交换手段代替了一贯的以需要的食物的实物交换。我们现在有充分的理由知道当价值本位在名义上仍然没有变化时，人们长期闭眼看不见它真正的贬值，似乎名词胜过了现实，但人们迟早总会醒悟。人们可以大致正确地确定，15 世纪初是舆论意识到地租普遍降低了价值的时期。国王或王族的敕谕（在布列塔尼、勃艮第）对这种现象作了很清楚的描述。[①] 作家们把这种意识扩散到了民众之中。没有人比阿兰·夏蒂埃更有力地表现了这点，让我们听听他在 1422 年写的一本书中通过一个“骑士”的口发出的抱怨：“普通老百姓得到了更多的好处，他们的钱袋就像一个蓄水池，将这个王国中所有富人的河水和溪流装了又装……因为货币的贬值缩减了他们该支付的赋税和佃租的总数量，他们自己定的出卖食品和劳力的价格却昂贵得吓人，这一价格使他们每天都能获得并积攒财富。”[②]一种经济运动开始被人感知的日子，是一个值得注意的日子，因为从这时起，冲突便成为可能，但是，发现并实行医治这种隐伏的损失的可能方法却不是历史留给阿兰·夏

① *Ordonnances*, t. XI, p. 132. —L. Lièvre, *La monnaie et le change en Bourgogne*, 1929, p. 49, n°1. —Planiol, *La très ancienne coutume*, 1896, p. 386.

② *Le Quadriloge invectif*, éd. E. Droz, 1923, p. 30.

蒂埃的骑士及其同时代人的任务。在战斗未真正进行之前,对贬值的最初原因还将再加上结果更意外的另一种原因。

了解货币的金属含量是有用的,这比能够估计货币的购买力更令人感兴趣。但很遗憾,在目前的研究状况下,我们对中世纪这方面的情况还只能作一些推测。同时,在一个经济上还很分散的国家,货币的交换价值在各地区必然是极其不同的。此外,在百年战争期间,所有为我们留下的数字材料所示市场上货币交换价值经常突然地和剧烈地摆动,“战争的结果”很容易解释这一点。相反,在近 1500 年时,价格到处都跌得很低。领主在金银的收入上(主要是银,黄金只用于大宗的支付)少于过去,但少量的贵金属却使领主能够获得他们在不久前所得不到的同等量的财富。补偿虽不足以恢复平衡,但也不可小看。在 16 世纪期间,事物完全变了样。首先加紧开采中欧矿藏,接着是更大规模地投资于美洲的矿产宝藏,特别是在 1545 年发现了波托西* 令人神奇的银矿之后,金属货币的数量大大增加,同时,流通速度的迅速加快也大大增加了可应用的金属货币,而这又引起物价的极度上涨。物价上涨的总的趋势在整个欧洲都可以感到,在法国则始于 1530 年左右。据拉沃计算,在普瓦图 1 利佛尔的购买力,在路易十一时代约相当于我们现在的货币 285 法郎,在亨利二世时代,它跌落到 135 法郎,而在亨利四世时代竟只相当于现在的 63 法郎。一个半世纪中,由于利佛尔这一虚构货币单位的含金属量的丧失和价格上涨的混合结果,它贬值了 3/4 以上。货币的动荡,对直接或非直接依靠土地

* 波托西,玻利维亚地名。——译注

生活的居民中的不同阶级产生着不同的影响。生产者几乎没有受到什么影响，但有两个阶级受到了严重的损害，首先是农村短工由于人口的复苏，劳动力显得不那么缺少了，他们现在感到自己的工资迟迟才能跟上物价的上涨；其次是领主，他们是一群寄生者。迈什河畔沙蒂永地区弗朗什孔泰的领地给领主带来的收入，在 1550 年为 1673 法郎，到 1600 年为 2333 法郎，增加近 150%，这表明，不仅是管家，实际上尤其是领主都尽可能地为此操了心。在这一经济长期落后的地区，领主或是在税收形式下，或是在领地产品的形式下，收入更多的农产品，并将其出售，这种情况是相对有利的。但是，在同一地区，在上述两个时期之中，仅仅小麦的价格就上涨了 200%。在这一地区，除某些例外，初看之下这些数字似乎是有利的，但审核一下经济实际状况就显露出实是损失。①

并非所有领主的财产都受到同样的打击。大部分教会机构把什一税积聚在自己手中，这种可观的收益仍然是恒久不变的。在一些远离经济潮流影响的省份，改变原始的实物地租为交纳银币只具有很小的规模，其它地方的领主，特别是小采地占有者在这儿保留了相当大一部分自己的领地。由于奇怪的复旧，贵族在这些地区遭受的损失小于从前的富裕地区，在那些地区一切都建立在货币之上。在别的地方，货币地租的普遍提高，使他们的损失并不那么令人沮丧，享有什一税或实物地租，还得到由国家和法庭担负

① 贵族财产衰落的另一个原因是分产的结果，长子继承权远没有以前人们所以为的那样普遍实行。参见 Y. Bezard, *La vie rurale dans le sud de la région parisienne*, p. 71 et suiv.；Ripert-Montclar, *Cartulaire de la commanderie de Richerenches*, 1907, p. CXXXIX et suiv.；普罗旺斯的例子请见本书后面第 163 页。

的额外财源，这一切使得一些家庭不用很艰苦地承受一时的困难，并且随后就解决了这些困难。货币贬值并未敲响旧贵族的丧钟。确实，许多古老的家族是趋向了衰落。某些家族只是靠暂时抛弃自己的社会地位而重操旧业做买卖，才避免了悲惨的结局。此外，更多的人则是经历了一个又一个危机，只是通过牺牲一部分家产才最后逃脱了没落的命运。

因此，那些旧世家的贵族们苦于缺少钱财，他们往往靠借钱度日，有时就典卖或抵押土地，但如何来偿还这些债务呢？他们不得不向其债主或向别的买主出卖一些田地甚至庄园，换几个钱以消除这些逼得很紧的债务。那么，新庄园主又来自于那些社会阶层呢？这要问钱是从哪儿来的。城堡、堂区教堂中的圣席、绞刑架（这也是高级裁判权的标志）、贡赋、人头税和死手权，所有这一切旧等级制度的荣耀和利益，差不多总是不断地扩大着市民阶级的产业和威势，这些市民的发迹是在贸易和封官授爵中实现的，他们由于封爵或即将被授予爵位而成为领主，例如在里昂周围以至福雷、博若莱和多菲内等地，男爵领地、小贵族领地以及各种封地都集中到了在香料业、制呢业、采矿或银行业中发了财的里昂贵族的大家族手中，这些贵族出身于法兰西人家族，如卡米家族、洛朗森家族、维诺勒家族、瓦雷家族，甚至有一些是意大利人，如加达涅家族、贡第家族，还有日耳曼人如克莱贝尔家族。波旁王室出售的或被没收产业后拍卖的 40 个领主庄园中，仅有 3 处庄园被旧世家贵族所收买。假如就同传说的那样，呢绒商的儿子、小酒店老板的孙子、货币兑换商克洛德·洛朗森从路易十一的女儿手中购得了男爵领地，并真的费尽心机才取得了他的新附庸的效忠，那也没有什

么了不起的地方。他的妻子也从而成为陪伴王后的贵妇人，他的儿子也当上了国王的首席神甫。[①] 领主制度没有受到损害，而且也没有推迟它新的发展，但是，领主的财产在广泛程度上已经易手。

可是，我们丝毫不是如人们所做的那样要说已经出现了"想占有土地的新追求者资产阶级"。自从产生资产阶级以来，人们看到，该阶级的成员不仅在城市周围大量地占有农业财产，而且他们中的一些最卓越的人物逐步地进入了领主阶层。香槟伯爵的侍从勒尼埃·阿科尔是资产者，无疑，在管理拉尼集市中发了财的奥尔日蒙家族也是资产者，还有鲁昂葡萄酒商、包税人和高利贷者罗贝尔·阿洛格也是资产者。他们之中，阿科尔首先在 13 世纪，其他人则在 14 世纪和 15 世纪都建立起领主产业。而在弗朗索瓦一世时的卡米家族和洛朗森家族是瞧不起这些产业的[②]，从未有过大量的人像他们那样进入领主阶层。而且，也没有再重现过这种情况。在 17 世纪，社会等级集团已经又是半关闭状态了。当然，社会等级集团还会容纳新的成员，但是，总的说，数量上已不大，变化的速度也不快。在法国的社会史中，尤其在其农村史中，没有什么比资产者占有土地更具有决定意义的了，资产者是那么迅速地巩固了自己在农村中的地位。14 世纪是以激烈的对抗旧贵族为其特点。"在这一非贵族反对贵族的战争"——这是当时的说法——

① A. Vachez, *Histoire de l'acquisition des terres nobles par les roturiers dans les provinces du Lyonnais, Forez et Beaujolais*, 1891.

② Bourquelet 提供的资料很不充分，载 *Biblioth. de l'Ecole des Chartes*, 1867. —L. Mirot, *Les d'Orgemont*, 1913. —Beaurepaire, *Notes et documents sur l'état des campagnes en Normandie*, p. 491.

中,资产者和平民往往联合在一起。埃蒂安·马塞尔* 曾经同雅克团结成联盟,比之于朗格多克乡村的"蒂香家族",尼姆的殷商富贾对当地的骑士阶级没有更温和一些的感情。经过一个世纪或者一个半世纪,当时的埃蒂安·马塞尔们经过国王的授爵而从此成为贵族,同时通过经济上的转变而成为领主。整个资产者的力量——至少是资产阶级的上层和企望上升到上层的资产者——支撑了领主大厦。但是,新的人有着新的精神。商人、包税人、国王和大领主们的债主,惯于细心地、奸诈而大胆地经营动产,他们成为原来土地食利者的后继人,但是他们既不改变自己智巧的习惯,也不改变自己勃勃的雄心。他们以一种新的精神用于其新获得的财富的管理,他们的榜样,为那些真正高尚的仍保留着遗产的贵族带来值得学习的新精神。有时,他们的女儿也成为已经破产的贵族所追求的有利的联姻对象,而将这种新精神带入旧的家族内(在这些家族内常常是由一些女主人守护家产),这就是一种事业家的精神,惯于计算收益和损失,一有机会就可能作冒险的支出,虽暂时无利可得,但寄希望于未来的收益,率直地讲,这就是资本家的精神。成为改变领主经营方法的胚芽也正就是这种精神。

三、"领主的反对势力":大土地所有者和小土地所有者

地租的贬值是全欧洲的现象,多多少少有些变化的领主阶级

* 埃蒂安·马塞尔(1316—1358 年),法国政客。——译注

为了重新恢复财富而作出各种努力也是全欧洲性的。在德意志、英格兰、波兰，如同在法兰西一样，相同的经济悲剧提出了类似的问题。但是，各国的社会政治条件却不一样，因而为被损的利益作出的行动也采取了不同的形式。

在东德意志，易北河以东地区，如同向东延伸的斯拉夫人地区，整个旧领主制度发生了改变，确立了新的制度，没有了地租。这没有什么关系！小贵族地主自己生产和销售小麦，他们剥夺农民的田地，集中在自己手中。大的农庄经营建立了起来，其周围继续存在着相当多的小农户，他们为大农庄保证了可供征役的众多的劳力。越来越紧密的联系把农民统一到主人的支配之下，使他们为他提供强制的无偿的劳动。领地吞食着并榨干了租地。在英格兰则是另一种显然不同的演变过程。诚然，在那里也同样靠广泛地牺牲农民的土地和公有土地来进行自行经营农田的开发。但是，英国的地主在很广泛的程度上依然是食租者。不过大部分地租不再固定不变。小土地经营的转让最多只能在一定时期内进行，而且经常要听从领主的意志。在每一次改变地租时，再没有比将租金调整得同经济行情相一致更简单的了。因此，在欧洲的两端，基本特征是相同的：构成危机主要原因的终身租地制已被人们所抛弃了。

然而，在这种粗暴形式下，法国却做不到这点。为了简要地说明这一点，我们先把东德意志和波兰撇在一边，那里的社会结构使领主阶级握有许多权力，但与我国的君主制度则迥然不同。我国现在只同英国的情况作些比较。在英吉利海峡两边，总的说，约始于 13 世纪的起点是相同的，适用于各个领地的习惯法，庇护了农民实际上也就保证了农民有继承权。但是，哪一个统治当局关心过使人们尊重这种习惯法呢？这里，存在着非常强烈的对比，英国君主政体从12世纪起就以特别的力量建立了它的司法权，它的法庭高居于原自由民法庭和领主裁判权之上，整个国家都置于它之下。但这种罕见的早熟现象必然要付出代价。在12世纪时，依附关系还很强，在领主与其直接的臣民之间，人们绝不能容许，甚至设想插入一个外来者，哪怕他是国王。在领主的"采邑"中——在英国，人们这样称呼他的土地——领主在金雀花王朝期间完全不惩办凶杀罪，这是属于公法的罪行。领主的"农民"靠缴纳佃租和服劳役而握有领主的田地，在许多案子中，农民是被送交国家法庭，但所有涉及他们租地的事，就只由领主自己或其法庭进行裁判。自然，按习惯法，领主的法庭是能够作判决的，它常常这样作出判决或相信自己作出了判决。但如果习惯法没有成文，它实际上是什么呢？不就是一条判例作规则吗？当领地的审判官倾向于按有利于主人利益的前例作出裁判时，人们是不会感到惊愕的。在14和15世纪，领主法庭审判官越来越不愿承认农民对租地的继承权，而习惯于由土地证书——土地保有权证书——来确认租地，因为租地只能通过登录簿才能在领主的土地名册中得到证明。诚然，到15世纪末，国王的法官才有机会最终越过古老的障碍，得以干预领地内部的事务。但即使如此，他们也只能在不同的土地惯例的基础上作出自己的判决，而这些原封不动地交给他们的惯例，几乎已经完全变了样。他们承认各地最大多数的农民对土地的占有并不牢靠。

在法国，国工司法权的发展较迟，比英国整整延迟了 个世纪，而且沿着完全不同的道路演变。常常不是在这儿处理一个“案件”，就是在那儿解决这样那样的对土地的要求。从13世纪以后，国王法庭逐渐地蚕食了领主裁判权，尽管没有什么重大的立法措施可同金雀花王朝的“刑事法庭”相比，而且对法律问题很少有全面的看法，但两者之间已不再有不可逾越的鸿沟了。从原则上讲，领主和佃农之间的诉讼案件从来没有被排斥过。从一开始，国王的人员只要一有机会就毫不犹豫地受理这些诉讼。他们对这些案子进行审判，不言而喻，审判是根据当地惯例进行的，在这种方式下，他们往往作出规定由农民负担诉讼费用，并且一直就沿袭了下来，有时，这种权力的滥用就变成了先例，农民的负担加重了，但是，农民最重要的好处是至少保留了租地的继承权。租地继承权经由法官的保证得以巩固，并到了16世纪成为一种富有美德的习俗，从此后不容再有争议。自从在学院中教授查士丁尼*法典以来，法官们十分关注一个严重的术语问题。领主庄园组织以及在它之上的封建制度把一种建立于习惯或契约上的重叠的物权等级制强加在所有的土地上，在这种物权范围内一切都同样得到遵守，没有任何一项法权对平民财产具有绝对的居支配地位的性质。实际上，在许多世纪中，所有有关土地权的诉讼或有关土地收益的诉讼都是以“法定占有”为依据，而从来不是以所有权为依据，也就是说，土地占有的合法性受传统习惯保护。但是罗马的法类法专横地束缚住了学者们。究竟谁是封地的所有者？是领主还是附臣？

* 查士丁尼（公元483—565年），拜占庭皇帝，曾重订《罗马法》，公布《查士丁尼法典》、《法学总论》等。——译注

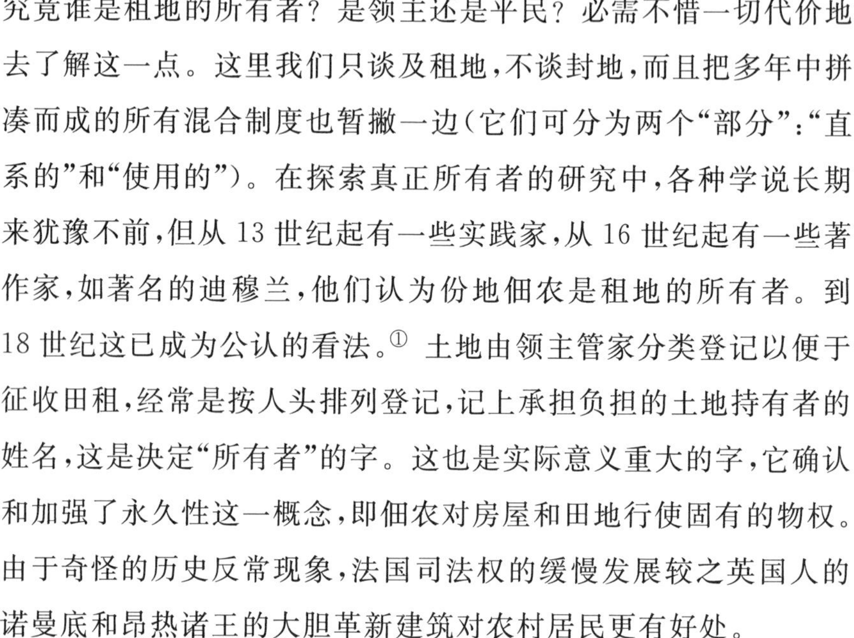

究竟谁是租地的所有者？是领主还是平民？必需不惜一切代价地去了解这一点。这里我们只谈及租地，不谈封地，而且把多年中拼凑而成的所有混合制度也暂撇一边（它们可分为两个“部分”：“直系的”和“使用的”）。在探索真正所有者的研究中，各种学说长期来犹豫不前，但从13世纪起有一些实践家，从16世纪起有一些著作家，如著名的迪穆兰，他们认为份地佃农是租地的所有者。到18世纪这已成为公认的看法。① 土地由领主管家分类登记以便于征收田租，经常是按人头排列登记，记上承担负担的土地持有者的姓名，这是决定“所有者”的字。这也是实际意义重大的字，它确认和加强了永久性这一概念，即佃农对房屋和田地行使固有的物权。由于奇怪的历史反常现象，法国司法权的缓慢发展较之英国人的诺曼底和昂热诸王的大胆革新建筑对农村居民更有好处。

由于经济转变带来的严重后果，法国的领主在法律上已不能独占土地，然而他们是否因此而放下武器呢？谁若相信这一点，那他就是没有理解到，耕地占有者还在资产阶级处境中就已形成的精神状态，已在他们新进入的阶级中扩散，只是他们的方法变得更

① 在习俗中有一些老例子：R. Merlet, *Cartulaire du Grand-Beaulieu*, 1907 n° CCCXXI,1241（那里的土地占有者同永久佃农完全是同义的）. Arch. de Seine et Oise H, fonds de livry,1(1296). 有关15世纪的情况。见 J. Legras, *Le bowrgage de Caen*, 1911,p, 126 n. 1;220 n. 2; R. Latouche, *La vie en Bas-Quercy*,p. 72。在法律文学中，这方面的倾向是从 J. d'Ableiges 开始的（尤其在 II,c. XXIV). —Dumoulin, *Œuvres*,éd. de 1681,t. I,p. 603. —Pothier, *Traité du droit de domaine*, ch. 3,Cf. Championnière, *De la propriété des eaux courantes*, 1846,p. 148. ——当然，不难列举更多的情况，表明佃农是非地产的所有者，而是持有土地权的占有者，认真的说，中世纪所理解的不动产所有制正是处于这种形式下—— 是占有物权，而不是直接占有不动产。

狡猾和更灵活。真正的领主权远没有失去其全部价值，只是领主权的收益已大大下降。不能通过更吝啬的管理来取得较好的收益吗？使领主很少变成经营者而更多地变成食利者的制度，已在长期中显示是前途不佳的制度。为什么不试图开倒车呢？既然暴力已不可能，为什么不在没有暴力的情况下顽强而机智地去努力重建庄园呢？

*　　　　*　　　　*

许多原来的佃租，恰恰由于收益不多以及由于动乱经常波及许多贵族，到中世纪末期已经逐步地停止了征收。领主不仅失去了通常价值不大的年赋收入，而且更为严重的是失去了一种希望，当有一天由于死亡或让与土地需要易手时，他们就不能证明自己征收财产转移税的权力，这种转移税，在一般情况下按习惯法是固定不变的，但要征收较高的税率。人们有时已搞不清某块小田块究竟是属于哪个领主庄园。在 16 世纪，这已不是个别情况，在以后的几个世纪中也能碰到这种情况——“领地从属关系”错综复杂到如此程度，因而很难确切地说明它们的界线——但已越来越不经常出现了。会计、清点财产等正确的事务办理法渗透到了庄园的管理工作中。无疑，自从领主庄园存在以来，人们就懂得不时进行阶段回顾和把权利写入条文是很必要的。可能继承了罗马传统的加洛林王朝的“记事摺”首先表明了对这一点的注意。同样，10 世纪和 11 世纪的极度骚乱过去之后，出现的许多“征税人员”和“税吏”也证明了这一点。但是，自从百年战争之后的巨大的重建工作开始以来，这类文契就大大增加，同一块地就重复订约，而且期限越来越短，形式越来越细致和有系统。说真的，这种情况有一

点不足之处，就是花费太昂贵。谁支付这些花费？税收条例希望份地佃农也同处于较高社会阶层的封地附臣那样，在一定时候进行的情况调查时，也对领主“供认”他的财产和债务状况。税吏能够很简单地综合一系列效忠书，那么由纳税人来承担费用有什么不好？然而，在份地上，效忠书通常是一种特殊的例外的方式，税吏常常再次誊抄这些效忠书，并大胆地更加加重负担。事实上，人们依照古老的法律准则抽取新的负担。法学上的解释似乎是犹豫不决的，这种解释从来都没有统一过，同时，在法国大革命前旧王朝时代一次次最高法院的裁判中，极少见解释一致。但是，从17世纪以来，在王国的大部分地区，法学的解释决定承认领主有权向他们要求收回——每30年，有的地方是每20年——那些令人可怕的规定他们隶属地的契约的更新所花费的全部或部分费用（比例多少按省份的不同而异）。[①] 从此，面对着一种毫不值钱或只值微不足道的钱但却肯定能带来好处的劳动力，人们还会退却吗？完整的技术方法被创造出来了。在18世纪，人们写出大部头的专题著作并编辑成册，同时，出现了善于在多如牛毛的税收中开辟道路的专门人员："特派员"。很快，没有一个领主城堡图书馆和修道院图书室中，人们不看到架上成行地排列着用羊皮或仿羊皮封面装帧的各种登记册——“土地赋税簿籍”、“土地丈量册”、“市场录”，这些名词无休止地变换，方式也千差万别——最古老的登记册照例是不幸地潦草涂划，而最近的登记册则是用鹅毛笔以雅致

① Guyot 的 *Répertoire* 中有关“税吏”词条。关于法学上解释的变化，参见 O. Martin：*Histoire de la coutume de Paris*，t. I，p. 406.

而清晰的书写体书写的，自 17 世纪末以后，人们越来越经常地同时放入“几何平面图”或地图集，因为数学方法已直接应用于测量土地，为经济服务。多亏一代又一代的连续清查，领主庄园的网络又较快并有力地收紧起来，没有任何一种权利哪怕是十分细小的权利，会因时效问题而丢失。

还有，在对旧的数目进行核对中，在搜集领主抽屉里的所有现钱的工作中，人的欲望是那么强烈，这里，要使已经被废除的旧的权力重新恢复，那里，又应把权力运用于一直逃避了该地区一般义务的土地上；在另外的地方，要从始终处于是暗中的法律结局中获取某些好处，甚至简直要在像一束乱麻的法律中塞入完全新的负担。对研究封建法律的专家或领主庄园的司法人员，这是多么的光荣！对一种好的职业名声，这在根本上是多么的有用！这如同给雇主送了一份同样的礼物！还加上直接的利润。因为，那些特派员们照常收取“发现”的欠款，“他们发现得很多”。[①] 1769 年孔泰亲王的代表写道：“在布略勒(Brieulles)，一切都大大变了样。”那时这位代表刚完成这块土地的“清单”。人们曾向他显示一份较旧的资料，显然不太有利于“他尊贵的殿下”：“没有丝毫收益，一片乱七八糟”，今后他必需谨防转让给“任何人”。[②] 惯例变化不定就可以做手脚。确实，在这一片乱如密林的紊乱中，最真挚可靠的人

① Rapport des commissaires civils dans le Lot，1791 年 3 月 15 日，载 *Arch. Parlementaire*，t. XXV，p. 288.

② Lettre (1769 年 12 月 2 日)，en tête du terrier de 1681：Chantilly，reg. E 41. 这一遭到不公正对待的土地赋税册籍是克莱蒙地区一系列古代文献中唯一保存下来的作品，其它材料可能都被亲王的侍从们强令毁掉了。

也可以不再总是需要了解哪一步才算是开始滥用权力——因为考虑到现存的社会秩序，要抹掉旧的负担有损于权力，此外，当领主指控农民——一位奥弗涅的夫人说道："这是些极其狡猾的人。"[①]——时，领主们并不总是有错。每一次他们都能躲避公认的明摆着的债务：在相互斗争的社会力量之间，不可避免地存在着法律上的异解。缺乏白金和恒范钢，还有什么比计量标准更难以确定、更摇摆不定的事吗？修改一下装量实物地租或什一税的量器就能多赚几袋粮食，18 世纪时布列塔尼的某个修道院就是这样做的。通过巧妙的表现增加并满足新的经济需求的是附加税，而不是土地的收益。罗昂公爵领地的农民一年四季都向领主庄园的谷仓缴纳税粮。但是在 17 世纪，布列塔尼的领主庄园则进入到或回归到了交换经济的周转中。一切都如波罗的海沿岸的小贵族地主那样，公爵贵族摇身变成了谷物商。从此，按照雷恩省高级法院的一系列法令，农民们必须用马车来运输这些商品一直到海港，甚至常常到更遥远的地方。在洛林，从中世纪起，一些领主就为自己规定了"单独畜群"法。要知道，当休闲田或公有地开放作集体牧场时，他们可以不遵守义务放出自己的牲畜混入村庄的公共畜群，这样做，实际上也就是逃避了他们认为令人讨厌的对牲畜数量和牧场面积的监督。这些享有特权的人在当时是极少的。17 和 18 世纪，在羊毛和肉类贸易发展的同时，一句话，领主庄园几乎也就同时立即参与商品流通的一般系统，这种贸易能够提高更令人奢望的利益。参与贸易活动的人数大大增加，包括所有有高级审判

① *Revue d'Auvergne*, t. XLII, p. 29.

权的领主和大多数其他领主。按照法律,他们只是在自己从事这些活动时才有权,然而,除了极其明确的法律条文外,梅斯和南锡的法庭非常热情于承认把这种好处给予要求这种好处的人,给予大畜牧业经营者。同时,在王国的另一端,在贝阿恩、波城的高级法院却同习惯相反,泰然自若地准许许多拥有采地的人握有类似的权力,那里的人把这称之为“死草地”。[1]

所有这些例子中——人们还可以举出无数其它的例子——没有一个例子不显出最高法院这一字眼,这几乎并非偶然。具有官职的资产阶级大量地进入贵族行列,通过继承权和捐官纳贿的作用,司法人员构成了一个真正的社会等级集团,这些情况使得国王的法庭在各级都充斥着领主。从此最廉洁的法官也只能透过阶级精神的眼镜去看事物了。在德国,选举产生的代表大会和统治着“邦”的小贵族地主,以及在英国主要代表绅士地主的议院和统辖乡村警察的治安法官来源于同一阶层,他们最坚决地维护领主庄园制度。在法国,则是大法官的裁判所、司法总管辖区法庭、初等法院,尤其是最高法院支持着它们。如果说它们没有达到能剥夺份地佃农的所有权——没有人敢于要求这种真正的难以想象的法律革命——至少,它们容许大量的进行小块的蚕食,这种蚕食在长时期中终于形成了一个很大的数目。

对于农民来说,幸而法国的领主阶级的控制只伸展于司法等级制上,缺乏像英国绅士地主在大革命以后所拥有的那种完全的

① L. Dubreuil: *Revue d'histoire économique*, 1924, p. 485. —Du Halguët, *Le duché de Rohan*, 1925, t. II, p. 46;参阅 M. Sauvageau, *Arrests et règlements*, 1737, livre I, ch. 289—291. —*Annales d'histoire économique*, 1930, p. 366 et 516.

操纵杆，也不像德国的容克地主那样直到重建君主制前都强有力地把政治权力和领导管理机构的自由掌握在自己手中。从 17 世纪起，在每个省份，都有国王的直接代表总管老爷——这些人虽然由于自己的出身而属于领主阶级——由于他的职务的需要，同王家官员进行着无休无止的争夺。此外，杰出的收税官员不得不防止领主过度地剥削农村共同体，以保护共同体继续成为可以征税的对象。更普遍的是，他有着要为君王维持其庶民的任务。在英国，专制制度的衰落，有利于绅士地主阶级，它促进了著名的“圈地”运动的蓬勃发展和技术方法的改变，但实际上，这一运动本身及其后的发展，毁灭或剥夺了无数的佃农。在法国，通过类似的现象（但其方向却相反），绝对王权的胜利限制了“封建反动”的规模。它仅仅起了限制的作用。王权的忠臣们总是把领主庄园制度当作国家和社会秩序的主要支柱之一。他们不理解在现时代门口已经被福蒂斯丘隐约发现的这种反常情况的危险：一个农民承担的国家捐税越来越多，而他向领主（在一个君主政体的国家中领主仅仅是一个个人）所尽旧的义务负担并未被取消，甚至也没有得到足够的减轻。

*　　*　　*

通过单独畜群和“死草地”，我们看到了领主努力采用畜牧方式直接地从土地中获取部分的利益，他还通过重建领地更为有效地达到了同样的目的。

重建首先是靠牺牲公有土地。在后面我们还将描述有关大量开垦荒地的历史变迁情况。现在我们仍回到这一时期来，对现时代来说，这是非常艰苦的一个时期，它终于使许多领主得以在旧日的草莽中开辟出广阔的牧场,并保护它不受外人侵入,或者是开辟为良田,带来收获。

作为牺牲品的还有采地,这可能是主要的牺牲品。有时,对习惯法的巧妙运用,会给领主以有乘之机。从前,领主享有永久管理权的土地和财产几乎总是被出售,经常是卖给死者的近亲,以致在13 世纪的某些领主庄园中,这种最后使用土地权具有了法律效力。现在,仅在还存在奴役状况的地方,领主仍保留着永久持业权这已成为经常的事情,一般情况下,允许领主有权将一切无主财产并入领地。在战争以后他们就乘征收田赋或合并小块地之机,对份地佃农的小块地进行丈量。总有那么一些地会显出其面积超过原来名义上的面积,这或是因为土地非法地扩大了,或是原始的丈量方法太粗略,或是丈量标准在这段时期中有了变化。这一部分多出的农田是无主的,正好就被占有。还有一种情况,就是过期未付款,按照"巧妙运用"的规则,它也被占有。17 世纪一位伦理学家就这样说过,有一位领主热心于"分散"自己的领地,在整整 29 年中没有要求收取租金(通常时效可达 30 年),在末了,他说话了,而在骗人的安全中昏睡的"穷汉们",自然不会一下子有一大笔钱放在身边,但是突然之间,这样一笔钱变得必不可少了,这些无清偿能力的人的土地就被没收了。这样,我们的这位老兄,在他死时已成了"他堂区里几乎全部土地的所有者"。①

但是,领主们重新创建的巨大的土地经营农庄主要还是通过

① *Annales d'histoire économique*, 1930, p. 535. —Le Père Collet, *Traité des devoirs des gens du monde*, 1763, p. 271.

比较正常的途径——购买、交换——经过长期合并而成的。在这点上，他们的事业不可以同完全类似的、同一时期富裕阶级的其他许多成员如资产阶级所作的努力相脱离，他们这时仍然还处于分割贵族与平民或大农的变动不定的界限之外，同时他们正在准备采用资产阶级的生活方式。

现在我们来看一看从17世纪以来大量绘制的农村土地图中的一幅图吧，它为我们留下了农村社会外壳及其自身活力的一幅生动的景象。我们假定是在土地分成小块的地方，而且是在长条形田块的地区——这一例子更具有意义——所有的土地都呈通常的长条带状分割。但各处都有一些较宽的或非常宽的长方形地块，它们在一束束杂乱的细线条中，构成了宽阔的大白块，这些地块是由许多形状正常的小地块逐步地合并而成的。在布雷特维尔—洛格约斯村的四周的卡昂平原上，1666年绘制的地图显示出许多这样宽阔的田地同教会辖区的其它部分形成强烈的对比，清晰可见(见图16)。幸巧，在近两个世纪前，1482年的一部《演变录》提供了非常准确的方位标志点，通过这部纪录——或宁可说是通过18世纪的一位熟悉这一地区历史的博学者，他具有幸运的灵机而将这两个文献进行了比较——我们知道，在1666年，是四块大田地的地方，在1482年，人们所见到的只是附图标志的分别有25、34、42和48块小块地的四块大田块。这里，这一现象是非常清楚的，很易于了解，而且，在其它典型地区也重现千万个类似情况。现在从地图再转而看看领主的税赋册籍，查阅一下这些宽广的田地的幸运握有者的身份与资格。由于不可思议的规律性，我们看到的常常是下列四种情况的一种：领主(最经常的)；附近的贵

族乡绅，而且最经常是任官职的贵族，并已半资产阶级化；附近城市或小镇的资产者，商人，小官员，司法人员，一句话，是一位“先生”(一般情况下，税赋册籍非常注意只对乡村职业以上的有社会身份的人才赏赐这个可尊敬的头衔)；有时(但是很少见)是一个纯粹的耕种者，而他在占有土地上已是一个大地产主，他常常在经营自己的本业——农业——以外，还像一个从事某种职业的人，如银矿业、商人、小酒店老板，他们通常同这种职业相联系，更赚钱的但他们不太乐于承认的行当是做短期高利贷者(参见图7、13、14)。

同时，所有这一社会类别的人往往只有相同的上升阶梯：富裕农民是“先生”的始祖，而这些“先生”可能就是贵族的始祖。第一批土地兼并者，从15世纪起就来自这些乡村或近郊的小资产者之中——商人、公证人、高利贷者——他们在重新恢复的、愈来愈为金钱之王支配的经济社会里，起着无疑比银行和贸易大冒险家的作用更隐蔽但同样有效的作用，总起来说是一种酵素的作用。照例，这种人丝毫没有消除顾忌，但他们懂得看得透和看得远。在所有各省这种进程是普遍的，并同样不断地重复出现：同样的黏韧性吸引着普罗旺斯地区奥利乌勒的司法官若姆·戴迪埃、蒙莫里永地方的普莱桑斯的商人皮埃尔·博比松“阁下”和S. M. 菲利普二世陛下在多莱最高法院的顾问皮埃尔·塞西尔的采购活动。领主则跟得稍迟，并往往延长了平民出身的祖先的行动。勃艮第的米诺村的领主，同时是大土地主的亚历山大·梅雷特是路易十四时第戎最高法院的顾问，他出身于该村的一个小商人家庭，他在同一地方，从16世纪起才积累财富。原籍在卡昂或其周围地区的佩洛特·德·凯隆家族，在1666年握有了布雷特维尔—洛格约斯周围

几乎全部的单块的大面积耕地，该家族的成员以骑士贵族头衔炫扬夸耀，继续不变地以领主庄园的名称作为姓氏，叫作圣洛朗先生、拉盖尔先生、卡当维尔先生、皮加西耶尔先生、圣维哥尔先生。但是他们的贵族身份不过仅持续两个世纪，而且他们的家产首先是在商业或担任官职中形成的，并为可靠的土地占有所迅速巩固。尼古拉·德·凯隆从1482年起就在村庄的入口拥有当时称为“大比武场”或“演习场”的一块田，“所谓的比武场取自好几个人，有的通过夺取，有的通过交换而得来”①。往往——如在米诺村，对于梅雷特家族——土地的领主庄园性质仅是次要的。勃艮第最高法院的总检察官在1527—1529年的3年中，由于从10个不同的地主那儿获得22张卖契而建立了拉沃德庄园，总共60公顷土地，从此使自己拥有一部分领主权和司法权②。

17世纪和18世纪，在上层资产阶级家族中一直延续着这种占有土地的传统。这种传统也灌注在贵族世家之中。合并耕地、牧场、森林和葡萄园，对发了财的商人来说，确保了他的后代命运能立于比商业冒险更稳固的基础上。科尔贝*写道：“这些家族只有建立巩固的地产才能很好地保持下去。”它也增加了家世的声望，占有土地和迟早总能增加的领主权力给予了他们尊敬，为他们准备了授爵。对于那些真正的贵族，则使变动的租税收入得到稳

① Aubert, dans Comité des travaux historique, *Bull. historique*, 1898. —Texte relatif à la pièce 33, Arch. Calvados, H 3226, fol 271. 该档案馆握有从1460年2月13日开始的凯隆家族的契约集，我们尚未来得及详细研究这一材料，但这种研究将是十分有趣的事。

② A. de Charmasse: *Cartulaire de l'église d'Autun*, 3e partie, 1900, p. CXIV.

* 科尔贝(1619—1683年)，路易十四时的大臣，财政总监。——译注

固。对所有有钱人，原来的贵族和新发家的贵族，或纯粹的平民，到了 18 世纪又增加了新的购置土地的理由：在当时，对动产进行投资是很少既有利可图又十分可靠的。人们在当时购买田地，如同在以后购买国家债券、铁路债券或石油股票一样。真是长久的事业！艾克斯地方的律师安托万·德·克罗兹为自己的利益而恢复林塞尔的被有继承的人分成小块地的领主庄园，几乎花费了整个一生的时间，他从一位无偿债能力的债务人手里获得的第一块地才占其总的土地数的 1/48。勃艮第地区朗特奈的领主们花了 75 年时间合并了各小块地，从而使地块采用了具有"大块地"性质的名称。他们经历 161 年时间将小块地集中到他们的手中，最后在这些土地上建立他们的城堡。但是，辛劳是值得的，它换来了收益。

在有些地区，土地的集中取得了相当的成功，以至于甚至改变了人群在土地上的分布。在大村庄占优势的地方，土地非常辽阔，占有土地的人数很多，再也不可能由一个唯一的支配人来代替众多的土地经营者，相反，在中部的土地圈围地区，可能还有布列塔尼的圈围地区，土地集中的规模则小得多，小块地分散的情况不太显著，还有，在新开垦地区，开伐林地的人组合成小村庄，这些地区中倒不是不可能形成逐步独占全部土地的幸运的地主。在利穆赞地区的蒙莫里永，在蒙贝利亚尔的山冈上，原先矗立着一簇又一簇古代住宅的地方，人们从此孤零零地建造起庞大的农庄，四周环绕着它的田地。[①] 恢复土地

① 有关蒙莫里永的情况，见 Raveau：*L'agriculture … dans le Haut-Poitou*, p. 5A.——关于利穆赞的情况，由 M. A. Petit（上维也纳档案馆保管员）大力提供，或由作者本人收集；——关于蒙贝利亚尔的情况，见 *C. D.*, *Les villages ruinés*, 1847.——有关孔布拉伊的情况，参见本书图 12。

的工作，在大革命前旧王朝时代，为资产阶级和贵族们所完成，其结果是散居方式的新发展。

在一些旧的领地得以部分地继续存在的地区，它才可能成为农庄重建的支撑点，这种农庄已大大超过原来的领主庄园。交换活动到处得到了顺利扩大。但是不言而喻，小块地的合并统一主要是通过购买手段完成的。那么多的小农又是怎样卖掉父辈的田地的呢？换句话说，他们为什么感到金钱的逼迫呢？

有时，一个意外事件就导致了他们的困境，例如战争。在17世纪末的勃艮第地区，那些为数很多的继承份地的佃农的村庄，同时也就是遭受掠夺和侵扰最深的村庄。在长时期中，一些原来的居民离去了，从此再没有返回，他们留下的土地无人继承而落入领主手中，这些领主比他们自己百年战争后的祖辈更小心谨慎，也有着一个更好的经济环境，他们特别注意不再把土地重新作为永久性租地分配出去，而是自己保留着，如果他认为必须租出去时，他也只签订一个临时性的租约。可是，许多留在原地或返回来的纳赋者，没有借款，忍饥挨饿并常常负债，他们不得不以低价出卖自己的财产。

然而，要把广大农民抛进理不清的财务困境中去，根本用不着意外的打击。那些需要应付的新的经济世界的困难就已绰绰有余了。在过去的岁月中（与其说好年头多于坏年头，不如说坏年头多于好年头），小生产者能够也善于自给自足地生活。而从此之后，他们却必需把手伸入口袋，向征税人员缴税，因为后者是国家的工具，而国家的经济革命使财政需要成百倍地增长；他们还得向领主缴钱，领主也同国家一样，在时代的驱使下，生活必需品的支出膨胀了；他们还得向商人付钱，因为渗透到最卑贱的人们心中的生活习惯已使人不得不购买一些食物或一些产品才能活下去。无疑，土地的成果就在那里，至少在好年景时，人们可以出售一部分。但是仅仅出售还不是事情的全部。为了取得收益，还必须在有利的时候去出售，因而要善于等待和进行预计，问题在于要有准备金和良好的精神状态。但这些都不是小农的强处，他们没有大量资金，也没有算计“行情”的机巧。从16世纪到18世纪，巨大的财富建立在谷物贸易之上，这是商人的财富，是“粮食贩子”的财富，有时也是大耕种者、旅店老板、大车运输承包商的财富。“中等”乡下人挣的钱就少得多。在旧王朝时期，那么多乡下人不惜一切代价去捞现钱的迫切性，表现为许多地区的人急切地通过家内劳动的形式去追求工业工资这样的零用钱。他们更经常的则是去借债。

不用说，这要付出非常昂贵的利息。农业信贷还没有组织起来，甚至还没有预想到。相反，金融家的敏巧却是无限的。贷款、贷粮、贷牲口，用土地或未来的收获作抵押，常常是——尤其在16世纪，由于以前有过禁令，收利息在理论上仍是受到攻击的——戴上不那么伤人的契约的假面具，所有这些狡猾的、五花八门的手法，其结果都大大地加重了借债人的负担。一旦陷入债务的罗网，就不可能同时满足税收机关、领主的管家和农村高利贷者了，农民即使有运气摆脱查封或“强令”拍卖，最终仍不能避免在两相情愿下出卖一些田块、葡萄园或者牧场。往往放款人本人就是销售商品的商人，如同16世纪普瓦图人所说的是一些“货主”，同时，他们又是一些货币商。他们本人也就充当买主，很可能，从一开始，他们就是在这种意图下才同意贷放钱款的。他们自己一会儿为了守护土地而变成地主，在进程的第一步就迈向社会威望和贵族诱引力，一会儿为了利润又再出卖土地给更上层的资产阶级或某些贵族。此外，缺少现金的卖主则一开始就直接出售给大商人或他自己所属的领主。所有这些人自然是不会随随便便就买进的，他们了解"标界清楚"的土地的价格，这是些可能连接"住宅周围"的土地，[①]不管怎样组合，它们都成为一个持有者手下的大地块。对于人们当时所看到的在乡村中诞生和扩大起来的大土地经营体复兴的起点，和聚集而成的如此好的领地的起源，总有一天人们必需逐省逐省地进行仔细研究，这种研究将首先发现的，无疑是在农民生活的财政方面存在着的长期而深刻的信贷危机。[②]

自然，事情的发展在各地区的强度是很不相同的，我们暂时还只能模糊地感到某些不一致，而且我们还只是仅仅触及了事情的结尾，也即近 18 世纪末的情况。[③] 从一省到一省，各社会阶级之间，重新分配着"财产"——永久租地、自由地或采地——或是自己直接经营，或是暂时租佃出去，分配的方法在各地变化很大。在康

① Rapin, *Les plaisirs du gentilhomme champêtre*, cité par P. de Vaissière, *Gentilhommes campagnards*. 2e éd.,1928,p. 205.

② Loutschisky 认为 18 世纪末，至少在利穆赞或许由于这一危机的缓和，农民的购买力有所回升，他写道，这一现象的性质仍然模糊不清。参见 G. Lefebvre 的观点，载 *Revue d'histoire moderne*, 1928,p. 121.

③ 见 G. Lefebvre 所收集和详加解释的情况，载 *Revue d'histoire moderne*, 1928,p. 103 et suiv. 在特权范围内实行的免税、免税权及其实践，使贵族和教会的财产增长，而大大不利于国王的税收收入，同样，大地产的重新恢复也促进了君主制的危机。

布雷齐和拉昂，教士们终于能够守住或者说更可能是重建了广大的庄园；在图卢兹，教士们则很少取得成功，或许是他们费的力气不够；在西部绿篱围隔田地区的大部分地方，教士们则完全失败了，或是根本没有去做这种追求。在康布雷齐，资产阶级只有微不足道的利益；在佛兰德滨海地区，资产阶级则独占了一半土地；在图卢兹附近，大商业城市和行政城市则完全为贵族掌握，而这些贵族中的许多世家本身可能是出身于资产阶级，他们占有着最大量的土地。无疑，这些相互的影响的延续，到现在也还能感到。通过拍卖国家资产，大革命使许多地产易了手，但是大革命拍卖的土地，只有很少一部分被分成小块地（见图 15）。在皮卡第平原，大地产占主要地位，在诺曼底的绿篱围隔田地的地区或瓦桑，农民小地产占优势。同现在或不久前的情况一样，可以肯定，这一情况的关键所在应到百年战争后土地重建的变迁中去探求。遗憾的是，现在还缺乏这方面的确切研究，而只有这种研究才能把现在同过去紧密地连接起来。

*　　*　　*

贵族或资产阶级是新的土地主人，他们在拒绝只是当永久食利者的情况下，如何组织他们的农庄呢？他们中的一些人不反对使用“仆人”来自己经营。这是多么巨大的习惯的变化！中世纪的领主，除南部地区外，始终是一个乡下人，在这一意义上，他们是自愿生活在城市以外的，但是他们几乎从不关心自己的田地。无疑，根据 13 世纪一位诗人的见证，法耶尔老爷在清晨“看望自己的小麦及其土地”。凝视那幼苗的柔翠嫩绿或麦穗的金色是那么令人舒适愉快，美丽的庄稼将会产生出美丽的叮当作响的埃居*。但领导耕植却几乎从来不属于领主的事。关心地租的收入、审理诉讼、督促建筑——除了战争、政治、狩猎以及高尚的令人愉快的记事外——这就是领主们的工作和欢乐。轶事搜集者在把一位骑士兼耕作者搬上舞台吗？那他是在向我们提醒这是一个灭亡了的人。12 世纪初，多尔大主教博特里·德·布尔盖伊是一位高尚的人道主义者，无疑，他阅读过许多农事诗，人们告诉我们，他乐于亲自去促进开发沼泽地，真是短暂的幻想，因为随即他就把土地分配作永久租地。[1] 在 16 世纪则相反，在现实中如同在文学作品中一样出现了新类型的人：即乡绅，例如 16 世纪下半叶在诺曼底的古贝尔维尔老爷，就他的地位和生活方式来说属于贵族，但他却是出身于资产阶级和司法官吏。他不满足于同自己的产业代表人保持活跃的通信关系，他自己出卖牛只，亲自监督筑堤、竖立栅栏和挖掘沟渠，亲自“带领家中全体仆役”清除多石的田地中的砾石。资产阶级或贵族的妻子同样也亲自动手干事。在 16 世纪的法兰西岛，一位国王顾问官的妻子普瓦尼昂小姐领导收割庄稼和葡萄，并在她监视下对田地进行施肥。在 17 世纪的普罗旺斯，罗什福尔伯爵夫人的丈夫远在外地，因此她自己管理种植葡萄，看管小麦的脱粒和入仓工作。1611 年，人们公开承认，在阿图瓦，主人亲自经营有

* 埃居(écu)，法国的古银币。——译注

① *Le Châtelain de Coucy*, v. 6387. — Ch. V. Langlois, *La vie en France au moyen-âge*, t. II, 1925, p. 154 n. 1. — J. Allenou, Histoire féodale des marais de Dol, 1917, p. 57, c. 17 et p. 63, c. 20.

了发展。①

如果是机智地进行管理,那么没有什么比由主人自己来经营管理更有利的了。但这必须以主人常住为条件。同样,即使土地是全部或部分租出,最好的有利地利用土地的方法也仍然是居住在原地,这便于监督佃农或分成制佃农,可以自己消费一部分产品,可以领导销售剩余产品。比西一拉比坦*给塞维涅夫人**的信中写道:"我从自己的土地上得到的东西,比你从布尔比利同样土地上得到的多,因为我就住在田庄附近,而你却住得遥远……远居他乡吧,而事情并不像人们想象的那么困难"。

但远居他地毕竟是一种十分遗憾的解决办法,再说,许多大地主、贵族或资产阶级对田地没有兴趣,也没有在田地上生活的趣情,还不说富人拥有的土地通常非常多又非常分散,以致他们不可能都亲自经营。于是,许多人都依靠租佃办法,当然是有时限的租佃,在地产主的心中,世袭份地终究是被禁止的,因而出现了两种制度:即把大地产分散成几个小的经营单位,分别出租给不同的租

① A. Tollemer, *Journal manuscrit*, 2e éd., 1880; *Mém. de la Soc. des Antiquaires de Normandie*, t. XXXI et XXXII; *Lettres missives de Charles de Brucan*, éd. Blangy, 1895; A. de Blangy, *Généalogie des sires du Russy*, 1892. —Y. Bezard, *La vie rurale dans le sud de la région parisienne*, p. 108. —Ch. de Ribbe, *Une grande dame dans son ménage* …, 1890. —Ch. Hirschauer, *Les Etats d'Artois*, t. I, 1923, p. 121, n. 3. ——有关这方面的材料,另可参见 p. de Vaissière, *Gentilshommes campagnards de l'ancienne France*. 2e éd., 1928.

* 比西—拉比坦(1618—1693 年),塞维涅夫人的表兄,常与塞维涅夫人通信,任法兰西学院院士。——译注

** 塞维涅夫人(1626—1696 年),法国作家,以书信著名,尤其是与女儿的通信更是以情感人。——译注

户；或者是，把土地整个地转给一个土地出租人。假如这是一个领主庄园，按照13世纪起广泛流行的做法，这位土地出租人通常也是租地佃农的年贡和各种负担的包税人。两种方法同时也就是两种社会形式。小租户是一个农民，常常就住在他的农地近傍，是一份份地的握有者。他经营的那份地对他自己只要不多的预付金，确切地说，因为人们知道在他的箱子里只有少量的钱，挣钱的能力也不大。在许多省份里，对这种农民要求的租金往往全部或部分用粮食来支付。相反，大的包租人则需要有较大的流动资金，他必需善于销售和计算。他同时管理一座大住宅院落，并通过代理人管理自己的庄园。他在自己所在的地区里是一位有势力的人物，由于他的经济作用，他是一位资本家，由于他的生活方式和精神面貌，他更经常是一个资产阶级。我们握有1641—1758年奥杜努瓦地区托米雷的领主庄园和农庄的包租人的名单，其中共有“商人”21人，肉店老板1人，公证人1人，律师1人，还有1人是托米雷及其周围城市或小镇的简单的“商民”，在这些人之间都多少有着联系；通过两份代表性的契约，我们看到只有一家是当地的耕农，而且显然很富有并同商业家族联系在一起。[①] 在这些人的身份的选择中，说真的，应该剔除某些虚浮的部分，长时期中商人被看作比种田人更优越。许多自命为商人的人，可能从土地获得自己最大部分的收入，必要时，他们也能屈尊俯就自己亲自动手扶犁耕作。他们的活动并不局限于耕作，他们的前程和奢望超出乡村的狭窄范围。富裕的包租人最终替代自己的主人的情况也不是没有

① Arch. de la Côte d'Or, G 2412 et 2415

例子可循。在 18 世纪时，各地的农业都越来越明显地具有资本主义的特点，许多直至那时还认为分散自己的土地更为方便合适的地主，现在则进行农庄的“联合”，结果使得大土地包租人得利，大批小土地者受损。1789 年，法国北部的陈情书中充满了激昂的抗议，反对这种由农民群众推广的新的实践。在这种间接的方式下，直至那时为止一直凑合地维持小农庄制度的大土地所有制又慢慢地重新恢复，并终于在我国达到了真正的所有权的剥夺。①

而小农庄——它们被迫转到新占有者手中，或是由于他们一般只有微薄的资金，或是由于他们不得不分散购买——不打算吸引资本主义的承包人。在这些农民中，总是难以找到一个能接受小额的必要预付金的小包租人。最后，特别是在 16 世纪和 17 世纪上半叶，新近的货币动荡的经验使许多地主对货币利息留下了十分的恐惧，这种恐惧在一段相当时期内（哪怕这段时间再短）必然也不会改变。从而，使“土地收益分成制”的租金有了很大的提高，基本上一般要占到收成的一半。

通过分摊农民收成作为付给统治当局的土地报酬，这是罗马法习以为常的惯例，在我国农村也从未被忘记过。其证明是在 10 世纪和 11 世纪时，征收实物地租的土地成倍地增加，并损害了领地的利益。但随后，这种地租形式不断地变化，如同人们所知，在

---

① 说真的，在布列塔尼，大农庄建立的结果并没有必然地消灭小农场。常常是“特别富有的财主”在农村共同体中独占了“几乎全部农庄”，通过若干“二手税户”来耕种这些农田。见 E. Dupont 的文章，载 *Annales de Bretagne*，t. XV，p. 43。其他地区如北部平原、皮卡第、博斯，真正存在着大农庄取代小农庄的情况，有关农民抵抗的情况，见本书第 223 页。

中世纪结束前，领主鼓励用金钱支付来代替实物地租。在继续使用实物地租的地方，它迅速成为世代相传的地方，同时，实物地租的负担经常远远不能代表收获物的一半，并具有了不可更改的性质，这使大革命前的土地占有者感到非常强烈的不满。然而，分成制租田的名字本身和规定分成一半或一半左右的习惯，很早就在一些省份存在，尤其是在整个西部地区，从 11 世纪或 12 世纪起发展到了曼恩和佩尔什，差不多在同一时期也到了阿图瓦。是永久性出租还是暂时性出租？对此文献资料常常还不能帮我们搞清，同时也不能对每种情况确定究竟是要遵守对领主尽一系列义务的真正的租地，还是属于并无从属关系的个人之间的一种简单契约，人们可能会怀疑这后一种纯粹是私人性质的土地契约，这在 13 世纪以前没有在任何地方出现过。相反，可以肯定的是，在整个中世纪时期，许多地方几乎还完全不知道分成制租佃这回事，或者说这种制度只局限于在某些土地有特殊性质的地区，尤其在葡萄种植地区。获得葡萄园的资产阶级和教士们宁可找分成制佃户而不是包租人，宁可让地窖里塞满财物却不愿叫钱箱里放钱。从 16 世纪开始，突然地出现了分成租佃制，在这之前，虽然已有，但是不均衡地零星地存在，而且一般很少，至少是到 18 世纪，分成制才在整个法国普及起来并站住了脚跟不断发展。面对货币的动荡，再没有更可靠的医治药方了。意大利的资产阶级，狡猾的金融家们最早觉察到这一点，不正是他们像 1376 年在波兰那样通过法律强制城市的市民实行这种性质的租佃制，把土地租给顺从的受压榨的农村居民吗？法国的地主在稍晚时也有了同样的察觉。

在开始时，紧接着百年战争后的一段时期，契约往往是永久性的。在荒无人烟的农村，地主们力图重整自己的家声，在他们眼中货币地租已丧失威信，许多地主又不愿也不可能自己经营，要找到只需简单保证临时租种以便整修土地的耕种者，几乎也是梦想。继承性的分成制租佃保护承租人不被剥夺，也保护了出租人不受货币贬值的损失。在某些地区例如在中部地区，继承性的分成租佃制获得了明显的成效。①

但是，随着大地产确保了自己的统治地位，期限性分成租佃制——占收获的1/2、1/3或1/4——就占据优势，而且是稳定的优势。在亨利四世时期，奥利维埃·德·塞尔热烈推崇这种租佃制，比起这种制度，他还更喜欢直接经营。到处都这样做，或差不多到处是这样做，尤其是在地理上处于贫困的地区，人们更愿意采用这种经营方式，这些地区的庄稼汉缺乏准备金，从社会阶层上说，小的资产阶级地主更愿意这样做，不仅因为他们资财太少而不能请到一个资本主义性的承租人，同时还特别因为从好多方面讲，分成租金能满足他们的生活习惯和思想习惯。小城市的商人或公证人喜欢消费自己土地上的产品，他们满足于向分成制佃农收取的地租，小麦可磨成粉在自家烤炉上烘烤，做出松脆的面包或黄灿灿的烤饼来，鸡蛋、鸡、猪肉等可制成种种菜肴，这些都是在契约上详细规定了的，他们的主妇懂得为了使讲究吃喝的人愉快就得收取那么多地租。出租者无论住在城市中还是小住在自己的乡村别墅中，看到自己的佃农手持便帽向他走来，对这位佃农要求他所同

① A. Petit, *La métairie perpétuelle en Limousin*, 载 *Nouvelle Revue Historique de Droit*, 1919.

意的契约中详细规定的各种服务——差不多是繁重的劳役——时，那是件很开心的事。在法律上，分成制佃农是一位“合作者”；而在实践上，按罗马人的观念，他是一位顾客。1771 年，为图卢兹初等法院顾问、同时也经常放债的热罗姆·德·里梅约的利益而签订的“对半分”租约规定，承租人必须对出租人“忠诚、听话、顺从”。[①] 通过分成租佃制，城市人口的一部分同土地事务保持了直接的关系，他们同田地上的人们连结在一起，在现时代中，构成了真正的私人依赖关系。

*　　　*　　　*

上面所叙述的巨大运动有着双重的后果：其一是过渡性的，其二则一直持续着。

农民阶级一点一点地似乎在摆脱领主控制的缓慢进程终止了。领主强烈地紧缩开销的捆束，往往是新来人才更强烈地感到主人的精神，没有什么比某些包税人（在重新出现后）对受人尊敬的权势所加的重要性更富有特征了。1734 年，一位勃艮第的包税人这样说道：“当布列特尼埃尔的领主或夫人，或其子女到教堂去或从教堂出来时，所有居民和堂区教民都得肃静并向他们致敬”，而以前的包税人则从未这样说过。

每个人都知道，1789—1792 年间，领主庄园制是怎样崩溃的，它的毁灭导致以前同它结为一体的君主政体的彻底垮台。

但是，不管新式的领主如何自诩为农民的首领，他也重新变成（或更加变成）了一个大土地经营者：不止一个普通的市民也同他

① J. Donat, *Une communauté rurale à la fin de l'ancien France*, 1926, p. 245.

一样变成了大土地经营者。假如——这当然是一个荒谬的假定——大革命是在 1480 年左右爆发,它将通过废除领主庄园负担而把几乎整个土地都分给广大的小占有者,但是从 1480—1789 年,三个世纪过去了,大土地所有制又重新建立了,这种所有制无疑不像在英国或在德国东部那样统治了几乎所有的土地。它留给农民地产主十分广阔的土地,或许比它自身经营的土地还要更广阔,然而,它也不是没有统治——依地区不同其成功程度也明显不同——可观的面积。它应该不受过分损害地渡过大革命。因此,要将今日法国农村的形象的多样性和它的基本特征解释清楚——我们不能像人们以前所做的那样,说我们法国是一个小土地所有制的国家,而应该说,它是一个大土地所有制和小土地所有制并存的国家,随着各省情况的不同,两种所有制的比例在各地相差很大——首先应该研究的,是 15 到 18 世纪法国农村的历史演变。

第五章　社会集团

一、份地和家庭共同体

古代社会与其说是个体的，还不如说是群体的。离群索居的人几乎是不存在的。正是与其它人的合作，人们才能艰苦劳动和进行自卫。主人、领主或君主总是习惯于把他们当作集体来对待，这样便于计数和收税。

当我们的农村开始有历史时，我们称这个时期为中世纪前期。这时，在作为地方行政单位的相对较大的村庄和领地之下，乡村社会已有了基本的单位。这种单位同时有土地和人，即房屋和一小块土地，土地由该小集团的人共同经营，房屋由他们居住。在法兰克高卢，这种单位几乎到处都很相似，尽管其名字各种各样。最常见的叫份地(mansus)[①]。人们有时也称其为 factus 或 condamine (condoma，condamina)。这些字相当晚才出现。公元 7 世纪出现

---

① 我知道“份地”是一个不规范的词。在标准的奥依语中，应叫“meix”，但只在普罗旺斯语中叫“mas”。另外，各种方言中还有不同的说法。必须指出，“meix”或“mas”在今天和长期来包含了与法兰克时期的 mansus 所表示的很不相同的实际情况。形式的变化和内容的更改要求摆脱现代主义并保留不同的意识。这尽管属于语音学的字，但历史学家习惯于模仿拉丁字，例如，Guérand 和 Fustel 论著中提到的“份地”(manse)。

了份地①,在高卢至少已有了 condamine 这个字(后者尤其在南方经常使用,人们第一次记下是在曼恩②)。公元 9 世纪出现了 factus 这个字。在这以前,我们在日常农村语言中,几乎一点也没有什么发现。当然,这个字的结构是很古老的。

在这三个字中,factus 这个字仍然是很神秘的。人们至今还不知道它与什么语言有关系。没有什么迹象说明它是从 facere 派生来的。Condamine 这个字反映了共同体的思想(最初指在同一房屋里),在使用中,它几乎毫无区别地指在一块土地上生活的人类小集体或指这块土地本身。至于份地(mansus),它指房屋或至少由住宅和农业建筑物形成的居住点。这层意义从未消失过,最终幸存下来了。今天,它类似勃艮第人的 meix 和普罗旺斯人的 mas。在份地的字义里,与其最相近的,在古代作品中提到的是"masure",在中世纪的法兰西岛和今天的诺曼底,它指的都是带园地的乡村住宅。农业的单位采取了居住者生活用住宅的形式。斯堪的纳维亚人说,房屋难道不就是"土地的母亲"吗?

为了研究份地,这个当时社会的大部分的社会组织形式,应从领地开始。我认为,这不是假设。我之所以看重领地,既不是给它

① 参见 M. Prou et A. Vidier, *Recueil des chartes de l'abbaye de Saint-Benoît-sur-Loire*, t. I, 1907, p. 16; Zeumer, *Neues Archiv.*, t. XI, p. 331; L. Levillain, *Le Moyen-Age*, 1914, p. 250. 当然,那些文章中 mansus 含有或可能含有房子的意义的著作不包括在此。

② G. Busson et A. Ledru, *Actus pontificum Cenomannensium*, 1902, p. 138.——在意大利,则是从公元 6 世纪起的:见 Cassiodore, *Variae*, V. 10. 关于词的含义(以及 Mommsen 在这个题目上的犹豫)G. Luzzato 有很正确的意见。见 *I servi nelle grande propriétà ecclesiastiche*, 1910. p. 63, n. 3.

虚幻的优先,更不是赋予它普遍模式的使命。其实,道理很简单,因为领地的档案给我们留下了相当丰富的文献,这些资料使我们能对事实得出一个最初的想法。在中世纪前期的庄园内,份地的基本作用很清楚,那就是作为征税的单位。实际上,税收和劳役不是单独由各种小块土地负担的,也不是按照家庭或房屋计算的。对于所有“份地化”的土地来说——我们将会看到,只有一小部分土地不是这种划分的——纳税者只有一个,即份地。有些家庭在份地名义下共同耕种被划分的土地。这没有关系。反正总是由份地来纳税,交很多的银币,成斗的小麦,很多的鸡和蛋,承担很多劳动日的徭役。不同居住者,即伙伴,为此要进行分摊负担。人们很自然认为,这是应该共同负责的。他们没有任何权利由于分摊而中断这种相互关系。作为领地税收的基地,份地基本上是不可分的。如果偶然有分割的命令,也只是简单分割,一般是对半分,很少情况下才四等份。这时,分割后的小块又成为严格固定的单位。

在同一领地,所有的份地通常并不被认为具有同等的价值和地位。它们经常分为不同种类,以便承担不同任务。然而,每一份地几乎都要交纳相同的税。分类的原则则因地而异。它经常具有法律性质,并首先以人的社会地位作为标准。人们将其分为自由民份地(自由民,尤其是佃农);奴隶份地;还有解放奴份地(Lidiles)(Liti 是从日耳曼法律下解放出来的奴隶)。还需要补充一些通过契约在一定时间内承租土地的“纳贡”份地,它与前面几类份地明显不同,前三种类型都依习惯行事,而且是世袭的。另外,按服应该服劳役的特点,还有什么马车运输份地,人力运输份地。实际上,两种方法的差异是表面上的,而非本质的。在法兰克时代，人的身份和土地身份间不会再有规则的重合。例如，由自由民居住的份地，如果它的首批垦荒者在很久前是奴隶的话，人们很少不说它是奴隶份地。如此长久地保持着对第一批居住者的记忆，反映了这样一种看法，正是这些记忆决定着目前的义务，即按习惯纳税，也就是说，在大部分情况下，这些义务更多地取决于他们祖先原先的地位，更少地取决于目前佃农的地位。因此，在日常生活中，不同的份地，不管它们的标志如何，首先的区别在于他们的贡赋负担。人力运输份地，是以往的奴隶份地。有时，记事册不加区别地使用这两个词。[①] 它们的传统名字逐渐被遗忘了。这种与占有者真实社会地位不一致的名称，往往会引起人们的不愉快，人们习惯于用更清楚更具体的称呼来区分它们。但必须记住这一点，按阶级划分的集团，似乎就是分类的最初类型。

在领地内，按面积大小可以分为这种或那种份地。实际上，作为两种基本类型，奴隶份地比自由民份地更小。同一种类的份地，在同一庄园里，通常是平等的。它们都是征税的单位。9 世纪高卢北方，圣贝尔丁修道院大部分土地的情况就是这样。当地流传着一种为本地争光的传统感情，1059 年，在索米尔有两个人进入森林，像居住在附近的人那样，为圣弗洛朗修道院开垦了 7 块份地。[②] 但在别处，不平等却是很明显的。老实说，最细微的差别可能反映在土地肥沃程度上。相同的面积不一定有相同的收益。但是，这种差别往往太大，有时 2 倍，有时 3 倍，以致令人不能容忍，

① *Polyptyque des Fossés*，载 B. Guérard，*Polyptique de l'abbé Irminon*，t. II，p. 283，c. 2.

② Bibl. Nat.，nouv. acq. lat. 1930，fol. 45 v° et 46.

最终导致武力。在分配土地时，有些居民处于有利地位，有些居民处于被损害地位。这种情况是天生如此，还是在演变过程中形成的，人们很难知道。但人们指出，这种差别太大，以致9世纪以来巴黎附近的份地过早地衰落。其实，在各个领地，或者更广泛地说，在各个地区，份地的面积发生了变化。在皮卡第和佛兰德地区，9世纪时人口还稀少，份地面积一般比塞纳地区的份地更大。然而，在高卢，差距没有这么大，以至于不能用这种份地或那种份地的数量或一块领地所包含的份地数量来评价其重要性。由此，我们可得到这种基本土地单位的概念。为简化起见，我们确定了自由民份地的面积界限。根据保留下来的一些丰富资料，它大约在5—30公顷之间，平均为13公顷。稍稍低于加洛林王朝法律规定的最低数16.5公顷，这项法律十分关心乡村神职人员的利益，规定了分配给每一个乡村教堂的份地。这使我们得出同样的结论，就面积来说，份地相当于今日人们所说的那种小型的，或中等的农场，如果考虑到古时耕作的不那么密集的程度，我们可以说，它是小型的，甚至是微型的。[①]

大部分租地是份地，但不是全部。在很多领地，除各种类型的份地外，还有负担佃租和劳役的经营地。它们不属于上述分类。人们用下列各种名字称呼它们：hôtises（hospitia），accolae，sessus或laisinae。稍晚些，在很多地方，称为bordes或chavames。这些特殊的租地往往在数量上比份地少，面积比份地小。它们之间很

① 参见F. Lot，*Le tribut aux Normands*，载*Biblioth. de l'Ecole des Chartes*，1924.

不平等。表面上,它们是可分的。但有时,份地的持有者把领地以外的零星地以及在荒地上开垦所获得的部分土地算进自己的主要租地。结果,经常地,这类租地有自己的居民,但这些人却没有其它任何土地。在庄园中,它们属于次要的、非正统的成份。但通过主人的赠送、开垦或其它方式,它们很快地扩大,很自然地提高了其地位。无疑地,这使征收租税更加定期,更加容易,而经营者自己也就赢得了充分享受佃农们已经享受的集体利益(使用牧场、森林等)的权利。正如圣日耳曼德普莱修道院的僧侣们写的:“我们将他们的土地变为份地,让他们偿付全部捐税。”另外,仍是这些僧侣们从第一块份地持有者手中收回早先暂时让出的一小块保留地,又从第二块份地佃农手中收回另一些土地,最后将这两部分土地拼成半份地,给第三个人。这些变动在日常语言中并未引起细微的变化。因为,它需要由合法当局作出适当的决定和行动。因此,份地确实成了一种制度,因为它包含了一些规定的、(或者不妨可以说是)人为的东西。

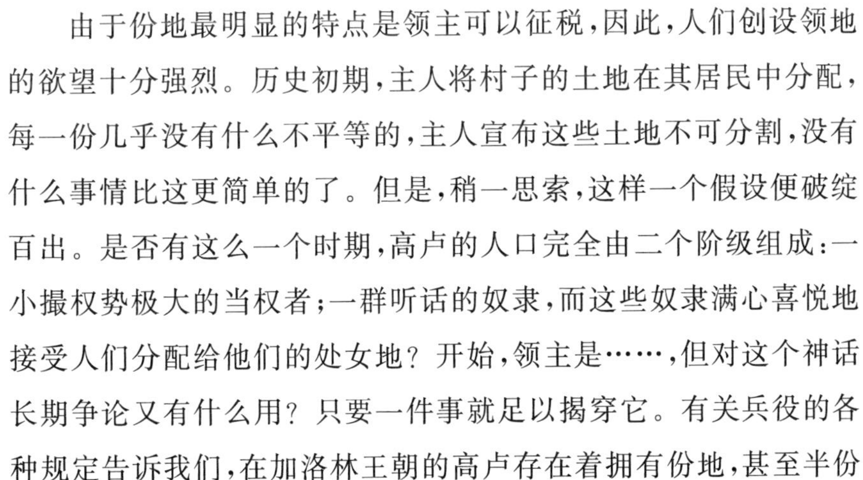

由于份地最明显的特点是领主可以征税,因此,人们创设领地的欲望十分强烈。历史初期,主人将村子的土地在其居民中分配,每一份几乎没有什么不平等的,主人宣布这些土地不可分割,没有什么事情比这更简单的了。但是,稍一思索,这样一个假设便破绽百出。是否有这么一个时期,高卢的人口完全由二个阶级组成:一小撮权势极大的当权者;一群听话的奴隶,而这些奴隶满心喜悦地接受人们分配给他们的处女地?开始,领主是……,但对这个神话长期争论又有什么用?只要一件事就足以揭穿它。有关兵役的各种规定告诉我们,在加洛林王朝的高卢存在着拥有份地,甚至半份地的自由人。他们是佃农？不！由此可得出结论，他们在土地方面没有任何特殊的权利。他们是领主？不！除去开垦者，怎么让有定期收入的家庭生活在份地上或者半份地上？这些地位低微的人属于农民小地产所有者，他们逃脱了贵族的魔爪。如果他们的土地不是作为租地，而算作份地的话，那么是因为它并不包括对领主的负担，它意味着是一个经营的单位。

另外，国家把这种土地单位当作分配服兵役数和征收税收的基本单位。秃头查理以来，直到公元926年，国王们为防止北欧海盗的破坏，不得不对海盗偿付巨额的赎金，结果提高了通常的捐税额。经常地，贵族和教会按拥有份地数目的比例纳税。这里，的确仅仅与份地有关。但是，我们可以追溯到更远的时期，墨洛温王朝继承了罗马的土地税。他们长期使用旧土地册，有时也编制新土地册，以此继续征税，直至经过长期衰退之后这种办法失效，最终不适应于官僚主义的国家机器。罗马帝国后期的土地税制是建立在把土地分成一些应征税的小单位之上的，每一个大致相当于农村经营单位。与份地的相似之处是显而易见的。无疑，使用的词是不同的，官方用词反映在罗马税制里，而在日常语言中，却使用其它词，这些词根据各省习惯而不同，大部分不为我们所认识。这一点，我们是否还有不知道的？① 但我们怎么能不相信 Condamine（公元6世纪初以来，已在意大利被证实了的）、份地或 Factus 也在其内呢？

然而，我们不要弄错，法兰克的 mansus 这个字出自罗马的

① *C. Th.* XI, 20, 6; cf. A. Piganiol, *L'impôt de capitation*, 1916, p. 63.

caput，更确切地说，只来自caput。但是，由于没有土地册，这些词只反映了法兰西帝国一些官员的任意创设。通过必要的暂时的抽象，我们才能把问题当成是法国的专有现象那样来讨论。事实上，它是欧洲范围的，而不像人们所指出的那样，是罗马化世界所特有的现象。许多地方都可以找到与法兰克高卢的农业单位相类似的单位，而且往往还可以找到称呼这些农业单位的相同的术语，意大利并不是唯一有这种情况的国家。日耳曼国家就有类似情况，例如，德国的hufe，英国的hide，丹麦的boot，这些当地的词在译成拉丁语时经常被译作mansus，它们同时是税收单位（从国家角度看是领主）和经营单位，反映了与我们的“份地”最确实的亲属关系。通过外来词解释这些类似性，谁敢冒险呢？我们不可以设想一下，蛮族的国王们在罗马税局里掌管了土地册划分的制度，并把它扩大使用，蛮横地推广到大量土地上，以至于人们竟会不知道它吗？我们所知的关于这些君主制度统治上的一切弱点都在推翻着这一假设。我们是否认为，manse-hufe这些词是日耳曼人通过野蛮的入侵，专门强加给罗马帝国农村的呢？尽管我们不了解“份地”是罗马caput的继续，但我们认为，蛮族的入侵是征服行为，不是移民行为，很少有例外的，我们对此不能作空想。因此，份地应是比政府措施更深刻的事情，也是比国家历史更古老的事情。罗马或法兰克的税则，领主制度都使用它，并对其历史产生强烈的影响。它的起源在别处。要揭开这些谜，我们只能再一次回到农田的现实中去，回到农业文明的千年类型中去。

但是，有必要从这些专门术语的不同意见中摆脱出来，大部分日常语言，尤其是中世纪词汇不稳定的特点，使那些不高明的历史

学家大伤脑筋。领主有经营的土地,不同于佃农的经营,那就是他们的领地。加洛林王朝的国家宣布大地主的捐税时,并不局限于从属于其的租地,还对其保留地征税。虽然,这些保留地面积极为不等,但国家出于纯粹的想象,很自然地认为它们有同样的价值。这样,领主很不确定的庄园开始成为税收单位。那么,粗粗地看起来,法兰克时代的份地如果不是充作税制基础的农业经营单位,又是什么东西?在保留领地不纳税的英国,人们从未称领地为"hide"。相反,在一些法兰克王国统治下的地区,它被称作 mansus 或 hufe。为区别于奴隶或自由民的份地,人们习惯于(大约在11 世纪,这些习惯很快消失)称呼它为领主份地。但真正的份地不在那儿。对于佃农和小自由农民来说,乡村的基本单位(房子、土地、部分在集体权利中),大致上是稳定的,都在一个适当的数量范围之中。例如,当人们说某人拥有一块整份地,或一块半份地,或一块 1/4 份地时,他在集团中的地位,在当时人看来,显然是十分清楚的。

然而具体地来看,这种份地在土地制度上呈现了十分不同的面貌。

在土地分成小块和居住密集的地区,尤其是长型畝地地区,份地几乎从来不只是有一个持有者。建筑物与其它东西集合在同一村子里。小块土地十分分散,成长条状,与其它份地持有者的土地排在同一个田区里。然而,这些纯粹杜撰的单位中的每一个都是固定的。因此,如果它们之间大小不等的话,那么,至少也在可以比较的数量级之中。土地的研究使我们看到,土地占领的各发展阶段好像都遵循着某种多多少少粗略的整体计划。它是被首领、领主强迫的,相反,还是由集体自由决定的?这是史前社会的秘密。总之,村子和田地是一个大集体的光辉业绩,这个大集体可能是一个部族或一个氏族,当然,这只是推测而已。份地是村子建立时就有或以后才有的授予较小集体的部分。这个以份地为其外壳的较小集体是什么?很可能是与氏族相区别的家庭。在这种意义上,它只包括能追溯到共同祖先的几代,但还只是一个家长制的家庭,它相当大,包括一些旁系亲属。在英国,hide 这个词有一个拉丁字的同义词 terra unius familiae,即"家庭联合土地",可能就是由古日耳曼词"家庭"演变来的。

那些分为小块的土地是很不相等的,有时由于我们尚不清楚的环境条件,它们适合于进行同类经营,但远不是整个教会辖区都能统一。如果有其中一个首领的话,他无疑就会获得许多土地。在社会的另一端,则是各式各样的土地持有者,他们与那些首屈一指的大家庭相比,处在劣等条件下。他们之中的某些人来得比较晚,因而,比起拥有全部权利的居民,他们只能获得较少的利益。这就是佃农。如果人们通过意大利的事实证明上述情况,那么,Accolae 就是在集体宽容下小垦荒者较晚从共同体获得的一小部分土地。

正是这样的古老习惯,使国家很容易地找到编制土地册的基础。随着控制权扩展到全村,领主同样利用它达到了其目的。当他们把自己控制的领地分成小块时,就为掠夺来的奴隶找到了真正的份地。奴隶份地远远不如自由人份地多,但很有可能是按照自由租地的方式建立起来的。同样,由大胆的领主在土地上建立的新定居,仍然以古老的式样为准的。

从目前的资料和研究状况看,我们几乎不可能精确地想象出不规则形敞地地区的份地的状况。至多,我们按照一些迹象可以假设它有时(却不是永远)属于一个持有者。[①] 相反,在大多数圈地地区,情况是清楚的,与长形敞地地区的差异是极为明显的。

这里,所谓份地,就是人类小集体的农业经营体,很可能以家族为单位的。但它不再是在大块土地中由分散的大块土地组成的纯法律实体。对这些小块土地还要增加集体权利中分摊额的补贴。这种经营作为一个整体,是自给自足的。原始资料充分证明这类份地的地区竟会不同于长形地地区,份地的四邻都有别的地接壤,这证明份地是成整块的。在保持这种历史演变的利穆赞,加洛林时代的份地在以后总是产生出小村庄。自中世纪前期起,它们一直有着自己的名字,有时甚至保持到如今。公元 626 年 6 月 20 日的分配所提到的韦尔迪纳和罗德沙的两个份地,今天已成为克勒兹一个小镇的两个小村落。[②] 在这些土地贫瘠和农耕落后的地区,作为基本单位的家庭是不会混杂在其它集团里的,而是另外定居的(见图 17)。

* * *

分成小块或连成一片的两种份地间的对比,反映了它们之间

① 有一项有意义而重要的研究需要做,即关于连成一片的份地的问题。我不无惊奇地在勃艮第的奥舍莱发现过这种份地。参看 Pérard, *Recueil de plusieurs pièces curieuses*, 1664, p. 155.

② L. Lot, *Mélanges d'histoire offerts à H. Pirenne*, 1926, p. 308. 关于西部存在着整个一份份地属于一个持有者的情况,见 *Cartulaire de la cathédrale d'Angers*, éd. Urseau, n° XX. 其中有关于布列塔尼地区的一种与份地相似的称作 ran 的经营地的详细研究。

的两种不同命运。

自中世纪起，除了圈地地区之外，份地已完全衰落。它已不再是不可分的了，也就是说，在实际上它已不再存在。通过让与或其它方式，小块土地从整个土地中分离出来。自6世纪起，人们看到，图尔的格雷古瓦已注意到“产地的划分”妨碍土地税的征收。无论如何，自秃头查理的统治时期以来的现象更是如此。公元864年6月25日国王的一份告示抱怨佃农习惯出售份地的土地而只保留房屋。显然，如果这些佃农把房子和土地整个单位一起转让，告示就不会对他们产生不满。问题出在份地的破裂、领地的“毁坏”、“混乱”。它们使杂税的直接征收成为不可能。为了制止这种情况，必须收回未经领主同意就抽走的份地。这是徒劳的禁止！大约在同一时代，在巴黎齐的一个村子，经营12块自由民份地的32人中，有11个住在领地之外。① 大概，正是这种分化，使非分地化的租地增加，导致政府在866年第一次对一向被当作微不足道的Hôtises征税。以前，早就试图采取不按份地，而按“户”的办法征税。②

11世纪起，由于土地分为小块，份地终于逐渐消失。当然，在某些地区和地方，这种情况或许还要早些。更深入的研究将来肯定会弄清楚这种差异。1040年，在安茹地区，份地和Bordes的区别还是很明显的。同样，在12世纪时的鲁西永地区，这种差异也

① *Polyptyque des Fossés*, c. 14.

② 扎夏里主教在一封信里明确解释了“户”(casatae)的意思，他把conjugio servorum当作它的同义词(servus在此取其广义，即领地上的附属者)。参见E. Lesne, *Histoire de la propriété ecclésiastique*, t. II,1, 1922, p. 41 et suiv.

存在，但这种差异的意义似乎没有很好被人理解。1135年，在巴黎齐地区的鲁瓦新城，人们提到了半份地。1158年，在埃诺的普里舍，1162—1190年，在巴黎南部的利摩日和富尔什，地租是建立在份地或半份地基础上的。1234年，在奥尔良的布宗维尔和布伊，人们规定，“masures”（这个词在此指整个经营单位，包括田地，与份地是同义词）只能平均分配，至少要分割成固定大小的小块（一直可以达到原地的1/5大小）。在勃艮第，在瑟米尔城堡，15世纪末，不能瓜分“meix”的传统继续存在。① 但是，长期来，这仅是例外，人们早已不再遇到了。自12世纪起，人们最经常遇到的是：由每一小块土地负担地租，按房屋交付养家禽的租金，按人头或户数分摊劳役。同时，租地间的关系越来越不固定，越来越不稳定，它们按照所有者的意愿扩大或分开，唯一的条件是，如果涉及转让，必须征得领主同意。实际上，领主越来越少对此表示拒绝。

在欧洲许多地方，原始的土地单位（人们给它取了各种各样的名字）就这样逐渐消亡了。但是，它在英国和德国，比起在法国的敞地地区消失得更慢。13世纪时，经常被提到的英国“hide”最终消失时，它留下了一个规则而固定的租地体系：一个 vergé（1/4 hide），或一个 bevée（1/8 hide）。在德国，同样从13世纪起（经常

---

① Bibl. Nat., nouv. acqu. lat. 1930, fol. 28 v°(Anjou). — Tardif, *Cartons des rois*, n° 415 et Arch. Nat. S 2072, n° 13(Villeneuve-le-Roi). —*Revue belge de Philologie et d'histoire*, 1923, p. 337(Prisches). —Arch. Nat., LL 1351, fol. 7(Limoges et Fourches). —Arch. Loiret, H 30², p. 438 et Arch. du Cher, fonds de Saint-Benoît-sur-Loire, cartulaire non coté, fol. 409 v°(communiqué par MM. Prou et Vidier; Bouzonville et Bouilly). —Flour de Saint Genis, dans *Bulletin du Comité des travaux historique, Section des sciences économiques*, 1896, p. 87(Semur).

更晚),hufe 才消失,很多地方由租地代替。它们更不协调,但同样是不可分的。今天仍在继续生效的继承法,还确保权利所有者中唯一一人的继承权。在法国,关于平地的租地禁止分割的法律,除了布列塔尼的一些领地外,都没有生效。而在布列塔尼,这种禁止只有利于那些幼子。[①] 总之,在我国大部分地区,领地和乡村公社自 12 世纪起,已不再以稳固的房屋作为秩序井然结构的标志。一般地说,各种名称的份地是全欧洲性的制度,但它过早地、无形无踪地消失,都完全是法国独特的现象。

当然,只有通过对社会生活的更深刻的剖析,才能解释这种变化。我们对中世纪家庭历史了解甚少;然而,自中世纪前期以来,人们看到了一个缓慢的变化。那时,由血缘关系联系起来的集团——家族——仍然很强大。但是,它们已失去确切的界限,联系各成员的义务、职责,已从法律束缚变成道义上的束缚,甚至成了习惯上的束缚。族间仇杀仍然是公共舆论所强加的责任。但是,不存在任何追究主动、被动刑事责任的确切条例。父子间、兄弟间、堂兄弟间保留共有土地的习惯是十分严格的,但也仅仅是习惯而已,个人所有是通过法律和习惯法得到充分承认的,亲属关系只是在让与情况下,才有权优先购买。自然地,这个集团如果界限不清,又没有一个强大的法律压力,是很容易瓦解的。夫妇配偶家庭趋向于取代巨大而稳固的家族制家庭,作为共同生活中心,前者基本上是由仍然活着的一对夫妇的后代组成的。古老的家族制家庭

① 荷兰的类似例子,参见 G. Des Marez, *Le problème de la colonisation franque*, 1926, p. 165. 在洛林,人们想对租地实行各种规定,但没有成效,见 Ch. Guyot, *Le Lehn de Vergaville*,载 *Journal de la Société d'archéologie lorraine*, 1886.

的严格土地范围是否会由此同时消失，这没有什么好惊奇的。法国的份地自加洛林时代起，经常被各自单独生活的多户农家占有，他们之间仅在承担领主的纳税上有联系。属于圣日耳曼德普莱修道院的布瓦西领地，共有182户农民，但只有81块份地，这是通过内部分化而变小的标志。但是，份地作为不可分的整体，由于国家和领主的共同努力而凑合维持着。然而，在法国，很早就缺乏国家的支持。而在英国，直至12世纪，建立在hide基础上的税收制度却还在作出贡献。在高卢，官方的努力到10世纪初已停止。至于领主，从10世纪到12世纪，他们的经营方法由于劳役逐渐减少（这是我国特有的）而发生了决定性的变化，它说明古老的征税单位已消亡。既然人们承担的义务的内容本身发生了变化，为什么还要留恋它呢？古老的登记册已完全过时，他们的语言（如同11世纪末负责抄写并复述沙特尔圣父修道院登记册的教士承认的那样）变得几乎难以理解，只好中止参考，结果，未能帮助把过去的名称流传下来。人们由此看到了各种严重而神秘、但表面上微不足道的现象，即，家庭变得更狭小，更易变，官方税收制度遭毁灭，领地内部彻底改变。9世纪的年贡来自份地，13世纪或18世纪的年贡是按田块或按户缴纳的。

至少，在由大量分散土地组成的没有被清楚地登记的份地上事情就这样发生了。在这样的单位里，事情很随意，不稳定。相反，在圈地地区，份地仅属于一个持有者，而不同经营间的分工并未导致份地的消失。这正是人们在利穆赞所看到的。在那儿，每个配偶家庭几乎都有房屋和土地。从加洛林时代起，在田野上孤立的份地，发展成同样孤立的小村庄。在挪威，人们不知道密集的住宅，古老的家族共同体都是散开的，祖先的大庄园已分解成许多独立的住宅。[1] 但是，利穆赞的小村庄继续长期保留，直至如今还保留着 mas 这个古代名字。领主的管理还是一直需要的，因为，居民仍然有责任缴纳自己应承担的捐税（图 17）。同样，直至如今，朗格多克的山区还保留着 mas 或 mazades，这些小村庄在几个世纪里还坚持拥有共同的土地。然而，甚至在那里，瓦解也将降临。在 18 世纪，mazadss 共同的财产似乎只剩下荒地和林地，而可耕地已被瓜分。不管上面提到的相互关系怎样，在利穆赞的 mas 中，实际存在的经济单位只是狭义上的家庭。[2]

*　　　*　　　*

家庭共同体几乎到处都扮演了从份地走向简单农户的过渡角色。人们经常称它们为“默认”共同体。因为，这些共同体没有书面条款的规定，经常是由“兄弟集团”组成的。子女们即使结了婚，仍然与双亲在一起生活，等双亲去世后，还继续一起过日子，一起工作，共同拥有财产。有时，一些朋友通过假定的兄弟关系加入这个集团。[3] 几代人居住在同一所房屋里，在人口特别稠密的卡昂地方，甚至有过 10 对夫妻，70 口人在一家中的情况。这是 1484

① Magnus Olsen, *Farms and fanes of ancient Norway*, 1928, p. 48.

② 关于利穆赞份地，已由 M. A. Petit 的研究论文所指出。关于 mazades，参见 J. Bauby 的文章（还研究得不够），载 *Recueil de l'Académie de législation de Toulouse*, t. XXXIV. 在布列塔尼，似乎已有小村子，可能来自简单的家庭共同体。这个问题还没有深入研究，参见 *Annales de Bretagne*, t. XXI, p. 195.

③ Ch. De Ribbe, *La société provençale*, p. 387; R. Latouche, *La vie en Bas-Quercy*, p. 432.

年一位代表向全国三级会议指出的。[①] 这些共同的习惯如此广为流传，以致法国农奴制的基本法规之一，领主的永久管业也是以此为基础。但永久管业这个概念自身却是在奴隶家庭里鼓吹共有，一旦共同体崩溃，遗产便重新落到领主手里。凡是税收按户征收的地方，对税收的担心也存在于每一户中，因为分散的住宅增加，纳税就增加。然而，尽管这些小集体如此富有活力，它们仍然既没有什么强迫性，也没有什么持久性。一些比其他人更喜欢独立的人不断从土地上摆脱出来，这就是中世纪的 Foris Familiale。这种“被剥夺面包”的做法有时是一种惩罚，但常常也是他们自己的愿望。正像一箱蜂到时分为几个蜂群那样，“默认”共同体并没有一块法律规定不可分的土地来支持它。

该轮到“默认”共同体消失了。正像习惯被慢慢遗忘那样，它在各省消失的日子是不同的。在巴黎周围，自 16 世纪起，“默认”共同体似乎已经停止实行。但在贝里、曼恩、利穆赞、在普瓦图整个地区，人们发现“默认”共同体一直实行到大革命前夕。皆在弄清楚这些差异的整体研究工作，将彻底探明如此难以认识，但又如此诱人的题目：法国社会结构的地区多样性。有一个现象十分明显，像份地一样，家庭共同体在分散居住的地区被特别顽固地维持着。在靠近中央高原的普瓦图，18 世纪某些领地的平面图显示了被分为“兄弟集团”的土地。[②] 它们之中的一些被分割成小块，像利穆赞的 mas 那样，导致了小村庄的诞生(图 18)。因为，古老的

① Jehan Masselin, *Journal des Etats Généraux*, éd. A. Bernier, 1835, p. 582—584.

② 参见 Arch. de la Vienne 的地图，瓦雷和安托涅的一些奇怪的地图(可能是 18 世纪的)。

共同体到处解体，结果使房屋的数目有了增加，从此，每一对夫妇都愿有自己的房屋。[①] 有时，在没有大村庄的地区，家庭经营延续至今。无怪乎在浪漫主义文学中，欧仁·勒鲁瓦笔下的阿格拉费伊家的人带有佩里戈尔地区的乡村气息，而安德烈·尚宗*描写的阿尔纳尔家族则充满了塞文山区的风味。

再回头谈敞地地区。在那里，这些共同体集团的存在和消失，都对土地的自身结构产生了巨大的影响。土地分成小块，这是农村经营的灾难！从18世纪的经济学家到19世纪、20世纪经济学家，谁没有在自己虔诚的说教中听到对此重复了千百次的谴责？自19世纪起，它还经常伴随着对民法典的强烈责难。事实上，民法典强调遗产的平等分配不是已经造成了危险吗？因为，每一个渴求平等分配的权利所有者，把土地分为每一小块，必然使这种分裂继续到无限。因此，如果说把土地分为小块对个人是极大的麻烦，而且它也是我国真正合理的农业进步遇到的最可怕的障碍之一，这是可以同意的。但说遗产分配是它的唯一起源，那就不一定了。它追溯到土地占有本身，第一个有责任的可能是新石器农业。然而，人们没有怀疑分割使其逐渐恶化。这里，民法典是无可指责的。因为，它没有任何改革，它只是各省古老习惯法的继续。这些习惯法大多数对所有的继承人都是一视同仁的。在法国，长子继承法（不同于英国）一直是贵族的特权，而且，它不如人们想象的那么蛮横。至于遗嘱，它绝对不是自由的，而是有限制的，而且在农

① 关于这个问题最杰出的评注是 L. Lacrocq 的文章，*Monographie de la commune de La Celle-Dunoise*, 1926.

* 安德烈·尚宗（1900—?），法国散文家、小说家，法兰西学院院士。——译注

村很少还在使用。然而，在现代，变化越来越迅速，土地分为小块显示了其巨大的进步性。但法律还未改变，对它一无所助。风俗习惯已经发生变化。当继承人生活在“兄弟集团”时，他没有任何理由将祖先的土地，正像人们已知道的，划分为很窄很分散的土地。然而，古老的家庭共同体逐渐解体，耕地中的小块土地，正常村里的房屋，已有了增加。变化中的农业生活的物质内容，不过是人类集团经历的变化的反映。

二、农村共同体；公社

许多个人，或者许多在同一块土地上耕作、在同一个村庄里建造房屋的家庭，在一起生活。通过经济的、感情的联系而形成的这些“邻居”（在法兰克时代到处都有，在比斯开湾这一直就是它们公开的名称），组成了一个小社会：“乡村共同体”。它们是今天大部分市镇的祖先。

共同体，老实说，直至13世纪，古代文献都没有提到这个字。一般地，文献讲得很多的是领地，至于居民本身，从来没有说过。因此，是否有一个时期领地使集团的生活化为乌有？可以相信这一点。但是，历史上反面的经验说明，文献中的沉默取决于事实，而不是取决于论证。然而，在这里，罪恶祸首却是证明。我们所有的资料几乎都有领地的起源，而大多数共同体在16世纪前却没有档案。另外，长期来，反映其存在的关键内容都在官方法律之外消失。事实上，共同体在获得法人资格前，只充当合伙人的角色。正像雅克·弗拉谢说的，在几个世纪里，村子在我们社会中是一个

“无名演员”,然而,许多迹象却反映了它的生活和活动。

在空间方面,乡村共同体是通过土地的界限确定的。这些土地受制于各种共同经营的规定(临时耕种法则、公共牧场、收获日子等),尤其受制于居民集团的集体约束。在敞地地区,也就是说,在居住十分密集的地区,它们的边界是很清楚的。领地包括了应向同一位主人缴纳地租和服劳役的土地面积;在这些土地上,主人可行使其帮助和指挥的权利。这两种轮廓是否吻合呢?有时,当然吻合,尤其在整个地新建的城镇。但是,经常可能的是不一致。当让与,尤其是授予的做法把大量古代领地分成小块后,时代越近,情况越清楚。但是,法兰克的庄园经常拥有分散在许多教会辖区的份地。在领地制度起作用的所有欧洲国家,都可看到这种情况。如果说法兰克或法国的领地主应该被看成是村庄古老首领的继承人,那么,需要补充的是,表面上,在同一地方,一些不同的势力在发展。无论如何,这简单的看法从地形学上反驳了共同体可以完全被领地吸收的思想。乡村集团,像城市集团那样意识到自己是一个整体,有时激烈反对领地分为小块。在香槟地区埃蒙维尔,村镇及其土地分为8—9种从属关系。其中,每一个都有其法律,但至少从1320年起,各领地的居民毫无区别地服从于治理土地的共同的陪审员。[1]

乡村小集体在反对自己的敌人过程中不仅获得了更为坚定的意识,而且逐渐使社会承认其生存的愿望。

在反对其主人时,首先,经常使用的是暴力。13世纪一位传

① G. Robert 的文章,载 *Travaux de l'Acad. de Reims*, t. CXXVI, p. 257.

教士写道："多少奴隶杀了领主，烧了他们的城堡。"①作为这个悲剧锁链上的一个个环节，有821年法兰克国王敕令揭露的佛兰德"奴隶"阴谋集团；有在1000年前后被公爵军队屠杀的诺曼底农民；有在1315年私自挑选"皇帝"、"教皇"的塞诺内农民；有百年战争时的雅克团和图香团；有1580年在穆瓦朗被捣毁的多菲内的联盟；有在亨利四世时期的佩里戈尔"晚上小心"集团；由绍讷"好心公爵"联系起来的布列塔尼起义农民；有在1789年炎热夏天期间城堡和文物纵火者。对1789年骚乱的戏剧性插曲感到惊奇、愕然的泰纳称他们为"自发无政府主义"。无论如何，这是古代无政府主义！对于这位消息不灵的哲学家来说，这似乎是一种新的闹剧。其实，这仅是一种传统现象的反复。长期来，它一直很猖獗。传统上造反的原因几乎是一样的，神秘的梦想，强烈的基督教原始平等观，这种思想并不期望通过宗教改革而发扬地位低下的人们的思想。在他们提出的要求中，混杂着一些正确的东西，但经常由于大量小的不满和有时可笑的改革目标而变得目光短浅（1675年布列塔尼农民法宣布取消全部什一税，由神甫的税收代替，还宣布限制狩猎、磨坊使用权，宣布在做弥撒时，以用税金购买的烟草和圣体面包，来满足教徒等）。② 最后，正像古老文献中所说的，那些"硬头颈"平民们的首领，那些阿兰·夏埃梯告诉过我们的深受领主痛苦的人的首领，几乎经常是一些农村的祭司。他们同自己的教徒同样不幸或差不多同样不幸，他们比一般教徒更能看到自己在一

① Jacques de Vitry, *Exemples*, éd. Crane, 1890, p. 64, n° CXLIII.

② La Borderie, *La révolte du papier timbré*, 1884, p. 93 et suiv.

般情况下的痛苦。一句话,他们面对受苦的大众准备负担起向来由知识分子所承担的发酵剂作用。老实说,欧洲的特点是与法国一样的。社会制度并不仅仅通过其内部结构,而且还通过它引起的反作用来表现其特点。一个以上对下的指挥为基础的制度,在一定时刻,可以起到相互真诚援助的作用,而在另一方面,双方又可能发生激烈的敌对行动。在仅仅记录和解释现象之联系的历史学家看来,农民的造反不可避免地产生于领地制度,正如资本主义企业发生罢工一样。

无论如何,由于没有组织性而不能建立持久的基础,两次重大起义几乎都遭失败,最后被镇压。比这些一时冲动的活动更多的,是乡村共同体顽固继续的明争暗斗,它们可能是创造性的。在中世纪,农民最热切关心的是组成牢固的村民集团,并使人承认其存在。有时,他们在宗教机构方面做文章。教区的领地时而相当于一个共同体,时而同时包括几个管辖区。领主,更确切地说,领主之一,成了教区的首领,他任命或向主教提名委派神甫。领主由此剥削了许多应归于教会的杂税。但确切地说,领主关心的是抓住这些权利的利益,而不是将这些权利用在真正的用途之上。而教徒上关心的,正是领主所忽视的,特别是由教徒们自己维修教堂。教堂是乡村茅屋间唯一大而结实的建筑物,难道它在用作上帝的房屋的同时,不应又是人民的房屋吗?在这里,人们举行集会,磋商共同事务(除非人们满足于十字街口的小树荫,或者,简单地选择墓地草坪作为会议地点)。有时,教会圣师极为不满,因为人们在这里堆放大量的收获物,在这里避难,危险时甚至在这里自卫。中世纪的人比我们更倾向于随便但不失尊重地对待圣物。在许多

地方，最晚自13世纪起，教堂的管理形成了由教徒们选举，教会当局批准的“教堂财产管理委员会”，作为居民相遇，讨论共同利益，一句话，作为认识他们共同责任的场所。[①]

与这种官方教会机构相比，另一类宗教协会团体更有自发性、灵活性。但这种团体由于供应精神食粮，因而在共同活动中具有结伙的性质，甚至还包括了几乎革命的意图。大约在1270年，巴黎北部的卢夫尔人，组织了这类团体。它的目标是如此天真，简直是超过了简单的虔诚，即建造教堂和偿付教堂的债务，无疑地，还包括维修公路和水井。这还不是一切。该团体还建议“保留村子的权利”，保护他们不受领主——国王的人、镇长的危害。他们通过誓言把成员联在一起。他们通过用小麦支付的捐献，有了共同的钱财和食粮。他们无视领地法律，选举了调解纠纷的“镇长”。他们还不顾只有领主才有权发布通告的规定，自己公布了批准罚款的治安条例。当有些居民不愿意同他们联合时，他们就与这些人断绝往来，不向他们提供劳力帮助，这一招是村民们仇恨的最好武器。[②]

但这毕竟只是迂回的道路。乡村共同体作为世俗的团体，加入了正规集体的行列。

那些在中世纪就已完全达到了这个目的的团体，在吸取城市

---

① 1660年，在诺曼底乡村教堂财产管理委员会的司库参加了外省三级会议第三等级代表的选举。参见 M. Baudot, *Le Moyen-Age*, 1929, p. 257. 另外，在管理委员会公开建立前，人们看到信徒们参与了教堂财产的管理，如12世纪初的例子。参见 B. Guérard, *Cartulaire de Saint-Père de Chartres*, t. II, p. 281, n° XXI.

② *Layettes du Trésor des Chartes*, t. V. n° 876.

初期变化的经验中取得了成功。在许多城市，人们看到，在 11 世纪、12 世纪或 13 世纪，资产阶级通过宣誓相互帮助，联合在一起。我们在前面已指出，在固守等级观念的人看来，这是千真万确的革命性行动。因为，这种新的诺言并未模仿古代忠诚和尊敬的誓言。所以，他们之间不是依附的关系，而仅仅是平等的联系。宣誓组成的协会，以及由此结成“友谊”，称为“公社”。当它的成员很能干、精明，碰上幸运的形势时，他们终于在明文规定中使领主承认了集团的存在和权利。然而，农村和城市没有形成单独的世界。千丝万缕的联系把个人联在一起（例如，巴黎的资产阶级在圣路易时谈判圣母院教务会农村奴隶的解放问题），有时，这种联系把各个组织联在一起。奥尔良的皇家村庄在路易七世时，通过与城市同样的宪章，从奴役下解放出来，当然，费用由大家共同分担。城市和乡村的界线同样是很不清楚的，许多商业和手工业的市镇同时又是半农业的！不止一个纯粹乡村居民点却企图组成公社。可能还有更多我们从来不知道的。因为，这些努力中的大部分都失败了，被我们遗忘了。我们只通过领主公布的一些禁令，了解到 13 世纪法兰西岛乡村的共同体的发展趋势。在完全实行敞地制的地区，大量的农民既没有确切的数目，又没有财富，更没有与城里商人团体的牢固联系，肩并肩地在城市的城墙之外。某些村庄或村庄联盟——若称之为联邦，则数量上嫌太少——到处赢得了公社契约。在奥克语地区，公社一直比较少。从 13 世纪起，人们习惯于称呼已获得相对自治的城市公社为“执政府”。14 世纪，尤其是 15 世纪时，这些“执政府”中的大多数，仅是比城市更乡村化的集团，有时，甚至是纯粹的村子。南方的这些村子紧靠在它们公共广场的

周围,有小城市的气魄。① 这种取得了公社或"执政府"名称的集体成为常设机构,它并不同自己的临时成员一起消亡。法学家从13世纪起按照罗马方式重新提出了法人资格的理论。这种理论承认法人为集体存在,是一个"综合体"。它有自己的标志,有法律上独立的人格,有由居民命名的、但或多或少在领主控制下的官员。一句话,作为社团,它在法律上已取得了显要地位。

但是,大部分村子从未达到这种地步。领主同意的特权契约,12世纪起,有相当多数不是公社契约。它们将古老的习惯规定下来,并使之有利于平民。然而,它们并没有产生一个集体的人称。一些法学家,例如,后来当上克雷芒四世的教皇居伊·富尔克,于1257年证实了所有居住在居民点的人群被看作"综合体",可以选举代表。② 这种宽容的论点一般地没有被遵循。在不合法存在的共同体,法律思想在长期中只是暂时的存在。居民是否需要调整一些共同利益,例如,与领主商量特权的购买,或者埋怨一些损失?最晚自13世纪起,正式承认(习惯上则更为古老),他们大多数可以签具契约,确定法律方面的事情(在这方面,王宫有时很受欢迎,即使是那些反对伸张正义的领主),或者,出于这样或那样的目的,他们可选举代理人,人们习惯于称呼这些人为"检察官"或"居民代表"。逻辑上,决议书和委托书只是对选举他们的个人产生影响。

---

① 乡村"执政府"是朗格多克的特有现象,但在普罗旺斯,许多乡村共同体在"联合会"的名义上很早就获得了法人的资格。南方的村庄是真正的地中海"城堡",与北方的村庄很不相同。

② E. Bligny-Bondurand, *Les coutumes de Saint-Gilles*, 1915, p. 183;关于城市的情况,参照署名为里昂人的论文,*Olim*, t. I, p. 933, n° XXIV.

然而，13世纪时曾是一个高级官员的最著名的法学家博马努瓦尔承认，大多数人是愿意加入集体的，但有一个条件，即，大多数人包括最富有的一些人。这是毫无疑问的，因为，人们不愿让穷人压垮“mieus soufisans”；而且，这也是根据这样纳税倾向，即在与城市的关系中，它鼓动君主主义制度，同时，还应在旧制度末指导乡村会议的管理政策。专有名词反映了法律的模糊：这些不一定存在的协会叫什么名字？1365年，香槟省四个村子同属于一个教区，习惯于与第五个村子一起活动，这招致了严重的麻烦，以致不得不用“团体”、“公社”的字眼表示它们之间的联盟。他们向高等法院解释，他们没有使用这些字的“本义”，只是为了马虎表示他们没有涉及“一个又一个”的个人。[①] 然而，法律条文早就习惯于给进行诉讼的“团体”定名，当然不是公社，也不是作为对法人资格否定的在某个地方居住的某些居民。他们通常从地点上说“共同体”，这是一种很笨拙的意义。一旦事情结束，检察官、代理人就消失在人群中，表面上，集团又化为乌有，或者至少处在停滞之中。

然而，逐渐地，这些代表机构——居民的集会、检察官、代理人——稳定下来。在这种情况下，领主的税制要求通常承担纳税的平民合作，由他们自己在农户间分配人头税或其它类似的税收。国王的税制继承了这些习惯。拒绝支持领主的中央政权，怎么能放弃对地方集团的依靠呢？在战胜封建的无政府前，加洛林王朝已试图将货币与度量衡的监督权托付给由居民选出的“陪审员”。[②] 在重新

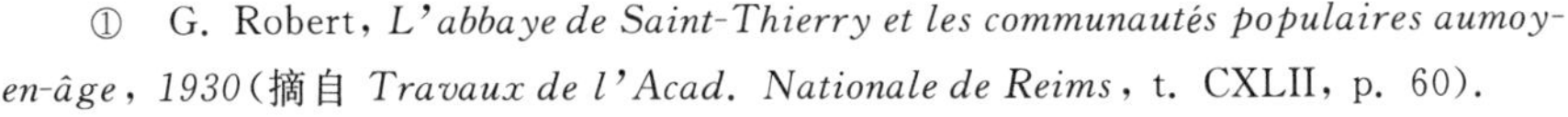

① G. Robert, *L'abbaye de Saint-Thierry et les communautés populaires aumoyen-âge*, *1930*（摘自 *Travaux de l'Acad. Nationale de Reims*, t. CXLII, p. 60).

② *Capitulation*, t. II, n° 273, c. 8,9,20.

变成君主政体的法国，随着行政管理权力的发展，它们越来越经常求助于共同体，以便实现整个治安、军事和财政的目标。同时，它们还指导政府机构运行的调整。在旧制度下，尤其在18世纪（那时，主要是官僚机构），对于大部分地区和另外的或多或少紧靠的地区来说，一系列法令在有利于富裕农民的基础上组织各级会议，规定居民代表的长期性。但是，他们处在领主和总督的双重控制之下。居民能否不经领主同意而举行会议？法律是易变的，上奥弗涅的习惯回答说可以，下奥弗涅的习惯回答说不可以。然而，最经常的，这种赞同被认为是必要的，除非由国王代表的赞同来代替。这正是卡佩时代末法学试图解决的。① 经常地，只有当法院或总督批准时，决议才应执行。在这种情况下，起支配的是不明确性。权力的冲突常常有利于村子。把这些公开写进法令，实际上使其进入相当狭窄的联系。这是为最终接纳进入体面的法人社会而应付出的代价。

* * *

乡村共同体需要几个世纪才能强行闯入这道大门。但它不需要人们的批准。整个古老的农村生活必须以这样一个构成坚固的集团为前提，以显示集团的存在。

---

① 1320年3月，高等法院取消了蒂艾、舒瓦西、格里尼翁、安东尼和圣乔治新城村庄居民给予的委托书。因为它既不是“团体”，又不是“公社”。居民首先应获得自己的领主、圣日耳曼德普莱修道院院长的同意。如果修道院在同样情况下，受煽动而缺席，那么，高等法院保留权利，以朝廷的允准代替缺席的领主。显然，这打开了调解的宽敞大门（Arch. Nat., L 809, n° 69）。值得一提的是有一位法律历史学家试图叙述法学在这个问题上的变化。文献并不缺乏，但直至其开始进行时，还不能对这个事实上和理论上的严重问题说清楚什么，要说也可能说错（参看1339年与圣日耳曼德普莱修道院有关的另一件事，Arch. Nat., K 1169A, n° 47 bis）。

首先，在敞地制地区，有各种集体的约束，包括公共牧场，强制轮作和禁止圈地。老实说，当这些规定被违反时，一般来说，不是由村子来审判的。在古代法国，自法兰克法制崩溃起，只有国王和领主的法庭，而没有其它法庭。即使由贵族审判的思想最终获得胜利的时候（由于地区不同，这个时代在各地有早有迟），也还发生农民占据领主席位的事情。13 世纪，单一审判制度正在大规模进行，巴黎教区的市长在奥利宣布判决书之前，必须征求“老好人”的意见，他们当然是从耕农中挑选出来的。[①] 然而，这些法官代表的是领主，而不是集体。在中世纪，当个人执行的古老习惯还占统治地位时，一般地，它容许被损害的集团进行报复。靠近巴黎的瓦朗通的居民在共同的沼泽地里不是找到了羊群吗？它们在这儿本是无权牧食的。还在 13 世纪，他们可以抓住牲口，把它杀掉，吃掉。[②] 但是，这些暴力越来越被一些简单的抵押所代替，诉之以在通常法庭前的法律行动。同样，除了一些享有特权的村子外，只有土地的最高长官才有最终的处罚权，有时给受害的共同体一部分罚金，而根据最初城市社会中流传同样很广的习惯，人们很自然地倾向于把这些钱在“小酒店”里喝掉。[③]

但是，谁来实行规则？说真的，基本上它们没有被实行。因为，它们是习惯性的，集团是从传统上接受它们的。另外，这些规

① B. Guérard, *Cartulaire de N.D. de Paris*, t. II, p. 17.

② Arch. Nat., LL 1043, fol. 149 v° (1291)．有关以抵押代替屠杀牲口的事。参见第 1211 条，有关迈松的，见 S 1171，n° 16.

③ Arch. de la Moselle, B 6337（1738 年 12 月 18 日，隆日维尔，1760 年 9 月 8 日，马尼）。

则与被争议的整个制度在物质和精神上存在如此紧密的关系,以致似乎它们才真正具有事物的性质。然而,有必要对一些古老的规定加以某些充实,例如,改变放牧的方式,为了使耕畜优先放牧,有时保留这个田区,有时保留那个田区用作牧场;当一个新地区被垦殖时,就在那里确定一系列的轮作制度,甚至有时改变整个管辖区的轮作制;最后,确定变化不定的收获庄稼或收获葡萄的日子。在这种情况下,谁决定这些的?

即使在已知的时代和地区,也不可能对这个问题作出同一的回答。当然,只有领主才合法地掌握着指挥权,发布“通告”。城市尽极大努力之后,是可能从领主那儿得到一部分这种权利,而村子却从不可能,或几乎从不可能。实际上,这是简单易行的,它经常容许集团有某些创造性。其传统无疑已有千年以上,而且由于这些创造性长期得以被容许,它们已经具有了法律的力量。各地的不同情况决定着职权的分配。1536 年西托修道院的僧侣们力图改变日利牧场传统的放牧日子;居民们则在法庭上拒绝了他们的权力。1356 年靠近巴黎的布吕耶尔城堡的老爷只确定收获葡萄的日子。离那里不远的蒙泰弗兰,只要得到领主同意,农民就可自行确定收获日子。同样,在奥塞鲁瓦的韦尔芒通,1775 年,领主的代理人(在国王的情况下)徒劳地想从村民会议手中收回这个权利。[①] 再没有比有关任命的习惯更加具有特点的了。有时,农民

① *Revue bourguignonne d'enseignement supérieur*, 1893, p. 407. —L. Merlet et A. Moutié, *Cartulaire de Notre-Dame des Vaux-de Cernay*, t. II, 1858, n° 1062. —Arch. Nat., L 781, n° 12 et LL 1026, fol. 127 v° et 308. —*Bulletin de la soc. des sciences historiques … de l'Yonne*, t. XXX (1876), 1re partie, p. 93.

参与官员的选派，这些官员以领主名义担负征税或裁判的责任。但是，在英国经常出现的情况在法国却是很少的。很经常地，在选择乡村小官员时，他们有权发表意见。在靠近沙特尔的尚福尔，自12世纪起，他们选举公共烤炉的面包师。在讷伊苏克莱蒙，人们于1307年选举了共同的牛倌。在伦日斯，作为领主的代表，市长于1241年5月设置了葡萄的看守人，但这是在同时听取了领主自己和居民的意见后才作出的。在洛林的蓬托瓦，18世纪时，三个"田野看守人"中，二个是被居民任命的，第三个由领主任命。相反，在靠近那里的领主隆日维尔修道院院长却坚持优先挑选各村庆祝领地节日的小提琴手。[①] 总之，在这些不一致和公开被拯救的领主政权原则间，集团的行动在这些小而严重的乡村纪律问题中，实际上仍然有很大的影响。

而且，这些活动只要有必要，就可以在各种合法形式之外，甚至违背合法性，毫不犹豫地在长形敞地地区进行，古老的传统，作为土地的核心，使易于专制的共同体精神成为必要。集体劳役的主要力量应归功于公共舆论，有机会的话，舆论可以用有效暴力来代替纯粹精神的压力，这是我们知道的。但无疑地，在乡村群众中，最意味深长的表现，是联合和反抗不可征服的思想，在现代，通过传统习惯，它已成为其固有的基本因素，在皮卡第或佛兰德平原，人们还能觉察到这些因素，尤其在洛林，还有一些相似的倾向。

---

① L. Delisle, *Etudes sur la condition de la classe agricole*, p. 105, et *Olim*, t. III, 1, p. 98, n° XLVII. —*Cartulaire de Saint-Père de Chartres*, t. II, p. 307, n° LIV. —Arch. de Seine et Oise, H. Maubuisson, 54. —Bibl. de Ste Geneviève, ms. 356, p. 154. —Arch. de la Moselle, B 6337.

有些习惯，时而以市场权的名义（农民眼中的“权利”，从法律角度来看是滥用），时而表现为闻到火药味的名义“不同意”或“厌恶年贡”（在佛兰德，称作 haet vanpacht）。[①] 由经济变化所引入的临时地租，就是对曾建立了永恒地租习惯的那些古老世袭观念的挑战。大土地所有者只是在按时签约时，可以力图保护其利益。当租约期满时，如果他拒绝在几乎类似的条件下与原来的佃农重新签约，不幸就会降临到他头上！不幸尤其要降到新来的租户头上，如果他们成为“目标”的话。这些租户一般是村里的外来人，本地人是不愿，也不敢违约的。如果有一方感到自己的权利受到损害，那么另一方将付出沉重的代价。他们采取抵制、偷窃、暗杀等“铁和火”的惩罚办法，这已不是太过分的了。这些农村人的要求甚至还走得更远。他们要求在土地出售时，佃农有优先购买的特权。甚至，农业工人，“割麦者、打场者、牧羊人、森林看守人”，都把自己看成是不得罢免者和世袭者。尤其是牧羊人，路易十五时，在拉昂和吉斯地方，他们“通过威胁，动手打人，行凶杀人”，成功地保障了其“家族”的真正垄断。自 17 世纪起，国王的条例徒劳地禁止这些做法。一个官方报告说，这些做法在佩罗讷、蒙迪迪耶、鲁瓦和圣康

① 除地区性的地理、历史专题著作之外，还有 1892 年 J. Lefort 的著作，1899 年 F. Debouvery 的著作，1906 年 C. Boulanger 的著作。我借用了由 Boulanger 和 E. De La Poix de Fréminville 发表的一些论文和法令中的一些词汇，如 *Traité général du gouvernement des biens et affaires des Communautés*, 1760, p. 102 et suiv. 以及 *La pratique universelle pour la rénovation des terriers*, t. IV, 1754, p. 381, (cf. Denisart *Collection de décisions*, t. III, 1786, mot Berger). 关于洛林的情况，参见 1666 年 6 月 10 日查理四世公爵的一项反对佃农“智力垄断”的法令：François de Neufchâteau, *Recueil authentique*, 1784, II, p. 144.

坦的皮卡第大法官管辖区，使“土地所有者”成为“虚假”的概念。苦役的恐吓也没有阻止这些顽固者继续干这种事。1785年，亚眠的总督在公布新的法令建议前，寻思他的骑警队是否足以“提供需要的骑兵，以镇压造反者”。与以前的总督或法院相比，新法国的省长和法院长官不是更幸福了。因为市场法则与具有特点的传统所偏爱的大土地所有者十分相适应，而后者是与“旧制度”下领主或各种小块土地集中者控制的所有制一脉相承的，所以它已越过19世纪，而且无疑，至今仍未死亡。

*　　　*　　　*

但是，集体经营土地的存在，在集团成员间，在市镇管区的一些土地制度里，形成了比耕地上的徭役更加强有力的联系。18世纪末，雷蒂夫·德·拉·布列顿写道：“萨西的小教堂由于拥有公社，像大家庭那样进行管理！”①

公有地的益处是多方面的。荒地和森林为牲口保证了牧场的补充。这些，无论是草地，还是休闲地，在通常情况下是不可能做到的。森林还给人们以木材和成千种人们习惯于在树荫下寻找的其它产品。在沼泽地，有泥炭和灯心草；在荒原，有用作垫草的荆棘和草皮块，有染料木或用做肥料的蕨类植物；最后，在许多地方，还保留着用以临时耕种的可耕地。人们应该寻思的，是在各个时期和各个地方，如何调整它的法律地位，而不是它存在不存在。因为，在古代，农业还未实现个体化，小型经营不能提供的食品，很少能找到购买的办法，因此，没有它，就不可能有农村生活。

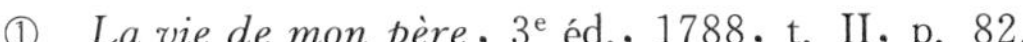

①　*La vie de mon père*, 3e éd., 1788, t. II, p. 82.

在开发这些宝贵财产的过程中，比村子自身更广泛的人类集团有时发现了联合的理由。有时一大块土地，一座森林（例如，在诺曼底的鲁马尔森林），更经常的是高山牧场，被一些共同体单独使用，所以发生这种情况，或者是由于较大集团的分裂，或者是由于开始时就独立的各共同体有必要使用位于它们间的土地而导致协议的产生。比利牛斯“山谷”就是用牧场作为纽带联系起来的联盟。在最经常的情况下，公有地产是村庄或小村子中可耕地的附属部分或延长部分。

从法律上讲，理想中的公有地是这样一块土地，在这块土地上，只有集团的法律，没有其它的真正法律。在中世纪的法律词汇中，它表现为居民共同拥有的自由地。像这样的集体自由地，人们可以找到一些例子，但非常稀少。[①] 在共同经营的土地上，像在整个管辖区一样，各种法律和等级化制度经常纠缠在一起，例如有领主的法律，受其支配的领主的法律，农民自身的法律。比起个体经营的土地来，这些法律的界线仍然是长期更加不清楚。它们只是在激烈的讼诉斗争期间才被确定。

争夺公有地的斗争是事物的常理。历来斗争双方分为领主及其臣民。自9世纪起，法兰克的司法程序（它是在瑞士德语区的一家修道院，圣加尔修道院草拟的，在我们高卢没有同样的司法程序，那纯粹出于偶然）为我们描述了某一宗教机构与居民关于开发

① B. Alart, *Cartulaire roussillonnais*, 1880, p. 51 (1027)；关于西班牙古老边境省的另一事例，参见 M. Kowalewsky, *Die Ökonomische Entwickelung Europas*, 1901 et suiv., t. III, p. 430, n. 1. —A. Bernard et A. Brunel, *Recueil des chartes de l'abbaye de Cluny*, t. VI, n° 5167(1271).

森林的讼诉。[1] 通过对共有土地的独占，千百年来的土地暴动发泄了人们最古老、最经常的不满。编年史专家纪尧姆·德·朱米埃热在顺便提到于1000年时暴动的诺曼底农民时写道："他们要使河水和森林的利用服从于自己的法律。"诗人瓦斯在稍后一些时候曾用热情的诗句反映了这点："我们人数众多，/保护我们自己不受骑士的压迫。/我们可以到森林去，/砍伐树木任自己挑选，/在鱼塘里垂钩钓鱼，/在森林里猎取野味；/在森林、在河流、在草地/我们随心所欲对待万物。"人类劳动的双手从未动过一切：草、水、荒地，不属于任何人所有。这是社会意识的古老的基本感性。11世纪，吉尔特勒修会的一个修士谈到一个与习惯背道而驰、执意要求修士们支付牧场权的领主时说："他与一切正义作对，竟拒绝上帝在土地上为所有动物安排生长的青草。"[2]

然而，当大量的土地仍空闲时，争夺荒地和森林的斗争是不会很激烈的。结果，确定公有地法律地位的需要还不迫切。领主在荒原和森林上经常与在耕地上一样，行使着同样的最高实际权利。当然，最高不是绝对的，因为一般来说，一个人总是另一个的属臣，他们之间存在着臣仆关系。封建等级制度的权利就这样凌驾于他们的权利之上。但是，这里仅限于与村庄有直接关系的领主，他们是附庸关系长链上的第一个环节。这里，荒地对领主的从属关系一般反映在租金的偿付上，这些租金是由使用土地的居民，或者作为整体，或者作为个人，被迫交纳的。因此，我们是否可以说公有

① 克洛泰尔第三有关勃艮第的拉雷的一张文书中似乎提及了某一公共地的事务，参看 Pardessus，*Diplomata*，t. II，n° CCCXLIX.

② Guérard，*Cartulaire de Saint-Père de Chartres*，t. I，p. 172，n° XLV.

地是属于领主的呢？很难讲，因为，农民的使用（很自然地，领主作为首领同时参与开发），按其方式来说，同样是有力的权利。同样情况下，它们没有被传统所认可和保护？在中世纪的语言中，人们没有用这个如此有力的名词，称呼这个或那个村子所具有的共同使用土地为“习惯地”？这种思想状态的完美表达是由法兰克时代的一些条文提供的，这些条文在列举村庄的附属物的同时，很少立证注明公有地的存在。表面上，这是很反常的现象。在给予的、售出的、真正自由的个人财产中，竟要标出“公共土地”！这就是说领地不仅包括由主人直接开发的部分，而且也包括使其统治扩大，需要纳税的地方：即租地（即使它是世袭的）和由集体使用的公有地（它比起佃农法定的个人占有来更受人尊重）。大约1070年，在比利牛斯这一边的鲁西永实行的巴塞罗那的习惯法写道：“公共道路，河流，泉水，草地，牧场，森林，灌木丛，岩石……属于领主，但他们不能将这些作为自由地”，这就是说，他们关心的不能只是他们自己的权利，而完全没有其他人的权利，“也不能由领主控制它们，相反，任何时候，它们的使用权掌握在人民手中。”[①]

巨大开垦地的出现，使荒地日益减少。冲突不断尖锐。一般地说，公有地并非领主用来作为扩大他们自己耕地的工具。实际上，领地到处都在缩小。在荒地上用犁耕作，以代替共同畜群的游牧，这项工作经常由领主承担。这些处女地是准备分给佃农的。这些新土地的垦荒者和地租的受益者，从中取得了很大利益。相

① 参照 Brutails 对该习惯法所作的注解所引起的争论。见 P. Lacombe *L'appropriation du sol*，1912，p. 379. 我基本上同意拉孔布的观点，——仅仅在 alodium（自由地）和 dominicum（领地）两词的注解上有所保留。

反，共同体却丧失了它的使用权和自由清理林地的可能性，其利益受到损害。正是为了直接坐收渔利，领主才力图独占公有地。他们通常追求什么呢？一块从此单独留给其牲口的放牧地。在这个保留地衰落的时期，羊舍只需要较少劳动力，它是比农场还更重要的领主经营，或者一些特别有利的产品。它不是涉及沼泽地吗？那是为了泥炭。阿德尔的神甫朗贝尔写道："大约在1200年，吉内伯爵的长子马纳塞让人为他在沼泽荒地挖泥炭，而这些沼泽荒地在过去是作为公共财产属于阿德尔教区所有居民的。"尤其当由集体支配使用的土地上种了树木时，领主的贪婪就转向木材。正像人们所知道的，木材变得越来越珍贵。在法律界线不清情况下，最认真的人是很难理解这一些的。无疑，在作为土地独占者的贵族看来，从下面的事例中是可以找到足够的证据的。1442年，塞纳斯的领主在占领了自己的普罗旺斯村庄荒地后，很坦率地表示："领主与其臣属之间必须有所区别。"[①]但农民们并非乖乖地受人摆布，分配和"瓜分"却发生了。领主获得了过去属于共有的一部分土地的充分支配权，而共同体通常通过年贡的方式保留了其余土地的使用方便。因此，这场危机在很多地方，导致对一部分古代公有地上集团权利的正式承认。目前，我们好多市政当局的财产起源，可以追溯到这类行动上。

更严重的新危机，起源于16世纪。面目一新的领主阶级，以其全部热情和灵巧，涌向大的开发事业。资产阶级和富裕农民也

① "Car reson monstra que differencia sia entre lo senhor et los vassalhs." Arch. Bouches-du-Rhône, B 3343, fol. 342(1442年1月28日).

与它们一样成为土地的集中者。法律思想的转变正好为他们的贪婪正名。当实际权利发生重叠、混杂时，法学家们忙于代之以一个所有制的清楚概念。在公有地里，正像在其它土地上一样，必须找到一个罗马字意义上的主人，人们通常推断出，这便是领主。在这纯洁的想法上，人们加上了一个遗传学的论点。作为例外，今天的历史学家们有时在重新考虑这个论点。起初，人们认为公有土地只属于领主；至于居民，他们只能从老年人的转让中得到自己的使用权，仿佛村子必然比它的首领更年轻。自然地，这些理论家是不容许放弃共同体利益的。但是，根据 13 世纪起已开始成形的法学理论[①]，他们一般倾向于只承认通过缴纳租金而被批准的有效性。而纯粹大方的"让与"，至少从表面上，似乎很不牢固，在这种情况下，人们怀疑是否有真正的礼物，或者，从使用角度看，是否只是一种简单的滥用。所有这些无不带有犹豫和差别。法学教授、实践家、管理者们，意见很不一致，只是并无多大成效地把一种分类引入共同财产中，这种分类是根据领主或其臣民间对立矛盾的可变量计算、考虑的。但是，受这种思想影响，用理论武装起来的领主、其手下的法律界人士，甚至怀有强烈阶级意识的法院，都愿意看得更简单、更粗糙。1736 年，雷恩高级法院总检察长直截了当地采用了领主的论点："所有的土地，无用地，空地，在布列塔尼都是封地领主们的专有财产。"1270 年 6 月 20 日，一份协议禁止勃艮第库谢的领主在没有征得居民一致同意的情况下转让"城市共同

① *Olim*, t. I, p. 334, n° III et 776, n° XVII. —L. Verriest, *Le régime seigneurial*, pp. 297, 302, 308.

体”。尽管这些条文如此清楚，自 1386 年起一直持续到 1733 年的三个半世纪中公爵领地的议事会议，通过高级法院决定：“广场，街道，马路，公路，小道，荒地……以及村子的其它公共场所”都是属于领主的，可以任其“自由”支配。1777 年杜埃高等法院拒绝记载国王的一个告示，因为，在这个告示里，提及了“属于”共同体的财产。他们认为，应写成共同体“享用”的财产。①

事实上（各省或全国三级会议上，使用者的陈情书雄辩地证明了这一点），16 世纪以来，反对公有地的冲突变得越来越激烈。它具有多种形式。

首先是单纯的、简单的侵占。领主滥用其指挥权和法律。1576 年在布卢瓦地区三级会议上，第三等级的代表说：有些领主“为自己的利益，按自己的意愿进行判决，他们夺取贫苦的臣民们享有使用权的空地、荒原和公有财产，并剥夺臣民们反映其权利的有关条文”。作为农民的富裕土地所有者，也利用了财富所给予他们的权势。18 世纪一位农学家说过，在农村里，一切会屈服在财产面前。1747 年，奥弗涅地区克劳巴的人抱怨，“村中的居民热罗·萨拉一帕泰贡，由于是富人，是村中的头面人物，……就扩大其私人的权力，甚至把属于村子的公社大部分土地圈围起来，并和他的土地联接起来。”②

---

① Poullain Du Parc, *Journal des audiences … du Parlement de Bretagne*, t. II, 1740, p. 256 et suiv. —J. Garnier, *Chartes de communes*, t. II, n°CCCLXXI et CCCLXXII. —G. Lefebvre, *Les paysans du Nord*, p. 67, n. 1.

② Essuile, *Traité politique et économique des communes*, 1770. p. 178. —C. Trapenard, *Le pâturage communal en Haute-Auvergne*, 1904 p. 57; cf. Arch. du Puy-de-Dôme, Inventaire, C. t. II. n. 2051.

有时，独立是比较阴险和狡诈的。但从法律上说，它是无可非议的。富裕的农民用很低的价格收买一部分公有土地，或者，领主要求重新划分土地。这种行动本身对共同体并不是必然不利的。因为，它巩固了属于他们的一部分权利。但是，当分配条件变得过于苛刻时，它对共同体就变得不利了。许多领主要求得到被分财产的三分之一。这就是“挑选”权。在现代，它通过法律被广泛使用，可是在1669年，君主制本身还很难承认它。无疑，原则上它是受限制的。尤其是开始时，所谓的让与应该是免费的。实际上，这些使田地摆脱许多苛求的保留权利，不是一直十分严格地被遵守的。

最后，农民作为个人，不是唯一负担借贷的人。我们已看到，正是这些借贷帮助大土地买主有效地合并小块土地。共同体也是经常负债的，而且债务很重，尤其在战后重建工作中，必然要为许多共同利益支付费用，还要满足国王和领主未来的税收要求。为了摆脱这些负担，出现了全部或部分出售公有地的愿望。领主当然主动促进这件事，他们或者打算自己购买，或者借机要求使用挑选权，作为对他失去的土地支配权的补偿，从而，他希望不费力气地取得一部分礼物。在洛林，习惯或法律使他们获得向居民征收三分之一税收的权利。这些出售有时是可疑的；它们有的公开进行（例如，1647年，国王的一个通告指责一些人借口偿还“空头”债务而急于抛售共同体）；有的由自己确定价格。但正在显示出效果的利息压力以及许多经常难于管理的乡村小集团的可怜财经状况，都使出售变得不可避免。1590—1662年，勃艮第的尚多特尔村曾三次出售其公有地，头二次由于受骗或错误而被取消，最后一次(出售给第二次的相同买主)取得了成功。

自然地,这种演变遭到了强大的抵抗。即使在最明显的滥用前,农民的确仍然犹豫进行鸡蛋碰石头的斗争。1667 年,第戎的总督写道:“所有的公有地都被共同体的领主或者被政府当局的成员侵占和强夺,如果穷苦农民不遭虐待,他们绝对不会埋怨不满的。”①“土地税实施法”的伟大作者弗雷曼维尔写道:“居民们敢对有势力的领主表示不满吗?”然而,不是所有的人如此容易被吓唬住的!在布列塔尼,大约在 18 世纪初,领主们开始大量地“转让”荒原,就是说,把它们租给耕种和造林的承包人。个人据为己有这个进程的明显的标志是在被夺去的共同使用土地周围建立起了土墙,武装的人群经常来破坏这些妨碍人的和带有象征意义的围墙。高等法院表示要严惩!真是白费力气!在农村是不可能找到证人的。在普卢里沃荒原周围的一些围墙被推倒后,领主公布了揭露罪犯的罪状书。但是,有一天,在有关的两个教区交界处,人们发现了一个绞架,底下是一个坑,碑文是:“谁若出卖同伴,将被带到此地。”②

农民群众反对的另一个权力是君主制度。它的官员,作为乡村集团的保护人而征税和征兵。1560 年,奥尔良的法令使领主失去了有关公有地产诉讼的“最高裁判权”。自那时起,有时从全国范围,有时从局部地方范围,接连公布了一系列的法令,禁止转让,取消一些时候已进行的出售和“挑选”,组织关于共同体权利被侵

① *Pratique*, 2e éd., t. II, p. 254.

② Poullain Du Parc, *loc. cit.*, p. 258.

占的“研究”。高等法院采取有利于领主企业的政策。17 世纪起，作为它们的习惯反对者的总督，采取了相反的立场。这种政策是必要的。因为这时在各个地区，人们对继续繁荣有点担心。人们在洛林公爵领地已经看到相同的结果。只是到了 18 世纪中叶，当“农业革命”(我们在后面还要研究)由于自身的性质反映了公有土地制度的作用时，统治者们才改变了立场(通过思想的逆转)。

但是，这些反抗中哪一个都不是很有成效的。对君主政权的反抗往往被税收剥削的担心所破坏。1677 年和 1702 年的声明同意独占者至少暂时保持被转让的财产，只要其归还(当然给国王)近 30 年来征收的果实。农民经常局限于无结果的“民众的不满”。有利于领主和富人的公有土地分割，在现代是全欧洲的现象。同样的原因到处在导致公有地分割，重建大规模经营的倾向，个体生产者的进步，对为市场而生产的担心，难以适应以金钱和交换为基础的经济制度的乡村群众的危机。共同体没有能力组织斗争以反对这些势力。因为他们自己很难像人们想象的能组成内部完美的联盟。

三、阶级

我们暂时把领主放在一边，也不谈资产阶级。后者生活在附近的城镇里，在那儿支配、控制土地，从中渔利。这些人说到底并不属于农民社会。我们现在着眼于分析由直接在土地上劳动、生活的耕作者组成的社会。该社会现在不是，而且 18 世纪时也早已不再是真正平等的了。但是，人们喜欢从不同水平上来看最近时代中变革的作用。福斯泰尔·德·库朗热写道："18世纪的村子已不再是中世纪的村子了，不平等已引入村子。"①似乎这些小的乡村集团出现了相当明显的阶级分化，而且分界线随着时代变化也不可避免地发生着波动。

老实说，阶级这个词是历史词汇中最模棱两可的词汇之一。重要的是明确它在这里使用所包含的意义。在不同时代，村民间的法律身份存在着变化，对其进行论证是白费力气的。法兰克时代的庄园像一面"多棱有色镜"，反映了各种不同的情况。它们之间的对照，比实际更为鲜明。在中世纪许多领地，越来越多的奴隶被解放，"自由"民与农奴生活在一起。要求农民社会的原始平等，并不等于拒绝承认这些不可辩驳的阶级差别。尽管所有平民服从的法律规定是不同的，但他们的生活方式相当类似，而且，大多数人的命运也相当近似，因此，他们之间绝不会造成利益的对立。总之，为了使我们较为方便、不太严格地使用词汇，我们不妨在承认法律阶级的同时，否定社会阶级的存在。然而，没有比这一点更不确切的了。

在中世纪前期的领地里，同一种类的份地(或者最初就是不平等的，或者不平等是机构衰落的结果)之间有时存在巨大的差异。在蒂艾，一户叫巴蒂洛的佃农家庭的自由民份地，大约有16—17公顷的耕地，38公亩的葡萄园和34公亩的草地。而唐及其妹妹，德芒什及其妻子、儿子，他们同样是佃农，两家共持一份自由份地，他们共同经营稍多于3公顷的可耕地，38公亩的葡萄，10—11公

① *Séances et travaux de l'Acad. des Sc. Morales*, t. CXII. p. 357.

亩的草地。难道人们会相信巴蒂洛及其邻居是处在同一水平的社会等级上？至于各种等级的份地间的差异是正常的。一个奴隶份地很可能掌握在例如佃农这样的人手里，他们在法律上同接壤的自由民份地的持有者一样平等，但奴隶份地经常是比较小的。最后，还有其小块土地未上升到份地的农民，作为 hotises 或 accolae 的持有者，无疑经常仅是在小块垦荒地上被承认的“占领者”，他们大部分属于地位还较低的阶层。

份地的瓦解有利租地的分割，它使这些差异更为突出。在中世纪，我们很难估计农民们的财产。然而，有些资料仍可帮我们作些细微的调查。1170 年，在加蒂奈的三个领地中，人头税是以租地为基础的，按其价值的多少，缴纳 2—48 个旧货币。在圣路易时代，皮埃尔丰领地的王室奴隶为获得解放，必须支付其财产的 5%，折成货币为 1—1 920镑。老实说，这些人中的最富有者，肯定不是乡下人。但是，即使在中小家产(尤其是农户)之间，差距仍然是明显的。总体上看，大约 2/3 多的家产没有达到 20 镑，相反，1/7多的家产超过 40 镑。[①]

千百年以来，明显反映农民差别的有两方面的内容，一个是为领主服役，它反映了地位和权力的差别，另一个是更为经济性的，即耕畜的拥有或缺乏。

在中世纪领地，主人有一个以其名义行使管理的代表，这些官员在不同的地方有不同的称呼，如：市长，镇长，或法官等。在人权

① M. Prou et A. Vidier, *Recueil des chartes de Saint-Benoît sur Loire*, 1900 et suiv., n° CXCIV (文中提到 masures，也就是我们所说的农户)——Marc Bloch, *Rois et serfs*, 1920, p. 180.

法中，没有什么条文规定他们的地位高于居民。有时，人们甚至可以从法律上发现，他们比拥有“自由”的平民的地位更低。因为，他们经常有奴役性的条件。这种关系的力量本来可以保证他们有一种较好的品德。但是，这个职位使他们得到了大量合法或非法的利益，尤其使他们得到了任何时候都会有的不平等的威信，特别是在暴力盛行和感情冲动的时代，他们有权指挥人们。在一定范围内，他们是首领，甚至有时他们是战争的首领。在存在危险或族间仇杀的情况下，他们不是也担任村子武装起义的首领？有时，不顾严厉的禁止，他们喜欢拿起剑和矛。由此，他们例外地获准成了武装骑士。通过其权力、财富、生活习惯，他们区别于被轻视的农民大众。这些领主的“官吏”一般是爱闹事和残暴的，但是永远忠诚的，而且，几乎是不可缺少的，他们很早就拥有巩固领主阶级地位的世袭权。实际上，领主对这些人的权力是担心的，并为此作了一定的努力，但正像受约束的租地一样，这些人的职位从父亲到儿子代代相传。在12至13世纪，我们通过交换农奴的契约了解到，镇长的子女，宁愿从这个领地到那个领地，也要在这些家庭中选择配偶，坚持“在此范围内”结婚。这很明显地证明了这个范围正处在形成一个社会阶级。

然而，这是一个昙花一现的阶级，而且在法国一直缺乏特殊法律身份的证实。在德国，人们把它的地位放在贵族阶层的最下边，因为在德国从13世纪起，社会等级制度包含了很多层次。法国社会也是按照等级制度组织起来的，但方式比较简单。同样在13世纪，贵族由许多种势力组成，但是，公开地，没有更进一步的阶级划分。许多获得世袭骑士称号的低级官员融化在乡村绅士中。他们经常放弃职位，由领主再买回来。但领主不太希望保留那些变得不太听话的代理人。这些村子中的旧恶霸凌驾于农民集体之上，完全不再属于集体了。然而，另一些运气不好，不太能干的人则没有爬得如此高。领地的缩小，领主指挥权的衰落，领主越来越将收益另行出租的习惯以及对他们的怀疑，都使他们的职位越来越不重要。从那时起，按其生活方式和社会地位，他们只是富裕的平民，仅此而已。在 11 世纪、12 世纪的如此显贵的官员们，到了 13 世纪由于分裂的结果而告消失，社会浓缩了，只分为贵族或农民。

从此，领主越来越少遭受世袭官员的侵害，越来越不承认这些低级官员的权力。现在在村子里，他们的主要代表，或者是受他们雇用的法官，或者是需要缴纳地租或具有地产的佃农。法官是一个资产者，不是我们这里要谈的。佃农，有时也是资产者，然而，是一个富裕农民。在这种情况下，这仅是一个特别富裕的"耕农"。

伏尔泰写道："Colin 能见天日应归功于一个勤劳的耕农。"在 18 世纪的文学作品中，Colin 这个字是经常出现的。我担心今天的读者倾向于从中看到比"农民"更雅致的贵族风格的词汇。这将是一个错误。对于当时的人来说，这个词有很丰实的意义。自中世纪以来，人们注意到两类平民间的明显区别：一类人有马、牛或驴，其它等耕畜（自然，这是最富裕的）；另一类劳动时只有手臂。严格意义上的"耕农""拥有马匹耕地"的耕农与靠力气吃饭的"臂力劳动者"、"庄稼汉"是不同的。劳役的状况使他们的区别更大。在瓦雷德，13 世纪时，耕地和马车运输的劳役要求那些有犁有牲口的农民参加，而在主教封地上的劳动落到全部有犁或没犁的平民身上。在图卢兹的格里索勒，1155 年，"臂力劳动者"这个名字叫开了。无疑，在耕者之间，并非所有的人都是平等的，而是差别很大。当杂税分为几等时，领主的管理目光自然地转向他们的牛栏和马厩。正如我们说的，13世纪在阿夫朗什的居雷村，最穷的人被迫将牲口联合起来，拉同一张犁。在不易深翻的地区（例如淤泥地），难道不该有3—4对牛拉犁，以便划出沟畦来？这里又出现了新差别。在瓦雷德，那些把一匹、二匹、三匹、四匹，或者更多的马连在一起的平民之间有差别。在普瓦图的欧蒂兹河畔圣伊莱尔，11世纪时有2—4头牛的土地所有者之间有差别。大约在同一时代，在马里济－圣热讷维耶沃，有的穷人“没有牛”，有些农民有“整犁”，另一些仅有“半犁”。[①] 尽管有这些差别，主要的差别仍然是“臂力劳动者”和“耕农”。

所有者反对非所有者？不完全这样。他们之间对立来自经济方面，而不是法律方面。“臂力劳动者”经常有些小块土地（哪怕只是他的茅屋和院子）和瘦小的牲口。一份出版说明在叙述1096年稍前的契约情况时说：“拉伊埃的儿子阿莫里，在给蒙东维尔的圣马丹田园堡的僧侣们……2个佃农，他们只有够建房屋、院子的土地。”[②]18世纪的文章对这些情况是描写得很清楚的。至于“耕农”，至少大部分很可能只是以临时租田方式进行着自己的经营。随着大土地所有制在现代的发展，这种情况变得越来越经常，而通

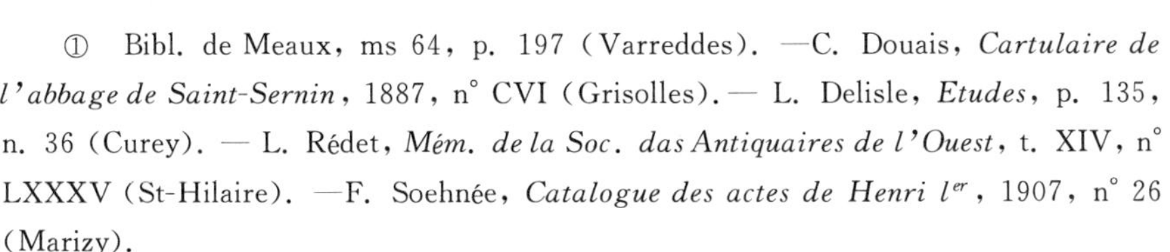

① Bibl. de Meaux, ms 64, p. 197 (Varreddes). —C. Douais, *Cartulaire de l'abbage de Saint-Sernin*, 1887, n° CVI (Grisolles). — L. Delisle, *Etudes*, p. 135, n. 36 (Curey). — L. Rédet, *Mém. de la Soc. das Antiquaires de l'Ouest*, t. XIV, n° LXXXV (St-Hilaire). —F. Soehnée, *Catalogue des actes de Henri Ier*, 1907, n° 26 (Marizy).

② Depoin, *Liber testamentorum Sancti Martini*, n° LXXXV.

过直接开发进行的经营则十分少见。耕农们是村子的真正资本家，他们利用众多的土地和大规模畜群，通过向贵族和资产者租种土地（资产者及其祖先曾经顽强地把这些土地集中起来）使自己在财富和威信方面经常胜过小土地所有者。自18世纪以来，佃农几乎已成为耕农的同义词，这一点决非偶然。今天，日常用语用租地这个字（没有任何法律上的确切意义）表示那些有重要意义的乡村经营。

臂力劳动者，没有牵犁的牲口，怎么耕种他的土地呢？有时候，他们甚至没有犁（在古代，无疑这是相当经常的情况）。1210年的一项条款，在考虑拉库尔迪厄修道院经营木材情况时预见到，人们将看到两种平民，“一些是用牛耕种的，另一些是用锄劳动的”。在沃克瓦，1771年的规划指出了“用臂力耕种的土地”[①]。但是，尤其在土地密集的地区，必须向较富的邻居借用耕畜和犁，有时这是免费的，因为在很多乡村共同体里，相互帮助是一种相当有效的社会义务，但更经常的是要报以酬金。这种报酬有时用现金，有时用实物，另外还有以劳役方式支付，这是穷人向富人还债的一种习惯方式。因为，“臂力劳动者”很难靠其财产过活的，一般地只能以在耕农家干活为生，他是“短工”，“日工”。这样，两个阶级之间结成了合作，当然，它并不排斥他们之间的对立。18世纪末，在阿图瓦，“耕农”们不高兴地看到一些“庄稼汉”承租土地，而不是把他们的劳动力留给富裕农民，为了惩罚他们，就提高了耕畜的出租

① R. De Maulde, *Etudes sur la condition forestière de l'Orléanais*, p. 178, n. 6 et p. 114. — Chantilly, reg. F 34

价格。不满是如此激烈，如此可怕，以致政府不得不下令制定了一个合法价格。[①]

敌对是一贯的。现代世界的经济改革使其更为尖锐。农业进入交换周期是真正农民危机的起源。最富裕、最能干的耕农利用它，只能变得更富。相反，许多劳动者却负债累累，不得不出售一部分财产，他们进入短工的队伍或至少逐渐接近短工的状况。但是，只要土地的新主人通过小农场方式经营土地，这些地位低下的人仍然有办法以货币地租或分成地租的形式，租种一些土地。但是，18 世纪在许多省大规模进行的“农场合并”，最终把他们之中的许多人推入农业无产者的队伍。这时期的许多文章给我们描述了这些村子的情况。正如 1768 年里尔总督说的，在阿图瓦的一些行政区，“同一个农场主拥有一个共同体的全部耕犁，这使他绝对成为居民生活的主人，损害了农业也损害了居民。”[②]1787 年前夕，在相当多的共同体(例如在洛林，皮卡第，可能还有贝里)，体力劳动者成了大多数。经济和技术方面的“农业革命”，大约在 1750 年开始改变法国大部分地区农村的面貌，这个农业革命和稍后时期反对君主制的政治革命一样，它们所面对的是一个非常多样化的农民社会。

① A. De Calonne, *Mém. de la soc. des Antiquaires de Picardie*, 4e serie, t. IX, p. 178—179. 对照由洛林地区的巴奈、鲁特尔芒热、孔代—诺尔腾、沃东库尔和瓦里兹等村共同呈上的陈情书第 9 款，载 *Quellen zur lothringischen Geschichte*, t. IX.

② Arch. Nat., H. 1515, n° 16.

第六章　农业革命的开端

标志着当代耕作经营方式来临的农耕技术与习惯的重大动乱，在整个欧洲依国家而异而日期不一，人们习惯上冠之以“农业革命”之称。这个术语很随便。在土地大变革与促使资本主义大工业诞生的“工业革命”之间，存在着某种类似，人们无法证实其精确性和建立在事实基础上的真正联系纽带。它强调现象的广泛与激烈。似乎应该在历史词汇中给予它一席之地，当然，条件是绝对避免概念上的模糊。整个农村史，从最初时代起就是一个不断的运动：限于我们涉及的是纯技术问题，难道还有什么比双轮犁的发明、以有规律的轮作制对临时性耕作的代替和开垦者对荒野、森林及习惯势力的戏剧性斗争更具有决定性意义的吗？无疑，我们的研究将涉及的这些冠以“革命”一词的东西是一个深刻的变化。那么，这是几世纪沉睡不动之后意外的震撼吗？当然不是，是突然的变更吗？更不是。这种变化已经历了漫长的岁月，甚至延续了好几个世纪。它的缓慢在法国比在任何地方都更显著。

这种农业变化有两个特征：旧时占统治地位的集体地役的逐渐废除和新技术的应用。两个运动有密切联系；只有当它们同时发生时，广义上的革命才得以产生。但是确切地说，它们两者都不是当代的东西；在法国，如同在几乎所有国家，——例如英国——

对集体地役的反击远远早于耕作方式的变化。

一、对集体地役的首次攻击：普罗旺斯和诺曼底

在普罗旺斯，过去一直严格地实行着公共牧场制度，就像其他敞地制地区一样。① 假如有时允许耕种者为了保证自己耕畜的饲料将一部分休闲田圈围禁牧，那么这种权力——如在格拉斯，是根据1242年的法令②——只被限制在他们自己地产的很小一部分中。但从14世纪起，出现了一个反对旧习惯的强有力的运动。

中世纪末期起，这一运动发展得相当强烈，结果导致了法律改革的尝试。1469年，正致力于编纂关于公共权力的法典的普罗旺斯地区的三级会议向当时的君主国王勒内*递呈了如下申请："如同一切个人亲自占有必须使自己获益而不是使他人获益一样，三

① 关于普罗旺斯的农业史——它几乎全部需要写出，但资料并不缺少，尤其是转地放牧，其研究将为社会结构历史提供极其令人兴趣的资料——请看旧制度时的法学家的著作，尤其是 J. Morgues, *Les statuts*, 2e éd., 1658, p. 301；总督和总检长对1766年关于公共牧场调查的回答；罗讷河口省诸专区区长和市长们对1872年和1814年调查的回答(Arch. des B.-du-Rhône, M B6以及 *Statistique agricole de 1814*, 1914)；罗讷河口省地方习惯法(Ch, Tavernier, 1859)和瓦尔省地方习惯法(Cauvin et Poulle, 1887,但只是根据1844年的一次调查作出)；最后还可参见 P. Masson, *Les Bouches-du-Rhône*, *Encyclopédie départementale*, t. VII, *L'Agriculture*, 1928.

② F. Benoit, *Recueil des actes des comtes de Provence*, 1925, t. II, p. 435, n. 355, c. VII.

* 国王勒内(1409—1480年)：安茹的路易二世的儿子，曾是安茹和普罗旺斯的公爵，后任那不勒斯国王，被阿尔封斯·德·阿拉贡赶下台，回普罗旺斯建立自己的小朝廷。——译注

级会议请求将一切牧场、葡萄园、禁牧林地和其他一切可以圈围的占有地在整年中圈围起来，若有侵犯，责以重罚，然而在国王属地内实行的一切相反习惯不受妨害。”国王则恩准此案：“鉴于提案公正无私，人人都应有权占有并支配自己的财产，准其奏折。”①实际上，这一“法令”——因得国王准许，它成了法令——对于已耕种的土地来说并不明确。解释者们众口一词地将它说成彻底废除强迫性公共牧场制。只是如同当时大多数法令一样，它不怎么被人遵守。这反映出一种精神状态。但真正的转变来自其他地方，即各地方自己的决定，一个市镇对自己市镇的决定。它至少延续了四个世纪，从 14 世纪到 17 世纪。若想写出一篇确切的描述文章，则需要拥有普罗旺斯几乎所有城镇或村庄的史料细节。人们将不会感到惊奇，我不得不局限于——由于缺乏必要的资料和空间——一个扼要的概述。②

强制性公共牧场经常仅仅被减缩，尤其在最初的年代是这样。有时候，人们在一些新耕种的作物上设置保护，当然总是那些有特殊收益的作物：在萨隆，过去只有葡萄园才能免遭公共牧场制的破坏，1454 年人们又加上了油橄榄园、杏树园，甚至还有草地。③ 或

① Arch. B.-du-Rhône, B49, fol. 301 v°.

② 对一个不能够一个村庄接一个村庄地游历各地的研究人员来说，印刷的、甚至手写的资料的性质使他对半城市化的村镇情况的研究变得尤其容易。这一点上，它没有什么不便之处，因为所有普罗旺斯的“城市”——甚至艾克斯——都具有一种仍然很广泛的乡村性质。邻近土地上放牧权的问题对于艾克斯人来说是如此严重，以至于在 14 世纪使他们犯了一个错误：Beuoit, loc. cit., p. 57, n. 44(1351 年 8 月 4 日之前；参照 Arch. Aix AA3, fol. 139).

③ R. Brun, *La ville de Salon*, 1924, p. 287, c. 9; p. 300, c. XX; 371, c. 27; 关于日耳曼，参照 Arch. des B. du Rhône, B 3356, fol. 154(1647 年 7 月 21 日)。

者，人们在一整块地上废除放牧制，通常是在离居民点最近的或最肥沃的土地，人们一般以划定界限的界标为名，将它称为“bolles”。这种方法于1381年在艾克斯实行——但是人们规定，战时，这些圈围物都得拆除，因为畜群不能离城墙太远，以免发生危险；艾克斯的个别例外的地方是从1390年起实行此法的——，其他地方还有塔拉斯孔、萨隆（1424年实行）、马洛塞讷、卡尔努勒、佩尔讷和欧巴涅。①

此外，从很早起，人们就尝试更为激进的措施。在塞纳斯，公共放牧向来都实行于整个教区，甚至包括领主属地。突然有一天，领主发现这一习惯有损于自己的利益，于是在1322年禁止村民们的畜群在该年里去高山牧场的田块，而仍坚持让自己的牲畜到那儿去。农民们进行了抗议，但与其说针对禁令本身，还不如说针对不平等的待遇。问题既是法律上的，也是技术上的：颁布农田规则的权力属于谁？对这一向微妙的归属权冲突的最后判决是专断的，领主们圈占高山牧场的权力得到认为，条件是先要征求居民的意见，——也就是以他自己也遵守此禁令为条件，若做不到这点，就没人甘心受这一禁令的束缚。很明显，仲裁人认为废除旧习惯是天经地义的事，就像年年拍卖东西一样，无疑，这种废除应该永

① Arch. d'Aix, AA 2, fol. 42 V°; 46; 45. —E. Bondurand, *Les coutumes de Tarascon*, 1892, c. CXI. — Arch. des B.-du-Rhône, Livre vert de l'archevêché d'Arles, fol. 235. —F. et A. Saurel, *Histoire de la Ville de Malaucène*, t. II, 1883, p. LV（1500年6月4日）。—Arch. des B.-du-Rhône, B 3348, fol. 589 v°（1631年9月28日）。—Giberti, *L'histoire de la ville de Pernes*, p. 382. —L. Barthélemy, *Histoire d'Aubagne*, t II, 1889, p. 404以下（尤其c. 29）.

远延续下去。[①] 其余的村镇在极不同的日期中纷纷废除了强制性公共牧场。例如在萨隆,通过以一些较温和的措施为决定性行动作准备后,在1463年之前最终解决了问题。阿维尼翁是在1458年以后;里那兹是在1647年;更靠北边的奥朗日一直等到了1789年7月5日。[②] 渐渐地这类决定多了起来。在其他许多地方,公共放牧地原则上虽未取消,耕作者却已被认可获得了保护自己土地不受公共放牧损害的权力,有的是通过特殊的法令,有的则是某种单纯的宽容态度——它本身也很快成了法律条文——的结果。这种特权有时被限制在每个开垦者的一部分土地上比如在瓦朗索勒,1647年的时候为1/3。[③] 在其他地方,它是全部的。要支开牧羊人,一个简单的信号即可:一般情况,是一堆石头或土块,称为"石标"。无论如何,在国家几乎所有的地区,公共放牧的强制施行权多多少少遭到了废止。当然还未达到整个国家的百分之百。有些村镇仍然忠实于旧风俗,拒绝接受任何圈占;或者,有些领主仍

① Arch. B.-du-Rhône,B 3343,fol. 412 v° et 512 v°(1322年10月5日).困难于1442年重新开始(同上,fol. 323 v°及其下页)。这后一份文献比较晦涩,它表明,禁止在高山牧场放牧的命令并非总是被确切执行着。开垦荒地与在它上面行使放牧权同样引起了激烈的争论;除了以上所列的文献(此处以及上文第206页注1),还可参见同一篇记载的fol. 400 v°(1432年12月5日,1438年8月6日证实),以及385(1439年12月29日)——在迪涅,高山牧场的公共放牧制也于1365年被禁止实行三年:参见F. Guichard, *Essai historique sur le cominalat*, 1848, t. II, n° CXXIII.

② 关于萨隆,见下文第226页注1。—J. Girard et P. Pansier, *La courtemporelle d'Avignon*, 1909, p. 149, c. 95 et p. 155, c. 124. —Arch. des B-du-Rhône, B3356, fol. 705 v°. — Arch. d'Orange, BB 46, fol. 299(根据登记册;尽管研究工作在就地进行,我仍未找到资料)。

③ Arch. des B.-du-Rhône,B 3355,fol. 360 v°(圈围者本人似乎希望圈得更多些)。在德国(B 3356, fol. 154),1647年时"devandudes"的大小按上交捐税的比例而决定。

以旧特权为保护伞,不愿降低身份去遵守“石标”法。如果我们能够画出一幅旧制度下的普罗旺斯农田图,就可以在上面看到大面积的相同颜色(标志着个人主义的胜利)之中,还有一点一点的另一种颜色,它表示那些罕见的、仍在休闲田上实行着牧场地役的土地。就像地质学家为了找出侵蚀地带的“证据”,或者像语言地理学为调查古老的语言形式的碎片而做的那样,人们通过思想将这些分散的点连结起来,就在整片地图上构成了旧农田的整个面貌。

为什么在普罗旺斯会过早地抹去这种往日的“原始共产主义”呢?确切地说,如众所周知,这种做法并未达到在北部平原那种强烈程度。不过它并非依赖于同一专横的规则网。尤其普罗旺斯的田块状态使得它几乎成为不必要。在长度与宽度几乎相等,东零西碎地分散在各处的土地上,要将一块地与邻近的田块分隔开来并不是特别困难的事。同样的草图在其他地区也可找到,比如较近的朗格多克和较远的贝里,它们在废止旧制度方面进行得更加缓慢。普罗旺斯的农田地图解释了转变是能够发生的,但没有发生得那么早。

在普罗旺斯时时刻刻得以宣教的罗马法,除了个别的习惯法条文以外,都被正式认为是那里法律的固定不变的准则。然而,所有对私有财产的限制对于罗马法,如同旧法律学家所说的那样,都像是“满怀仇恨的”。它为农业改革提供了有利的论据,并支持了改革精神。1469 年的法令就很明显地充满了对罗马法的回忆。同样,不止一次的法庭判决或村镇决议,出自当地法律人士之手。不过,他们的行动尽管推动了运动,却并未创造出运动本身。朗格多克这样的祝愿个人主义在更晚时期获胜的地区,不也是生活在他们的帝国之中吗?普罗旺斯农业制度变化的真正原因,应该在当地经济与地理建制中去寻找。

土壤性质妨碍了普罗旺斯地区的垦殖，使它不能像其他地区那样走得快。未垦地与注定不能开垦的土地总不乏可见。很少有土地不包含"岩石"和"咖里哥宇群落"*的，大地上覆盖着芳香的荆棘，点缀着零星的树木。另外，还要加上大片十分干燥、肥力十分低下、无法种植庄稼、只在温湿的季节中才长一些珍贵的野草的平地，尤其是在克罗。当然，这些不长庄稼的地皮用作了牧场。有时畜群在那儿自由闲逛，有时居民们或者说某些居民们获得权利在上面划出部分土地暂时圈占起来，留作某些主人的牲畜的牧场，称为"cossouls"。村镇勇敢地反对领主，以保护自己的使用权。普罗旺斯岩石丛生的"herms"和荒原——"herms"这个词的本意就是荒野——使得当地的小农户可以比其他清理林地更彻底的地区更容易地脱离公共放牧制。

公共放牧制逐渐变得主要为别人而不是为耕种者的利益服务。尽管公共荒地仍然向短工们和小地产主们开放，但很明显，他们已没有理由希望田地摆脱旧式的地役；由于没有土地或拥有极少土地，他们不得不在这个变化中失去放牧的某些便利，并且从中得不到任何好处。在一些地方，当农业纠纷与1789年的政治革命同时发生时，他们就试图重新恢复公共牧场。① 毫无疑问，他们不

---

* 咖里哥宇群落(garrigue)，指地中海地区常绿矮灌木丛。——译注

① 关于阿尔卑斯滨海省(于1388年脱离了普罗旺斯的尼斯伯爵领地上的变化似乎也与当地其他地方相似)，请看省长的一份报告，Arch. Nat., F10 337(共和十二年霜月10日)。在罗讷河口省，皮鲁比耶镇似乎仍保留了公共牧场；在共和四年和共和五年，"大采地主"想废止它；这就是"富人反对穷人的事业"：F10 336；参照 Arch. des B.-du Rhône，L 668.

无遗憾地看到它的消亡。在村镇中，圈围物制造者所遇到的零星的敌对行为，大概都来源于此。[①] 不过对限制旧习惯的真正对抗来自更为强大的社会阶层：即以牧羊业为主的大“饲养业主”。在萨隆，正是这些大牧业主，依靠他们的天然顾客屠夫们，使得改革在若干年中陷于失败（市政当局原来已从它的领主阿尔讷大主教那儿获得了废除耕地上一切公共牧物的命令）。[②] 由于在主要方面的失败，而仅仅在两个次要问题上获得胜利——允许在未垦地中心的孤独耕地上保留公共放牧制度（这些田地很难得到保护），取消那些村镇曾为了驱逐畜群而建立的圈占地，——他们毫不掩饰自己的怨恨。在1626年，因为提高了对损坏葡萄园和油橄榄园行为的罚款额，他们就抗议，反对一项可能对“有志饲养牲畜的个人”带来损害的规则。[③] 村镇的新农业政策对牧民们的损害并不是无意的；它的基本目的就是将牧民们在其他居民们的同意下从旧习惯中过度汲取的利益剥夺过来。

在最为遥远的年代，普罗旺斯是一个习惯于转地放牧的地区。但从13世纪起，随着呢绒工业和城市的发展，对肉类的需求量大

① 关于迪涅地区，请参照 Arch. des B.-du-Rhône，B 159，fol. 65 et 66（1345）；关于瓦朗索勒，参照本书第223页注1。

② Arch. de Salon，Copie du Livre Blanc（18世纪），p. 674 et suiv. 一份日期不确切的发表文章（致菲利普大主教的信，应该是在1463年2月11日至1475年11月4日之间的）并未对事情作全面的叙述，见 R. Brun，*La ville de Salon*，p. 379. 禁止在耕地上，即使是收割了庄稼后的闲地上实行公共牧场制的要求开始于福瓦任红衣主教期间（1450年10月9日—1463年2月11日）。诉讼起初在副司法总管的王家法庭进行，最后移到大主教的宗教裁判官那儿，最终判决于1476年10月26日宣布。1293年法令的第77条和第78条已经证明当时对外来的牲畜有过敌对行为。

③ Arch. des Bouches-du-Rhône，B 3347，fol. 607.

增，这种有千年传统的畜牧方式在经济上的重要意义也随之大增。畜群绝大部分由拥有牲畜或饲养牲畜的富豪们组织。春天，农民们因为害怕受到严厉的惩罚，不得不让出自己的田块向畜群开放，让它们沿着一条宽阔的路线——“游牧道”——爬向高地上的牧场，由于牛羊走过时扬起一阵阵尘埃，所以畜群进山放牧的过路税也获得了一个十分优美的名称：“喷雾费”。到了秋季，畜群下山来，散布在收获后的耕地上。饲养业主声称自己有权利用公共牧场，他们或者是土生土长的本地人，与居民们有同样的权力，或者从负债的村镇团体那儿（更经常地是不顾农民们的抗议，从缺钱花的领主那儿）租得了土地行使放牧权。[①] 往日那种旨在确保小集团中每个成员能有必不可少的牧畜饲料的公共地役制早已过了时，现在的制度变得有利于少数大业主了——萨隆的大业主们不凡地自诩为“高贵而谨慎者”——，他们的羊群吃掉了一切。因为田块形状的关系，耕种者们完全可以将牧畜留在自己的高山牧场上放牧，另外尚有荒野可以给牲口补充足够的饲料，他们取消了公共牧场制，因为它只会将他们的财产拱手让给游牧业主的牲畜啃食。在普罗旺斯，摧毁旧的公共牧场制度一直是耕种者反对畜牧者的长期斗争的焦点——甚至可以大胆地说，是畜牧者反对游牧者的斗争焦点——，这与小生产者反对资本家的斗争是同步的。

这种废除并未在农业面貌上产生任何变化效果，没有或几乎

---

① 参照1543年索村地方居民们的一份带教育意义的陈情表，载于 T. Gavot, Titres de l'ancien comté dc Salut, t. II, 1867, p. 137；参照由 L. Guyot 研究的尼斯伯爵领地的“bandites”，见 *Les droits de bandite*, 1884；J. Labarrière, *Le paturage d'été* 1923.

没有导致圈占(如今在普罗旺斯众多乡间设立的绿篱,仅有挡风护田的使命,而无阻挡牲口的目的;而且绿篱很少有在19世纪以前就已设置的)。① 没有小块土地的集中。普罗旺斯在并未触及由祖宗们建立起来的物质框架的情况下,悄悄地过渡到了农业的个体主义。

*　　　*　　　*

在北方的敞地地区,公共牧场持续了很长时期,有的地方甚至一直延续至今。不过从16世纪起,已有人把它视为桎梏而加以仇视。一些大地产主经过长期的兼并,获得了大量的土地,此时他们开始在无数的田地上摆脱了旧的分割制度。他们的土地的形状允许他们自己保留部分休闲田以喂养其牲口。他们的社会地位又使其感到,要与平民百姓一起服从同样的规定是件难以忍受之事。最后,他们漂亮的牛栏羊圈可以提供充足的畜肥使他们摆脱休耕制度。与其让田块白白空闲一年,还不如就在上面播一些小种子,如稷米、油料作物,尤其是蔬菜,“干菜豆”或“葱”。人们把这种做法叫做“中间休闲”;它不会从休闲田中偷走肥力吗?古代的农学家已经推荐过此法。从此,它无疑再也没有彻底消失过,只不过人们试行得极少,极为零星。渐渐地,这种方法在那些城市市场为生产者们提供了十分吸引人的销路的省份中普及开来。佛兰德也许从中世纪末期起就广泛实行了这种制度。在普罗旺斯反对公共权益的运动的最后阶段中,伴随着游牧者的恐怖,它帮助地产主们完

① 可参见一件圈占事件:H. Boniface, *Arrests notables*, t. IV, 1708. 3e partie, l. II, t. I, c. XXI.

成了这种转变，在诺曼底，从16世纪起，人们就看到了它的实施。①

在仍实行着公共牲畜群啃食收获后的庄稼地制度的广大农村——几乎所有的敞地地区都如此，只有普罗旺斯例外——这种个人主义的解放要求只有依靠牢固的篱笆和高深的沟壑才有结果。在现代的法国，人们到处可见崭新的圈围物在村镇团体的抗议声中竖立起来。然而大部分的圈围却不保护耕地。出于我们即将讨论到的动机，人们在牧场上保留着这种圈围，或者，如同被蒙贝利亚尔的伯爵在1565年稍后时禁止的那样，这种圈围改头换面出现在花园的播种地上或果园上。② 18世纪末期以前在法国大部分地区可耕地上的圈围与都铎王朝时期起开始改变了旧英国面貌的那类"圈地"没有任何相似之处。请看18世纪初博斯或贝里地区的田块图，那上面伸展着土地兼并者的宽阔田块；③它们都是开放的，像小农们的长条地块一样。习惯法则竟如此根深蒂固，小块田地的兼并运动遇到了如此巨大的障碍，以至于不能设想在永恒的采地上将产生一个广泛的转变或者希望它受到热烈欢迎。然而诺曼底是一个例外。

① Arch. B.-du-Rhône, B 3348, fol. 589 v° (Carnoules). —*Le grand coustumier du pays et duché de Normandie … avec plusieurs additions … composées par …* Guillaume le Rouille, 1539, c. VII. 至于勃艮第地区，1370年在瑟米尔，休闲田上种植"Milot"已可找到证明：B. Prost, *Inventaires mobiliers*, t. I, 1902—1904, n° 1171 (signalé par M. Déléage).

② *Mém. de la Soc. d'émulation de Montbéliard*, 1895, p. 218. 对圈占的禁律于1703年和1748年两次提出：Arch. Nat., K 2195 (6).

③ 见图7和图14。

三个因素决定了诺曼底旧的敞地地区在近代发生了演变。其一是农地种类，至少在一部分地区——科地方——有许多地块呈现拼图形状，这种形状就像在普罗旺斯那样特别有利于废除公共地役制。其二，是法律上的因素：由于很早就实行了集权制，诺曼底公爵领地从13世纪初期起就有了形成条文的唯一的习惯法，最初的文稿虽已丢失，但其编纂也很早就由法律学认可，被看作是法律条文本身的来源，而且在1583年，它还成了正式制定法律文本的基础。然而在农田建制上恰恰相反，诺曼底的统一化却远远不够：在开放的平地附近，传统习惯上一直允许围地的存在。13世纪从各个地方汇集的、无疑也很难辨清来源的习惯法汇编试图寻找一种模棱两可的折衷的解决办法。它承认在空地上的公共牧场——称为“banon”，“假如空地在过去不是封闭的”。但是，人们有自由圈围的权利吗？也许，在这个问题上，人们听任当地的风俗，让条文屈从于圈围者的利益，这有多么容易啊！再说，习惯法本身具有文字的力量；而地方风俗仅仅以口头传达而延续。最后——这是第三个，纯经济方面的因素——在旧法国，从12世纪起，没有比科地方或下诺曼底更加富裕的农村了，农业在那儿很早就达到了较高的完善程度。从13世纪起，在休闲地上深耕土地的方法已经使习惯法缩短了（甚至在非圈围地上）公共牧场的日期，只许到3月中旬。[①] 中间休闲很早就有了声誉。市民们的财富又多又坚实。因而，更新大产业的行为显得十分有力。

从16世纪起，耕地的圈占在土壤肥沃的平原地区获得了一个

① 至少在科地方，这一规定很少得到遵守；请看第231页注1。

意料不到的大发展。一大批被佩洛特·德·凯隆固执地兼并到布雷特维尔一洛格约斯附近的大块的可耕地都是圈占地、“栅围地”。[①] 人们甚至会以为见到了一幅由英国历史学家绘出来的“圈地”地图。法理和法律学倾向于毫无保留地承认封围土地的权力。从1539年起，一位习惯法条文的解释权威纪尧姆·勒·鲁伊接受了这一点。1583年,明确并补充了以往汇编的正式颁布的习惯法特别认可了这一点。18世纪在卡昂的平原,绿篱的数量很多,——比我们今天更多,因为其中许多由于保护了叛乱的朱安党人,在大革命时期被拆除了,其余的绿篱也因为在19世纪整个卡昂的公共牧场制度消亡时变得毫无用处而被田地主人们太平无事地拔除。

但是,圈围的代价十分昂贵。假如承认所有遗产继承人有权拒绝邻人的牲畜进入自己的田地,不是简单得多了吗?习惯法的最早诠释者们还不敢走得如此遥远。自从巴斯纳热于1678年写出专文后,诠释者们加快了步伐。而法律学家还在长时期地犹豫。在17世纪,人们还能看到高等法院撤销了某下级法院的判决,因该法院同意了一位领主拒绝在其领地上实行有偿公共牧场制的要求。在18世纪,法院的判决变得更加有利于大地产主。尤其在科地方,那里的城市甚至乡村中迅速发展的呢绒工业在耕种者与畜牧业者之间造成了传统的敌对。1786年的一份备忘录写道:“在这个地方,不难看到那些无羊的人想方设法禁止有羊的人在公共牧场时期到他们的田块上来放牧,也不难看到相当好心肠的法官

① 见图16。

们欢迎一种与公共利益如此作对的制度。"这个运动不是没有遇到过抗议，在一些村庄里，如阿利艾尔蒙的村庄中，抗议因带有有意义的特点而显得尤其强烈，这些村庄诞生于相对较晚的开垦时期，以其田块的狭长与旧斯堪的纳维亚式的农田机构成鲜明对照。尽管存在着种种阻碍，诺曼底的乡村或是由于圈围地，或是由于纯粹的各人管各人的权力的被接受，从 18 世纪后它已过渡到一个新的农业阶段，它已完全不同于那些仍忠实于公共地役制的地区（如法兰西岛或洛林地区）所停留的阶段。[①]

① 主要著作如下：*Summa de legibus*，éd. Tardif，VIII；dans le texte du c. 1，interpréter，dans la phrase "nisi clause fuerint vel ex antiquitate defense"，le mot *vel* par "c'està-dire"；cela ressort des mots qui suivent ："ut haie et hujusmodi"，et，mieux encore，du c. 4. —*Le grand coustumier … avec plusieurs additions composées par … maistre* Guillaume le Rouille，1539，sur le c. VIII，—G. Terrien，*Commentaire* …，2e éd.，1578，p. 120 — Coutumes de 1583，c. LXXXIII. — Basnage，*La coutume réformée*，2e ed.，1694，t. I，p. 126. ——驳回阿贡的一位先生要求付款使用公共牧场的判决是在 1616 年 7 月 1 日：Arch. Seine-Infér.，registre intitulé *Audiences*，*1616*，*Costentin*；cf. Bibl. Rouen，ms. 869. ——1732 年 12 月 19 日的判决是关于一块播了橡树籽的田块，带有特征的旁注是"任何地方不得强迫圈围，已播种的土地不用圈围也受到保护"：Arch. S.-Inf.，*Recueil d'arrets … depuis la Saint-Martin* 1732，p. 24 à 26. ——博蒙勒阿朗市政会议代表致调停委员会的备忘录见：Arch. S.-Inf.，C. 2120. 然而必须注明，尽管从其他方面来看，判决有利于大业主的意志，1734 年 8 月 26 日关于阿利艾尔蒙伯爵领地的判决（*Recueil d'arrets … depuis la Saint-Martin* 1732，p. 204），只是在三月中旬到 9 月 4 日之间才禁止公共牧场制，它与明文规定的习惯法相符，但与习惯却相背。无疑，法律原则从这一决定开始，就有了改变。在科地方，耕农们并不是在整个堂区里放弃公共畜群的，而只是在更小的区（或 cueillettes）内。——在公共牧场问题上，法律原则从 17 世纪起就与游牧相敌对：Basnage，t. I，p. 127（我已查核了有关判决）——在 13 世纪的韦尔松，当农民们想圈围土地时，他们必须向领主付款以获得圈围权（L，Delisle，*Etudes*，p. 670，v. 103 et suiv.）；不过这显然是指改变种植的圈围——可能将耕地变为花园或果园——既然这一领主权利的根源在于实物地租征收权。

二、公共牧场权的衰落[①]

在完全休闲田仍占优势的地区，土地在收割后即向所有牲畜开放的做法对普通型式耕地上的耕农来说，就显得没有多大的重要意义——如果不像在普罗旺斯那样，需要保护自己免受大畜牧业主的欺侮。他只失去很少一部分庄稼茬或野生植物。他获得了——也算一报还一报——公共畜群留下的粪肥。但是在牧场上，又是另一回事。很古时，人们就发现，牧场几乎到处都可以带来第二次收入。然而几乎在所有地方，这种再收入都从地产主的手中被剥夺了，或是马上被公共畜群噬食，或是被公家刈割。地产主不无悲伤地眼睁睁看着让精美的食物从嘴边溜走，本来他可以将这些牧草收藏起来以便冬用，或者干脆卖掉换成现钱。已错过的赚钱机会是没有报偿的。牧场变得稀少，而且集中在少数人手中；许多因公共地役制从他们草地上获得好处的居民拿不出什么东西来作为交换物。

牧场主人的恶劣情绪是令人生畏的；因为，他们中的大多数跻身于豪强之列：在领地解体时让出了耕地却保留了牧场的领主们，以及出身各异而最终暴发买下了牧场的土地兼并者。比起大多数

① 我已将涉及这一节以及以下几节——包括第7章——的内容转到了我的另一些文章中，它们已发表在 *Annales d'histoire économique* (1930)中，题为：*La lutte pour l'individualisme agraire dans la France du XVIIIe siècle*. 在这里，只能找到一些在论文中没有指出的资料，还可参见 H. See, *La vie économique …en France au XVIIIe siècle*. 1924；关于公共地，见 G. Bourgin 的文章，载 *Nouvelle revue historique du droit*, 1908.

村民来，他们更能不平等地把自己的意志强加于人，同时更不惧怕报复行为，因此，他们早就试图逃避公共牧场制，或至少等到再生草收割后才允许公共畜群进入他们的私地。他们建筑起坚固而完善的障碍保护自己的牧草。从13世纪起，就已经有多起诉讼涉及他们与居民们在这一问题上的纠纷。他们的努力不是没有成果的。他们果真在连续若干年中彻底地或至少在每年收割再生草之前的时间里阻止了公共畜群进入自己的产地吗？这种权力的滥用源远流长，法庭也只能把它当作法律形式接受下来。16世纪后，法官们在诉讼中向他们大献殷勤，在香槟甚至准许它有足够长的三年时效，第戎和鲁昂的高等法院制定了一项有利于这类圈占或豁免的法律规定(除非在法律上绝不可能)。[①] 此外，一份土地赋税簿、一纸供状、一份协议都能向领主提供机会使其手下人承认他们对公共草场的特权。[②] 三种形式的牧场渐渐形成：第一种常年关闭；第二种数量更多一些，没有永久性圈围物，然而只在第二次刈割牧草后才对畜群开放，称为“结籽牧场”或“再生牧场”；最后第

① Taisand, *Coutumes générales des pays et duché de Bourgogne*, 1698, p. 748; I. Bouvot, *Nouveau recueil des arrests*, t. II, 1728, p. 764; P. J. Brillon, *Dictionnaire des Arrêts*, t. V, 1727, p. 108 et 109. 但相反的判决也有，见 Fréminville, *Pratique* t. III p. 430 et suiv. ——关于诺曼底的情况，见 Bibl. de Rouen, ms. 870, fol. 283; Arch. Seine-Infér., registre d'arrêts, 1588年7月至8月，7月7日的判决；P. Duchemin, *Petit-Quevilly*, 1900, p. 59. ——从16世纪开始，同样的倾向在巴黎市高等法院也有，奇怪的判决见 J. Imbert, *Enchiridion*, 1627, p. 194.

② 例子有圣旺一昂布里等许多地方，Bibl. Nat., lat. 10943, fol. 297(1266年6月)。— A. Lacroix, *L'arrondissement de Montélimar*, t. V, 1877, p. 24 et 183 (1415年4月24日和1485年1月27日). ——P. L. David, *Amance en Franche-Comté*, 1926, p. 458(1603).

三种数量最多的，在完全严格的意义上继续服从于古老的公共地役制。各类牧场的面积多少由当地各种力量的平衡所决定。因为农民通常不会毫无抵抗地听从摆布。依照那些能追溯到最早年代、并最终点缀上感情色彩的传统，牧草不是比其他产品更加属于公共所有吗？1789年洛林的一份备忘录写道："从创世到如今，二茬草"向来属于集体所有。

但是后来，更高一级的社会势力加入了争论。公共使用权对再生草的浪费（尤其当第一次收获由于灾祸而数量极少时），引起了地方负责普通经济的人士的关注：地方高级官员、总督以及朝廷上下都为此而焦虑不安。特别是因为，至少在边境地区，浪费触及到了他们的一个敏感点：草料的一大消费者国王的骑兵部队的利益受到了威胁。从16世纪起，人们就慢慢地养成一种习惯，当春天天气特别潮湿或特别干燥时，就颁布法令规定，在灾区中将全部或部分二茬草保留下来。到了17世纪，这类情况越来越频繁。一开始，规定十分隐秘，而且直率地说，只有当措施非实行不可时才实行。然而习惯成自然，在许多省份中，高等法院要求恢复行使这类农村管理的权利，并倾向于保护地产主的权益。一开始准备保护集体利益的总督，从18世纪中叶起受到鼓吹为生产需要而牺牲小农利益和集体权利的新经济学说的影响。从1682年起，人们试图在一个军事上最易暴露于危险中的省份——阿尔萨斯——完全取消再生草牧场上的公共放牧制。由于时机尚未成熟，这个虽被法院承认却遭公众集体攻击的规定几乎成了一纸空文。但是到18世纪，在王国的很大一部分地区，种种敕令与判决（一般都是特殊的、一成不变地局限于当年之内的）接连不断地颁布，它们一般

没有什么借口，有的根本就没有借口，甚至至少在两个省份——贝阿恩（从世纪初开始）和弗朗什孔泰（世纪末）——人们看到每年都有规律地不断重复这类法令。村庄的“小民们”抗议不止，且不乏暴力，但在整体上无济于事。

尽管如此，私有财产的胜利并非得到完全的保障。保留再生草在理论上是件易事。但是为了谁的利益？困难就从这儿开始。许多人都要求重视自己的权利，地产主当然在其中，但是还有村庄集团，它们完全有能力为自己的利益进行收割、分配或出售。它们本身的意见也不统一。它们的利益很明显地同只占少数的牧场主的利益相背离。在根本没有牧场的居民中，还分耕农与短工：不同的分配方式似乎极容易偏袒其中的一方。最后，在农民之上还有领主，一般情况下他是牧场的占有者，同时经常拥有特权：种种的放牧权，如“单独畜群权”或“枯草权”，由于保护二茬草的措施，这些权利的价值缩小了，似乎应该换作一笔补偿费，——在洛林，提取所有公共产品的1/3。一个复杂的、陷于旧事物残余中的社会的想象，在众多的相反要求之间，怎么会不犹豫不决呢？梅斯的高等法院就无休止地在最不相同的论点之间摇摆不定。法律规定倒是稳定下来了，但随着省份的不同，其实际意义也千差万别。在弗朗什孔泰地区和贝阿恩省，除了一年一度的保护期之外，还实行了将全部二茬草给予地产主的制度，旧公共地役制的一切痕迹彻底地消除了。其他地方——如在勃艮第或洛林地区——旧公共地役制还未完全消亡，因为二茬草期间的公共牧场仍然实行多年，而在其他时间，被公共畜群抢吃一空的草料又在另一种形式下回到了集体手中。但是因为干草一般要以每人拥有的牲畜头数按比例分

配，短工们就成了农业革命选实的牺牲品，在变革中丧失了许多好处。无论如何，虽然没有一个整体的改革，陈旧的共同使用牧场的习俗，已在牛羊不知不觉的啮食中渐渐走向了灭亡。

三、技术革命

技术革命应该给予反公共地役制的斗争以新的促进力，它的本质可以像一位农学家弗朗索瓦·德·纳夏托所说的那样一言以蔽之：取消“耻辱的休闲田”。自古实行至今的最完善的轮作制，即两年或三年中使土地休息一年的习惯，从此必须禁止。在人类的物质生活中，从未有过作用更重大的进步了。农业生产比起过去来有时增长一倍，有时增长一半，因而有可能维持一个数量更加巨大的人口的生计；然而，人口的增长并不一定地带来耕种的扩大，也未必能产生比过去更好的养育更多数量的人群的办法。要是没有这一闻所未闻的技术成功，大工业（它在城市中积攒了各种各样的、并不直接从土壤中吸收养料的东西）的发展也好，普遍方式上的“19 世纪”（包括这一词向我们展现的人类沸腾状态与雷鸣电闪般变化的一切现象）也好，都将是无法想象的。

但是，旧的农业制度构成了一套严密连结的体系。要想大刀阔斧地实行改革而又不整个地摧毁它是做不到的。要实行耕作革命，许多条件是必不可少的。

过去在曾作休闲的轮作田上播点什么呢？麦子吗？有时人们也这么想。但这不是一个好办法。人们通过观察发现，同一块土地一成不变地种植同一种作物——或者类似的作物——只能导致一个低微的收成。必须找到一些能在粮食作物根系所不能达及的深度中吸收土壤肥力的植物。蔬菜类吗？一般情况下，人们是从蔬菜开始的。但蔬菜种植并不到处都适宜，而且受到消费需求量的限制。经过观察，人们发现亚麻和油菜也有此弱点，单单为此确实没有必要推翻整个旧的农业结构。

发现合适的作物还不是事情的全部。交替种植的作物即使选择得再好，若找不到办法向土壤补充足够的肥料，也就是说——化学肥料当时还未发明——上粪肥，连续种植就有耕尽地力的危险。由此可见发展畜牧业的必要性。乍一看来，矛盾到此似乎无法解决了。休闲田并不以让土地休息为唯一目的，它还向牲畜提供牧场。17 世纪和 18 世纪，巴黎最高法院通过判断，在首都附近的许多村庄中强制推广旧式的包括一年空闲地的轮作制；因为在法院看来，新的方法似乎要损害绵羊的饲养，并由此影响到巴黎市民的食品供应。[①] 以取消休闲田而求保留并发展畜牧业，难道不是化圆为方之类的永远解决不了的问题吗？

这双重的困难由人工培植草场的方式得以解决。在新的轮作型式中，往往是那些饲料作物接替了麦类，就像圣-朗贝尔*吟唱的一样："收割不久的田野上/柔柔青草为惊异的牛羊盛长。"[②]种的饲料有豆科作物，如三叶草、驴食草、苜蓿草，它们的根扎得比粮

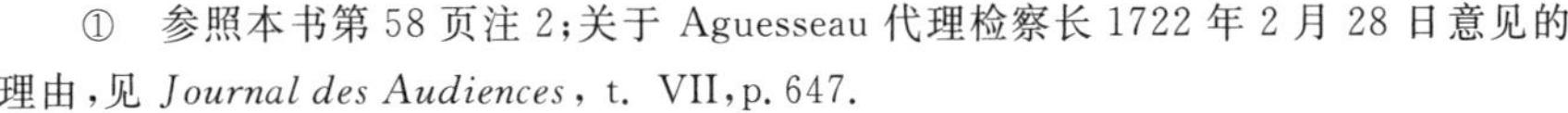

① 参照本书第 58 页注 2；关于 Aguesseau 代理检察长 1722 年 2 月 28 日意见的理由，见 *Journal des Audiences*，t. VII，p. 647.

* 圣-朗贝尔（1716— 1803 年），法国诗人，法兰西学士院院士，著有《四季》（1769 年）等。——译注

② *Les Saisons*，*L'automne*，éd. de 1826，p. 161.

食作物要深,而且它们不要求从土壤中吸收粮食作物那么多的化学养料。人们还种一些肉质根的植物,像萝卜,著名的“芜菁”——当时农学家的文章中经常提到它们——它们除了具有以上物种的优点之外,还具有强制去草作用,使耕地能在一段时间内摆脱野草的危害。这些作物都是新引进的物种吗? 并不绝对是,其中大多数人们早已在种植,只是数量极少,而且不在大片土地上,只限于在花园中。从某种意义上说,从园艺对耕地的征服的外表下可以看出耕作革命来:作物的引进,手段的引进——包括除草与集约化施肥——,经营方式的引进:即废除公共牧场,建立圈围地。① 土豆从美洲引入,但长期以来只在东部几个省份小规模地种植,而且仅仅用作饲料,在 18 世纪末,它终于列入了被发现的植物之册,同时帮助一直只靠农谷作物哺育的农民度过恐怖的饥荒之年。然后就是甜菜了,它与麦类一起形成了最古典的轮作。然而,如理论家们所说,“新式农业”的第一阶段整个地是以草料种植为标志的。

那些倡导者产生的第一个想法,很自然地就是保留古老的节奏,即两年轮作或三年轮作,只是简单地“窃取”了休闲田。但很快人们就发现,许多饲料草在同一块田中连续生长好几年而不加中止的情况下能获得更好的收成。人们不是又转回来种麦子了吗?

① 在一些贫穷地区,如芒什省,小麦本身由于比燕麦更娇嫩,有时成为一种园栽作物,见 G. Martin,*Mém. de la Soc. des sciences naturelles de la Creuse*, t. VIII,p. 109. 有时候,人们将刚种过整年不实行公共地役权的大麻田群为人工草场,见 Atch. Nat., H 1502, n° 1,fol. 5 v°. 17 世纪在巴黎郊区,人们手中有相当大面积的驴食草,许多有关什一税的文章,都提及了这些种植情况,它清楚地表明,这些饲料作物当时是种在圈围地中的,而且往往是在果园之中,见 *Recueil des édits … rendus en faveur des curez*, 1708, pp. 25,73,119,135,165,183.

麦穗只会长得更密更沉。于是人们在相当长的时期内建立起真正的“人工草场”，发明了新的时间更长又更灵活的轮作周期，它从根本上彻底推翻了旧的耕作制度。

另一个条件也是必不可少的——我们暂时还不能说技术革命已获成功，因为技术革命只有借助于某些法律转变才能成功，而对法律转变的研究，仍然远在将来，——但为了使它能得以尝试，应该让人们认识到它的可能性和必要性。

从本质上讲，法国是从国外获得了新方法的推动力。农业革命这一全欧的现象通过一些极为奇怪的演变关系的线索而传播开来。人口密集的地区，尤其是城市发展得十分迅速的地区，在各国都首先废除了休闲田：如德国某些城市的郊区，诺曼底或普罗旺斯的某些乡村，但是，从中世纪开始，欧洲就有了两大城市文明的地区：意大利北部和佛兰德。尽管在 16 世纪，一个威尼斯农学家(无疑也是西方最早的农业家)曾提出过一种没有休闲而有饲草种植的轮作制，[①]而且在 18 世纪法国的有关文献中也有这种伦巴第式耕作法的一些资料，意大利的榜样似乎对阿尔卑斯山那边的农业技术没有起到重要的影响。佛兰德则相反，它和布拉班特省*确实是农耕改革之母。而且它们的耕作法无疑更适宜于我们的气候。但是，人们把属于与我们接壤的佛兰德一小部分的荷兰的影响搁在一旁(且不提在路易十四时代佛兰德就是法国的一部分)，却拐弯抹角地从英国再把它引入我国。《论布拉班特与佛兰德的

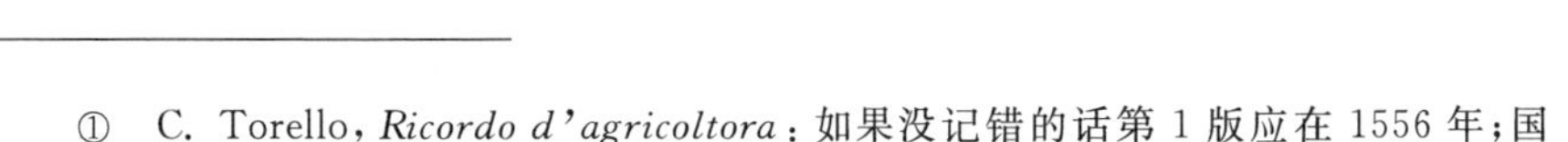

① C. Torello, *Ricordo d'agricoltora*：如果没记错的话第 1 版应在 1556 年；国家图书馆拥有 1567 年的威尼斯版。

* 布拉班特是比利时的一个省份。——译注

农业》是1650年一本英国书的题目,该书第一次十分清晰地阐述了以饲料草种植为基础的轮作制。[①] 在英国,最早发展的大工业成了面包、肉类的一大消费者,土地越来越集中在大地产主这些自觉的革新者手中。在这样一个国家,"新农业"找到了适宜的土壤;它在那儿迅速发展并得到极大的完善。但人们不会怀疑,它的先驱者是在佛兰德的平原上找到了基本原则的。随后,在1760年以后,——这一年杜阿梅尔·杜·蒙梭正好发表了《农业因素》——法国的理论家们又从英国的土地上接过了火炬。

一开始最好先谈谈理论和思想。"没有一个土地占有者,"都兰地区的一个观察家于1766年写道,——很明显,他是指大地产者——"不在考虑……他能从土地中获得的收益。"[②]格里姆那样的悲观主义者则嘲笑"坐办公室的耕种者"。他们并不总是错的。然而,"思索"、书本对实践的影响,将技术进步建立在理论上的努力,都是有意义的特征。以往时代的农业变化从未有过如此的理论知识的色彩。新学说只是因为在法国社会中遇到了特别有利的环境,才获得了一些成功。

人口迅速地增长。挂虑公共利益的人得出推断,必须增加日常生活资料,并尽可能地使生产独立于贸易进口之外,因为从国外进口总要冒风险,而且在战时已多次遭到中断的危险。同一人口现象也向地产主们保证了一个相当程度的销售市场,只要他们能够提高农产品的产量。一整套经济学说建立了,它受对生产的考虑的支

① R. E. Prothero, *The pioneers*, 1888, p. 249 et 32: cf. *Dict. of Na. tional Biography* art. R. Weston.

② G. Weulersse, *Le mouvement physiocratique*, 1910, t. II, p. 152.

配，并准备牺牲其他的人类利益。由贵族与市民资产者施行的土地集中建立了大宗的财产，这点十分有利于技术的改进。工业与商业都只能提供一个不足的、经常未定的投资，于是资本自觉转向土地，在土地中寻求一个比领主的地租更可赚钱的买卖。最后一点，启蒙时代(18 世纪)的知识界在两大思想原则统治之下。首先它努力替实践及信仰寻找理论依据，并从此拒绝尊敬传统本身。假如古老的农业习惯(人们愿将它的野蛮处与哥特式建筑相比较)只是因为长期存在而没有意义，那它今天应该消失了。其次，它看重个人的权益，再也不能忍受让个人权益束缚在由愚昧的公众奉行的习惯努力的桎梏之下。对农业沙龙的迷恋，流行的“农业癖”，有时引人发笑；那种认为一切财富皆出于土地的重农主义理论的简单幼稚使人大为吃惊。它是时髦的文学吗？系统的学说吗？很可能。但首先它是一股汹涌澎湃的浪潮在智力上或情感上的表露：这就是农业革命。

说到技术发展的历史，就是说到才智互相碰触的历史。就像所有其他的变化一样，农业的变化也是从某些人类思想的光辉点上产生的：从内阁到地方总督的政府机构中，赞成农业改革的人越来越多；比半官方更进一步的农业协会也出现了；尤其是在乡村，出现了那些实行聪明的经营方式的更简单但更有效的农业之家。创举极少由农民发起。无论哪点，只要我们看到农民自发地支持新方法，我们就可以从农民个别或集体地与那些较发达地区的联系中找到解释：佩尔什地区的小生产者同时又是布商、牛贩子或箍桶匠，他们从前去行商的诺曼底和法兰西岛学得了新耕作法。[1]

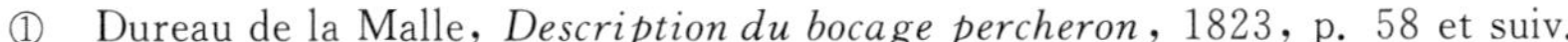

① Dureau de la Malle, *Description du bocage percheron*, 1823, p. 58 et suiv.

更常见的是，一个从书本或从旅行中获得教益的贵族，一个爱读新书的地方主教，一个锻造工场主或一个想方设法帮助一个个驿站喂好驿马的驿站长——在世纪末，有许多驿站长被关心农业改善的产业主当作农夫——，是这些人将人工草场法引入自己的土地，然后这种样板渐渐推广到四邻。有时，由思想的传播导致了人口的迁移：尤其是从技术进步之乡来的佛兰德人，埃诺、诺曼底、加蒂奈、洛林等地招他们为工人或佃农，还有，科地方的人被引到更落后的布里地区。伴随着草料种植，其他许多技术改善也逐步地实现或尝试了，如农具改革，良种牲畜的选育，植物与牲畜病害的防治等。休闲田开始消失，尤其在大地产居多的地方以及施厩肥较方便的村庄四周，但这个过程进行得极其缓慢。技术革命并不仅仅与习惯势力或经济困难相冲突，它还在多数地区遇上了带有不可动摇的外壳的法律制度的阻力。要让技术革命取得胜利，修改法律势在必行。在下半个世纪，统治者就致力于这个改革了。

四、走向农业个体化的势力：公共地产和圈围

旧制度下的法国，荒原、沼泽、森林等到处都归居民们集体使用；即使在开发者就是土地主人的圈围制地区，这种开发耕地的自由也恰恰是建立在公共荒地的基础上。此外，在王国的很大部分地区中，可耕地本身也要服从于有利于集体的繁重地役。新学派的农学家们攻击这种集体化的做法，他们指责公共地产是“古老时

代野蛮制度的残余”，[①]它浪费了大量肥沃的田地，这些良田如果好好耕种，本来完全可能带来丰硕的收成，至少也能养活更多的牲畜。著名的专家埃苏勒伯爵写道：“这是消费品和商品广大领域中一个何等巨大的空缺啊！”[②]他们往往过高地估计了这些荒地的生产能力，实际上，它们经常是因为无法开垦而保留着原始状态。然而，他们也并未总是弄错。罗昂公爵抱怨道：布列塔尼的农民为在荒地上翻出土块，竟然“把岩石都掏出来见了天”，这样做只能使荒地“永远贫瘠”。[③] 假如我们单从生产的角度来考虑，我们怎么不认为他说的有理呢？至于公共牧场制度，反对者们不无道理地说到它剥夺了牲畜的一些现存便利，而使它们在休闲田上虽付出辛苦转悠的代价，却只能找到可怜巴巴的一点点青草；另外，公共牧场还以制度本身或以必不可少的附带约束条件妨害了休闲田的废止和人工草场的培植。这些理由在理论上不是没有力量的，但光凭它们无疑还不能孕育出一股强烈的仇恨。更为深刻的、带有一半无意识色彩的情感推动着改革者们。他们的动机来自自身的利益：许多人是大地产者，其财产正在这些羁绊下受损害，而公共地产和牧场制度却向小耕农和短工提供机会使他们依靠极易获得的收益好赖活下去，这只会鼓励那些人“懒惰”，并从大农庄中带走劳动力。总之，一股个人主义的兴趣正在提高：它认为这些羁绊“损坏”了财产的“名誉”。

在世纪中叶，新思想赢得了权力机构：外省三级会议（如贝阿

① Mémoire de la Soc. d'agriculture de Bourges, Arch. Nat., H. 1495, n°20.

② *Traité politique*, 1770, p. VI.

③ Du Halgouët, *Le duché de Rohan*, p. 56.

恩省的三级会议从 1754 年起，朗格多克和勃良第的三级会议也差不多在同时）十分顽强地选择了农业改革的事业；总督及其机构，大臣和高级官吏都是如此。1759—1763 年任总监督官、以后又任国务秘书——一直到 1769 年 1 月——的贝尔坦在其朋友参议员达尼埃尔·特律代纳的帮助下，制订了一个由谨慎的经验论所推动的温和的改革计划。尤其是在总监督官的办公厅——至 1773 年，它一直领导着农业事务——中，有一位财政总督奥梅松以几位任期短暂的大臣的名义，通过强有力的手腕和严厉执拗的精神，引导着农业管理走向真正进步的道路。

经过调查研究，一系列的法律措施以各种法令的形式将这些理论观点表现了出来。自然，是一个省份一个省份地实行：旧制度下的法国只在很少程度上才是统一的。1769—1781 年，分配公共地产的法令在三主教辖地、洛林、阿尔萨斯、康布雷齐、佛兰德、阿图瓦、勃艮第、欧什财政区和波城颁布。在其他地区，纯地方范围内的一个个法命或判决——从国王的枢密院到地方的权力机构都有——使得同样的过程在一个村庄接一个村庄先后完成。在布列塔尼，通过简单地实施一个有利于领主的法律规定，荒地采邑的转让促成了大块地的形成。开垦荒地所带来的各种好处，尤其是财政方面的好处，促成了往日由于习惯或宽容只用作公共牧场的空地的垦种，在实践上，它滋长了有时由富人、有时由广大的小垦荒者作出的侵占耕地的行为。

同样的浪潮冲击着公共地役制。朗格多克的三级会议在 1766 年从图卢兹的高级法院赢得一项判决，原则上在该省的大部分地区禁止实行强制性公共牧场，除非村镇集团共同反对。鲁昂的高等法院宣布在一些草场上彻底废止公共牧场制：鲁西永的最高会议如法炮制，巴黎最高法院也在自己的一些管辖区里如此行事。此外，一些代表国王执法的大法官的法庭、一些总督，甚至还有一些村镇团体，都在高级权力机构的授意下，制定了有利于人工草场制的相似的规定。1769 年在奥梅松的推动下，君主政体的政府进入乡村。取消了公共牧场的束缚后，革命显得过分重要，过分容易激起大众的“激情”。至少人们认为反对两个旧习惯是有理的，也已经奏了效。首先是反对禁止圈围；地产主从此就有自由把自己关在自己的产地中，如果他同意支付费用竖立栅栏、挖掘沟壑，就可以真正成为自己土地的主人，并能在任何时候拒止邻人牲畜的擅入。其次是反对村镇间的共同牧畜权，此权企图使任何改革都屈从于各村镇间的一致意见，从而使每个集体将放牧严格限制在自己土地上的愿望成为泡影。1769—1777 年，在洛林、三主教辖地、巴鲁瓦、埃诺、佛兰德、布洛内、香槟、勃艮第、弗朗什孔泰、鲁西永、贝阿恩、比戈尔、科西嘉等地，一系列法令的颁布确认了圈围的自由。1768—1771 年，在洛林、三主教辖地、巴鲁瓦、埃诺、香槟、弗朗什孔泰、鲁西永、贝阿恩、比戈尔、科西嘉等地，共同牧畜权被正式废除。

尝试——芒什海峡的彼岸，英国议会的模仿对于它并不陌生——是气势宏大的。它相当突然地中断了。布洛内 1777 年的法令使用了“圈地法令”的字样，但它只是 8 年前进行交涉的结果，而实际上，这一运动从 1771 年起就停止了。从这以后，人们只能见到若干纯粹地方性的措施，好像有一股羞涩的夺人勇气的风扫荡了人们的精神思想；行政官员们一有机会就思索以往改革的效益和新的改革的可能性,他们对将来几乎总是抱着谨慎与克制的态度。大农业政策的试验遭到了它最初设想者们所未曾料及的困难。旧制度下的农业社会以其框架的复杂性,给推翻旧习惯的斗争制造了许许多多障碍,由于这些障碍的性质因地区而异,人们就更加难以预见并克服它们。

* * *

反对意见来自各方面。如果愿意,我们不妨将一些十分有力但又轻率的反对理由搁置一旁:有些贵族害怕新设立的栅栏会妨害它们特有的快乐和骄傲——狩猎;在属王室狩猎总管的土地上,圈围物不是被国王陛下的犬猎队队长所特别禁止的吗?另外有许多政府人员,基本上是行政官员,十分看重已获得的权利,巴黎的检察总长在谈到公共牧场时就说它是"属于居民共同体所有的财产",经济学家由于只愿看到财产的私有性质,所以也被他们看作革命派。还有许多相同社会阶层的人,害怕改革冲击现存社会秩序,推翻整个社会建制,取消领主特权(而最大胆的农学家们已将这些特权和公共地役制一起归于谴责之列)。最后,还有对传统的崇拜。与新技术与农业权利改革作对的"习惯的权威"在每人身上都可以找到。某些热情多于才华的革新家的失败使这种权威鼓足了勇气,并促成了许多富裕的受过教育的人们的反感:南锡三级会议中"我们的领主"嘲笑总督拉伽莱齐耶尔的农学偏见。广大农民对旧习惯的崇拜在任何地方都广泛而根深蒂固,在他们中间,它已与农业革命威胁小农的模模糊糊的危险感混为一体了。

即使我们把研究范围限制在基本利益方面(这种简单化尽管必要,但并非没有歪曲变幻不定的现实),农业技术与法律的转变

对直接或间接靠土地生活的不同阶级产生的影响是极为不同的。明显的地区变化更加大了这些差异。显然，各阶级在经济地位上并无十分明确的概念；它们的轮廓有时甚至极不确定。但农业革命的结果证实了它们的存在，澄清了必要的敌对的感情，也使它们的存在意识更为清晰。农业革命给予各阶级以共同商讨集体行动的机会，领主阶级在各省三级会议或法院中，各阶层农民则在村镇会议上，——直到 1789 年，政治革命才允许他们在请求书上提出建议，而在这些建议中常可听到几年前论战的回声。

公共地役制的废止，尤其是休闲田的取消，限制了放牧的范围，使雇佣劳动者（还需加上小耕农）的处境更加困难，他们时时刻刻都有落入无产者队伍的危险。他们没有土地或只有极少土地，习惯于日复一日地耕种小块地，他们受的教育太少不能适应新耕作法，他们太穷无法进行亟需相当资金的土壤改良，他们享受不到改革的好处（哪怕只是微小的改革），因而对它没有丝毫兴趣。相反，他们对改革什么都害怕。他们多数人有牧畜，由于找不到别的饲料，只能在实行公共放牧制的收割后的耕地上放牧。当然，根据规定，每个居民可以按财产的比例得到一份相应的放牧权；但是规定有利于富人；不过话又说回来，这些规定本身也好，简单的宽容态度（农学家们将它称为窃取）①也好，几乎总是允许穷人将"家畜"赶到休闲田里去，哪怕他自己没有一寸土地。这股财源一旦被剥夺，那些谦卑的人们就面临着饥饿的威胁，或至少要落入比过去

① Arch. Nat., H 1495, n° 33 (Soc. d'agriculture d'Angers), *Annales d'histoire économique*, 1930, p. 523, n. 2.

更紧地从属于耕农们或大地产主们的境地。他们如何受了骗？他们一致起来反抗，在全国到处组成突击部队，反对由孤立的产业主试行的改革措施，反对圈地法令。他们到处动手拆除围墙篱笆，以表达集体的不满意识，在奥弗涅或在阿尔萨斯，这是一些私人的个别行动，而在埃诺、洛林和香槟，则是立法的结果。

在公共地产的问题上，他们的意见就远不那么一致了。无疑，对集体资产的冲击大大削弱了放牧权，而小农们满有理由把自己与这种放牧权连结在一起。对农村无产者来说，分地产可能会有它的诱惑力；这会给他们提供机会实现长年来梦寐以求的愿望：也成为大地产主。但是不言而喻，要有一个条件：分配要以有利于最贫穷的居民的原则进行。雇工及大部分农民强烈反对领主或“村中头面人物”阴险毒辣地独吞集体牧场而不给穷人以赔偿的行径，他们反对布列塔尼的“采邑转让”，他们还反对某些大地产主领导的集体作出的分割公有地的决定，因为这种分割只是为了按既成的财产大小的比例重新进行分配。国王的敕令更加注意到公众的利益。基本传统的对村民的关怀，行政官员们现今越来越表现出对生产发展的考虑，他们规定按家庭而不是按原有资产分配公共地产。[①] 这样一来，除了无人对缩小高山牧场真正有兴趣的山区外，雇工们对分配都感到喜悦，纷纷准备转变成为垦种者。例如在洛林地区，正是他们使大多数人，有时甚至是压倒多数的人获益，他们的人数使自己能在乡村的公众大会上迫使顽固的耕农们执行

① 阿尔萨斯的法令让出价最高的人选择对公共地产是进行分配还是出租，我不明白这种特殊制度的道理，但它更有利于富人。

分配公共地产的法令。

社会阶层的另一端是领主，他们的利益取决于多方面的因素，这些因素有时十分矛盾，并依地区不同而不同。一般说来，他们都是大地产者，拥有适于农业改良和私人占有的广阔的田块。另一方面，他们分享公共地役权，不仅与其他居民一样，而且在相当多的省比广大农民还更盛。有时他们还能享受由习惯认可的一些便利，如在洛林以及在香槟部分地方的“单独畜群权”，在贝阿恩的“枯草权”，有时，一种取得或几乎取得法律力量的权力滥用使他们能在公共牧场或休闲田上放养几乎无限的畜群，如在弗朗什孔泰。经济转变确保了畜牧业难得的销路并为它打开了实行资本主义式经营的一切方便之门，领主们的优越点也因此变得更有利可图：租给一些大承包商后，洛林的“单独畜群”为巴黎众多的手工加工工场提供了羊毛，并为巴黎提供了肉类。贝阿恩的领主们既是法院的主人，也是三级会议中的多数，再也没有比他们实行的政策更清楚地表明了该阶级经过惊人推理的利己主义：1. 在临时垦地及他们占有着广阔部分的山丘上允许自由圈围；2. 在所有（包括他们自己的）地块太小太杂乱以至于不值得围起来的“平原”上禁止圈围；3. 尽管可以建栅，并仍保留“枯草权”，或者付一笔重税。他们必须服从第 2 点；在另外最重要的两点上，他们总是获胜。除去贝阿恩的“平原”，领主们在任何地方都给圈围自由设置障碍，他们知道，在自己圆形的田块上，他们是唯一获益的人。但是取消共同放牧权就会缩小牧场特权的有利一面，就会触及他们最珍贵的利益。于是他们起来反对，在洛林和弗朗什孔泰，他们依靠法院的势力还真的阻止了这一取消。

他们时时觊觎公共地产，整整一百年来一直试图独吞它。合法的分配本身一般对他们也并非不利；各项法令只在原则上规定他们有挑选权，并未在细节上有具体的限制，这就为有利于他们所有奢望的法律规定打开了缺口。不用解囊就能获得三分之一的分配地，猎物是诱人的。在洛林，领主们与雇工们联合起来向公共地产施加压力。①

耕农们并不结成一个整体阶级，然而在一个特殊的敏感点上他们几乎到处都取得一致意见。他们一致反对按户分配公共地产并将三分之一留给领主专用，这样规定的交易只能给他们的土地增加极微小的几小块，却剥夺了他们的牧场权，由于他们的牲畜在公共畜群中数量最大，他们从公共牧场中获得益处本来也最多。最后，短工们转变为小地产主的现象也向土地经营夺走了它十分迫切需要的劳动力。大弗勒内勒的富裕和较富裕农民在1789年的备忘录中说道，“在农村，雇农们难道不是生来帮助耕农的吗?”②很有特点的是，在朗格多克，农业政策的制定人三级会议喜爱出租土地胜过分割公共地产，这样做既能满足领主，因为它替领主们保留了随时要求收回财产的权利，同时也能满足富裕农民，因为唯有他们才能够成为土地出租人。③ 这样就很巧妙地实现了占有者的联盟。而在洛林，势力的汇集遵循了另外的路线，公共地产之争——农耕者集团反对领主与雇佣集团——采取了真正阶级斗

① 然而法院反对分配财产的法令，也许因为它们认为只有公爵领地中极少数的高级审判官才有挑选权；无论如何，这里面有一点非常模糊。

② E. Martin, *Cahiers de doléances du bailliage de Mirecourt*, 1928, p. 90.

③ *Annales d'histoire économique*, 1930, p. 349.

争的形式。

农耕者集团剧烈地分化。其最富裕的部分与其说是地产主倒不如说是佃农，他们与土地资产阶级有着相同的利益，他们单独寻求获取一部分公共地产。当他们可能按其地产和课税的比例得到公共地产时，他们也支持分割公产。他们占有或垦种着相当广阔、连结成片的田地，他们很容易就在连续耕作和人工培植草场上获得成功。他们只要求把自己的产地围起来，尤其是因为法令允许——只有佛兰德和埃诺是例外——圈物的建造者继续毫无保留地在仍开放的地上行使公共放牧权：真是一分不丢又全捞！

农村的广大阶层则不同，甚至许多地产主农民，他们更热心于旧的经营方式。习惯势力吗？也许。但也可能出于对眼前危险的十分正确的直觉感受。总而言之，对这些财产不多、其耕地仍服从于古老的土地形状的人们来说，要适应新的经济制度并非易事。似乎为他人利益服务的改革在他们的不安之外又加上了威胁。富裕农民一般拥有草场，可以找到必需的饲料以补集体牧场的不足；圈围的自由又给予了他们完全保留这份宝贵牧草的权利。中等水平的耕农则往往没有草场或只有很小一块，为牧养牲畜，他们需要公共牧场，需要在他人耕地上和牧场上行使公共地役权。实际上，他们的田地可以种植草料。但这一革新对他们来说会有许多困难，尤其是在地形狭长的地区。轮作制只能一个田区一个田区地改变，需要大家互相谅解。事实上意见的一致并非不可能。在洛林地区许多村镇中，人们于18世纪末成功地规定了通常用作人工培植草场的田块，它们一般是在轮作田的边缘。但如何保护这些负有特殊使命的田头角落呢？在那通常实行休闲并随之实行公共

牧场的年份里，要防止所有醉心于维持旧式放牧制的人的侵犯：不仅有雇工，而且还有拥有单独畜群的领主，还有主要的地产主，他们圈围了自己的地产，却并不打算放弃在邻人田地上捞取放牧的好处。那么在原则上使所有草场免除集体享用权能行吗？在某些省份也确实这样做了，颁布了一系列的法令和判决书，另外还有由村镇集团作出的规定。在康布雷齐，在苏瓦索内，这类通令一般都被遵守。但在另一些地区，它们常常在法庭上受到攻击和诋毁，——尤其是在实行圈地法的地方。[①] 因为这些法令十分明确：要避免公共牧场权，就必须圈围。而这恰恰是不很富裕的耕农们难以做到的。圈围总是费用浩大，尤其在木材昂贵激起众口抱怨时；当地块太狭长，以至于面积和周长超过了一定比例时，圈围费用高得惊人，简直就无法实行。实际上，圈围作为保护田块必不可少的条件，在法律上是自由的，但在经济上却有限制，于是它只能为富人们所垄断。它禁止其他耕种者接触技术的革新，而他们中最有经验的人则十分向往技术改进。毫不奇怪，整个耕农阶层无疑能逐渐抛弃旧的习惯，只要人们使过渡变得更为容易，他们几乎到处都与雇工达成一致，而后者只要求维持事物的传统状态，以抗议君主制度的农业政策。

如同南锡法院所说的那样，改革者期望的实际上是古老“乡野经济”的彻底变化——而不是社会秩序的改变。自然不必相信他们对这一动荡的严重性会熟视无睹。他们没有估计到大多数耕农

① 在阿尔萨斯，1744 年 4 月 15 日关于公共财产的法令规定，每一头牲畜都应保留有一阿尔邦的人工草场，这是在旧制度下由权力中心采取的关于人工草场的唯一一项措施。

的抵抗，以及这种抵抗的重要性。但他们知道，小农们，尤其是雇农们都有被压垮的危险。1766 年在朗格多克的三级会议上，支持新农学派事业的图卢兹大主教不是承认公共牧场可以“看作同一村镇里居民们人际关系的必然结果，它含有一种永远公正的平等”吗？并非所有的农学家都能平心静气地接受农业革命令人生畏的后果。这后果使大臣贝尔坦及其助手特律代纳犹豫不决。它还让一位聪明的观察家梅斯高级法院院长缪扎克产生恐惧，担心农村人口的外流导致人口减少，使大地产主既找不到劳力，又找不到消费者。[①] 面对着人类进步的这一永恒悲剧，最勇敢者并未退却。他们向往进步，也承认进步会带来牺牲。他们对一种比过去更紧密地将无产者置于大生产者的从属地位的经济结构并不感到厌恶。革新者的言语往往不乏生硬之处。虽然苦于劳动力的匮乏和昂贵，奥尔良的农业协会在 1784 年仍拒绝迫使手工艺人受雇参加收割劳动，因为“绝大多数人不习惯繁重的劳作”；但是它建议禁止农村的妇女和少女拾取谷穗，她们不得不寻找其他收入来源，于是就参加收割；她们不是习惯于“弯腰俯身向田地”吗？行政官员们自觉地拒绝把穷困看作可恶的“游手好闲”的结果。[②]

① 人口外流在 18 世纪似乎就已经能感觉到了：参照一份关于公有地产分配的论文（无疑是埃苏勒写的），见 Arch. Nat., H 1495, n° 161（阻止向城市移民以及“贫民”流浪现象的必要性或许是促使公产分配甚至强制分配的原因之一）。至于埃诺的情况，见 *Annales d'histoire économique*, 1930, p. 531。

② Arch. Nat., K 906, n° 16(Soc. d'Orléans). ——1765 年，波尔多的总督在提及麦类歉收时写道：“麦类的昂贵必以其诱人的收益导致大量的生产，这就可能招致某些人的怨言。他们陷入穷困是因为他们游手好闲，这类抱怨只配遭到蔑视”：Arch. de la Gironde, C. 428. 要汇集关于公共地产或圈围的合法性的许多同类文章也并不难——我也打算这样做。

说实话，一种如此露骨的无情也许会激起敏感的灵魂的反感。但敏感的灵魂会在绝妙的乐观主义中找到安慰，这个 Pangloss 学说的近亲、当时占统治地位的经济理论应将其火炬传给下一世纪的“古典”学派。1766 年，蒙捷昂代尔的总督代理人写道，“对大众说来是好的东西，对穷人来说必定是好的”，这句话不是很有名吗？换言之，穷人的幸福（他的所有希望应说是很容易找到活儿干并不遭歉收之苦）迟早要从富人的繁荣中走出来，不是吗？当时任梅斯总督的年轻的卡洛纳说：“一般来说，雇农及短工与耕农的关系，就是辅助与主要的关系，当人们改善了耕农的命运时，就不必为雇农和短工的命运焦虑了；当我们增加了一个地区的生产和物资时，我们也就增加了所有居住在这个地区的人的富裕程度，不管他们属于哪个社会阶层，处于哪种经济地位。这是个不变的原则，反之亦然。对此若有丝毫怀疑，则是不认识事物自然规律的表现。”在法国如同英国，农业问题于工业问题之前首次为称作资本主义学说（因为没有更好的名词）的东西提供了讲坛，带着青春期的幼稚表达它那天真的幻想以及它那惊人的、多产的创造热情的残酷。

*　　　*　　　*

然而，无论是 18 世纪最后 30 余年法律上的改革，还是寻求技术完善的运动都未明显改变的农业面貌。仅有的面貌发生真正变化的地区，是那些在经历了农业革命时开始停止麦类种植而几乎整个转向牧场制度的地区：埃诺的东部、布洛内。在 18 世纪，由于交通的进步和商品经济的发展，由于邻近的大平原小麦产区可为牧人们提供大量的粮食，由于附近的城市随时在消费肉食，具有这些得天独厚条件的地区能最终放弃古老的占统治地位的小麦种植从事更适合于当地土壤和气候条件的畜牧业。这种转变由唯一能从新经济形式中获益的大地产主们推动。他们滥用争得的圈围自由，在新旧牧场的四周种上绿篱以保护草场不受共同权利的侵犯。在各地，那都是绿色的圈地，而不是"清除干净"的耕地。其他的省份，栅栏也逐步设立，一般都在领主或资产者的地上，大多都设在牧场周围。人们保护的通常是牧场草地，而圈围耕地则很少见。在耕作的进步上也有同样的迟疑：除非像诺曼底这样特别进化的省份，一般地区到世纪末，绝大多数农民的地上甚至相当数量的大地主所有者的地上仍广泛实行着休闲制度。土地结构无疑在改善着，但极为缓慢。因为在这王国的一个很大部分中，尤其是在长形地块地区，要想获得新技术的巨大进展，就该有一个比农业改革家们曾计划的变革更为深刻的社会变动：就像在英国、在德国的一些不同地区，实行土地的彻底改组。

有一种障碍阻碍了耕农圈围土地，或者说不能使他的土地从一切地役制下解放出来，这种障碍也束缚了富裕的地产主们的愿望。它就是作为小生产法则的小块地形式，甚至连实行了土地合并的大地产者也不能完全脱离这一形式。要将这些地块分散、面积不大、形状不一的土地集中为一个所有者手下广阔的连片田，并使每一块田有一条自己的通道，互相并不干扰，这在字面上来看十分简单。实际上，英国已这样做了，颁布的任何圈地法几乎都在同时规定了地产的重新分配；耕农们别无他择，只有服从。在一个大多数采地仍未赢得永久地位的国家这是很自然的，然而在法国，同样的束缚是适合的吗？经济学家和行政官员看不到有这种可能性。他们局限于要求促进贸易。这就是对说服力的信赖。农民们受旧习惯的束缚，了解各自土地的特点而怀疑邻人的土地，企图通过一种古老的法则将田块分散到整个堂区的各地以尽量缩小自然灾害——在弗朗什孔泰人们称为“orvales”——带来的危害，他们还不无理由地对领主和富人们强制推行的措施感到畏惧，甚至像在勃艮第那样由于免除了征税而法律变得十分有利于贸易的省份里，农民们仍下不了决心（除去例外），仍不准备实行由某些高尚的农学家提出的土地彻底改组的措施。在地多人少时代诞生于风俗习惯，以后又得到王家法律认可的农民地产的力量不仅缓和了农业资本主义发展的冲击力，而且站在农业革命的对立面上阻止它，推延它。但同时，它尽量避免在暴烈行动中过分残酷地打击农村广大群众。雇农们由于没有土地，或是由于失去了土地，因而成了技术改革或经济改革的不可避免的受害者。耕农们则相反，他们保留着希望，希望能逐渐适应它并从中获益。

第七章　延续:过去和现在

一部法国革命的农村史只有紧密结合对政治现象及其各不同发展阶段的研究才能写出特色来。尽管有了一些十分优秀的关于各地区农业情况的专题论文,我们对19世纪及20世纪初的农业发展情况还是了解得不够,还不能做到描绘而不走样。我们的论著只能大致上写到1789年为止。但是在终笔之端,有必要指出,以上描绘的农业发展对最近的过去,甚至对现在都引起了极大的反响。①

*　　*　　*

大革命的国民议会涉及农业政策时并非面对着一块白板。君主政体已经提出了问题并试图解决它。新制度以一种在许多方面与旧制度十分类似的手法继续该事业。但是,它已不再局限于一种奴性的模仿。从前人的失败中它汲取了有益的教训;它更注意到不同阶层的要求,并且它是在一块已排除了许多障碍的地基上从事这项工作的。

毫无疑问,如果允许自由行动的话,农村中的大部分人愿意回到旧有的集体耕作方式上去。早在1789年,英国农学家阿瑟·荣

① 关于革命,对照 G. Lefebvre 的文章,载 *Annales d'histoire économique*, 1929(配有一份文献索引可使我免去其他的文摘);G. Bourgin 的文章,载 *Revue d'histoire des doctrines économiques*,1911.

格就已预料到这点。在许多不同的受到圈地法令触动的地区（在普罗旺斯则是受到更古老变化的触动），农民们在大革命初期的农业混乱过程中企图以武力恢复集体地役权。许多堂区的议会，再后些时期是农村的市镇当局，乡村的人民协会等等，在它们的备忘录中提出了这种倒退的要求。约讷省帕尔利的无套裤汉们提到圈地权时写道："这个法律只可能由富人制定，只对富人有利，那是在自由仅是一句空话、平等仅是一种幻想的年代里的产物。"另外一些备忘录，另外一些俱乐部，如欧坦的民社，纷纷谴责"自私的耕作者"、"吝啬的地产主"和"贪婪的佃农"的"弑君联盟"，说他们把大部分土地改成人工草场，由此剥夺了人民口中的面包。[①] 但议会并不由雇农或小农们组成，也不代表他们的观点。议会由受过教育、养尊处优的资产者把持，他们认为私有财产具有神圣不可侵犯的性质；制宪议会成员厄尔托－拉梅尔维尔不是建议将"土地的独立"作为宪法的一条吗？大革命时期最大胆的国民公会成员可以使这个原则服从于战争的需要，抵御外国军队和大革命的敌人；但在他们心目中，对此原则的忠诚并未有半点减弱。此外，这些人受周围哲学思想的影响，全心全意地相信经济的进步，他们只以生产的提高来看经济进步，只以草场的保护来看农业进步。"没有肥料，就没有收获；没有牲畜，就没有肥料"，国民公会的农业委员会在回答诺让的民社要求颁布法令强迫自耕农采用休耕制时只是重复了这句箴言。[②] 他们很自然地把昔日陈规看成是"封建"野蛮社

① Arch. Nat., F^{10} 284（1793年8月29日）。

② Arch. Nat., F^{10} 212^{B}.

会可恼的遗产。共和二年,厄尔一卢瓦尔省的行政官员们说,“休闲田之于农业如同暴君之于自由。”[①]

曾经阻碍过君主政体执行农业政策的许多束缚业已无存。给打击领主利益或搅乱现存制度的措施多次带来障碍的高等法院也早已消亡;同时消亡的还有各省的三级会议。特权阶层的利益本身已不再受到尊重:单独畜群没有了,枯草权没有了,土地大区也没有了。使改革沿着有利于大地产主的方向发展的动机也没有了。大革命并不照顾雇农的利益;但它努力满足普通耕农中最内行人们的愿望。最后,在一个已成为统一的、不可分割的民族中,法律没有必要像过去那样以一个省为其单位。“总法”这一在旧制度下改革者们掀起巨大冲波的时代中奥梅松曾幻想过,但从来不敢赋予它形式的美好愿望,居然成了现实。

然而,谨慎仍然是个法则。说实在的,强迫性轮作对于新的完全个人主义的自由观念纯粹是南辕北辙,人们不能设想再将它保留一分钟。制宪会议通过争取地产主“根据自己的意志,在自己土地上改变种植和经营”的权利,宣判了强迫性轮作制的非法性。至于强制性公共放牧权,人们同样也作出计划予以彻底废除。不过,这些建议从未被十分严肃地对待过。制宪会议满足于继续实行圈地法政策:它声称在全法国都有圈围土地的绝对自由。然而它在这项命令之外增补两条新的规定以取消以往法令中最严重的缺陷。从此后,地产主对公共牧场的使用权便遭到限制或废除,其程度与他们圈围的土地恰成比例。此外——根据在旧制度末期已争

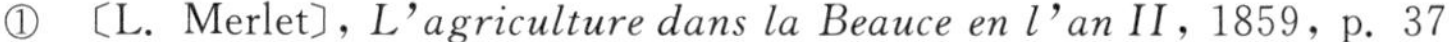

① 〔L. Merlet〕, *L'agriculture dans la Beauce en l'an II*, 1859, p. 37.

论多次，并最终就要获得成功的计划(如果旧制度再延续下去并且消除它最后阶段行为中表现出的胆怯，这些计划恐怕就会实施)，[①]——人工草场从此就将全年禁止放牧。这就向广大农民打开了农业进步之门。同时，对领主贡赋的取消使他们解除了后顾之忧，而每当增加产量时，他们都担忧地认为这只是在"为征税官"而干活。[②]

留下的问题是自然草场，或者更确切地说是二茬草。在这问题上，有可能制定一条普遍法令，在二茬草长高之前严禁任何公共放牧。制宪会议领导下的农业法起草委员会曾一度有此打算，只是没有结果。面对所涉及的各阶层利益的复杂性，人们只得长期采取旧制度下那种摸索性的政策：由各镇、区、省，甚至还有驻军的特派代表——因为共和国的骑兵队和国王的骑兵队有着相同的饲料需要——制定地方性的规定；草场的收获有时在地产主和公家之间分配，有时则全部拨为公用。在某些地方它也有可能全部归地产主所有；但是雅各宾时期的国民公会更尊重无牧场的小农们的意愿，认为这些决定明显地太不公平。热月党人的想法则相反。1795年更新的救国委员会通过一项法令，在全国保护二茬牧草，收获权只属草场主人。从第二年起，人们又回到了地方法令上并一直延续到我们今天。从那时起，地产主的所有权就成了一项不可动摇的原则，在保留某些地方习惯的同时，它已被认为是合法

① 改革在阿尔萨斯已部分实现，至少在官方已实现：见上文第252页注1。

② 1670年10月26日苏瓦松总督的信，见 *Vierteljahrschrift für Sozial-und Wirtschaftsgeschichte*，1906，p. 641. 关于新耕作法是否应保留什一税制度，在18世纪经常争论不休，这个问题似乎以一种有利于什一税征收者利益的方式解决了。

的。没有任何一段插曲比这一时期更能既突出发展的连续性,又体现曲线的多样化。在牧场的治理上,我们的诸省长继承了昔日总督的做法;君主制下最后三百年来连续受到攻击的在“二茬草”场上放牧的古老习惯(一直没有一整条法律保护,不时受到猛烈冲击),到了 19 世纪终于在许多地方绝了迹。然而大革命比国王治下的朝廷更为大胆,一番犹豫之后它就废止了已经不采取放牧形式的全部草场的集体收获权,由此实现了有利于私人的整个转变。此中不是没有一个十分清晰的计划。1795 年的法令明文体现了遭“非道德与懒惰的制度”威胁的私有财产的“神圣性质”。具有特点的是,这个决定性的法令是刚刚无情镇压了“饥饿叛乱”的改组后议会的作品,它重建了占有者在选举权上的垄断地位。

时间上被大大压缩但仍未全部取消的公共放牧权继续实行多年:在一些有公共放牧传统的地区,假如耕田没有圈围或没有改作人工草场,那么庄稼收割后就强制实行公共放牧。1789 年后不断交替的法国政权无一不想取消它,——无一不在某些农民的不满前后退,尽管它们对私有制抱有同情。第三共和国终于转向支持由朗格多克三级会议早在 1766 年就提出实施的一个温和办法:原则上取消地役权,市镇有权可要求保留。旧习惯在我们的法律中留下了条文。

*　　　　*　　　　*

法律上的迟缓和犹豫,是由于技术发展上的曲折。

长期以来,农民共同体一直顽固地束缚在旧习惯上,尤其在敞型田块地区。圈围土地还不是一切;还需要让邻居们尊重这一道道栅栏的权力。七月王朝统治时期,毁坏围墙的传统重又恢复,圈地的受害者们集体行动惩罚圈围者。据称,1813 年在上索恩省为了保护非圈围的人工草场,需要“在每条垄沟上有一个卫士”。在 19 世纪前半叶,低级法院有时从地产习惯法中寻找证据,拒绝承认保护牧场的有效性。然而随着农业技术的改进和普及,私人权利逐渐得到更多的认可。但除了在一些逐步以草场代替了耕地的地区,圈地始终十分少见。大部分旧的敞型地地区,今日仍是那种“旷野”的面貌;从“平原”到“林地”的差异,在今天的旅游者看来也不比诗人瓦斯的时代更加小。公共放牧制确实失去了阵地,但在敞型地地区,尤其在狭长形田块的地区,它还保留了相当年份,它还将在一些土地上保留它的统治。1889 年,众议院彻底取消了它,次年,面对农民的反抗意识,众议院不得不重新准许实行它。在洛林、香槟、皮卡第、弗朗什孔泰,以及其他一些地区,许多村镇在法律的准许下,保留耕地上或草场上的公共放牧权。英国历史学家西博姆习惯于从古纸堆中寻找长期来在其祖国的土地上被抹却的共同地役制,1885 年他十分惊奇地看到现实社会中畜群在博斯的留茬地上游荡。法律对强制轮作的废止在第一帝国时期激起一片遗憾声。实际上它长期存在着,几乎同过去一样蛮横不可一世。在长型田块区,这种制度一直延续至今:强制决定于土地的形式,甚至还有道德束缚的因素。在洛林高原,在阿尔萨斯或勃艮第的平原,到了春天,三圃制的三部分以其各异的颜色争奇斗艳。[①] 只是在以往用来休闲的田块上,新的作物代替了稀少的荒草。

① 牧草、粮食和葡萄收获同样仍有法律保护,但是其中唯有葡萄种植似乎具有真正实践上的重要意义。

种植物对休闲田的征服史是人类对土地的一次新胜利，它与中世纪的伟大垦荒运动同样动人心弦，无疑将成为众口皆碑的丰功伟绩，值得人们大书特书。而眼下，我们还缺乏资料。我们仅能隐约看到促进该运动的几个原因：首先，工业原料作物的兴起；其次，化肥的发明，它解决了肥料供应问题，冲垮了麦类生产与畜牧的联盟，从此也为农业学避免了饲料问题的纠缠，在 18 世纪的人看来，大量地种植饲草植物是专横的、别扭的妨碍整个农业改善的强加条件；第三，土壤的合理的专业化利用，这是全欧以至世界性商品经济发展的结果。最后，是另一类交换的进步，知识的交流从此将农村的小集团与更有知识更有胆魄的人们结合起来。一个事实是明显的：农业变化的节奏尽管在各地有极大的差异，但没有一个地区是迅速的。一直到 19 世纪下半叶，不止一个农村，尤其在东部，仍然将它们的初翻地弃置搁荒，任牧人与猎户光顾。然而，除了那些自然条件注定无可救药的贫瘠地，人们已经渐渐习惯让土地每年都有出产。但是，平均产量始终比其他许多地方要低。在欧洲或欧化世界中，农业到处都倾向于更加有条理，更加科学，它在技术和投资等许多方面都仿效大工业的手法行事。在这最能体现当代经济特点的变革中，法国迈出的一步却是更加摇摆不定，在整体上说，它并不比大多数的邻国走得更远。甚至在连作这一商品经济进步的形式占主导地位的地方——在葡萄种植区，尤其在牧草区——不同于美国生产者的法国农民仍然部分地生活在自给自足经济中：自己的菜园，自己的养禽场，经常还有自己的牛栏、马厩、猪圈。

要解释这种对过去习惯的忠诚，分析几条原因并不是不可能

的。最迅速闯入我们眼帘的原因是物质的秩序。旧的土地面貌在敞地地区,特别是在长条田块的地区(即是说在某些最富裕地区)基本上没什么变化,它继续支撑着、强制推行着农耕的风俗。改动它一下?人们经常这么想。但是,为了达到地块的彻底改组,就需要有命令。大独裁灵魂马拉在这样一种强制意见面前并未退却。制宪会议成员和国民公会议员,以及经济学家和政界人物怎么会跟着他走?要知道,尊重产业所有者的独立是他们社会哲学的基础。强迫土地的主人放弃自己继承的田块及其权利,人们能设想比这更残酷的打击吗?更不用说在这大规模的混乱面前,农村的大众绝不会不表现不满和反抗,对他们的反对,即使不是建立在自由选举基础上的政权制度也不会熟视无睹。事实上,人们应努力说服的土地归并始终极为罕见。由于一种历史的真正反论,使改革者们抛弃古旧的集体原则的对私有财产的崇拜也禁止他们作出决定性的举动,而这本是唯一能够有效地解脱私有制仍受到的束缚,同时加快技术进步的举动。

说实话,会给小农经营带来灭亡的经济革命本身就会自动地促成这种改组。但是,这种革命却没有发生。

*　　　*　　　*

1789年开始的大危机并没有摧毁前几个世纪中建立起来的大地产所有制。没有逃亡的贵族和土地兼并资产者——这些人比人们想象的要多得多——保留着自己的财产。在逃亡的移民中,也有一部分人保留了财产,他们有的通过亲属或中介人重新购回财产,有的从执政府和帝国那里恢复自己的产业。法国某些地区中的贵族财产的幸存——尤其在西部——是我们近代社会史中研究得最少但又无可否认的事实之一。国有财产的拍卖——教会的财产、流亡者的财产——对大财产所有者带来沉重的打击;因为拍卖方式本身并非不利于人们购买大块的田块,甚至一个完整的地产;大佃农成了大地产者;资产者也在耐心而有效地继续着前辈们的土地事业;富裕的耕农们也增加了继承的遗产,最后进入农村资产者的行列。

然而大革命将如此大量的土地投入市场,因而也巩固了小地产所有者的地位。许多贫穷的农民——尤其在那些公共生活方式最强,甚至在买卖条件中都存在着集团压力的地区——也获得了地块,从而巩固了自己的经济地位。连雇农们也在竞争中获得了一份土地,由此上升到占有者阶层。对公有地的分割也产生相同的结果。这种分割——除去森林的分割——已由立法议会在1792年8月10日之后的一系列措施中作了明文规定,正如议员弗朗索瓦·德·纳夏托所承认的那样,那些措施旨在"使农村居民与大革命休戚相关"。若要符合这个目的,分配自然就只能以家庭为单位进行。稍晚一些时候,国民公会也正是这样作了规定(由一项法令形式降低为一个简单的许可令),大片的田区自然也没有了,因为再也没有领主了;1792年8月,人们原则上取消了自1669年起就实行的所有的旧田区。此外,人们还把空地的某种法律主权归予村社集团。总之,各级议会一方面通过正逐渐葬送着旧集体使用权的财产分配满足了经济学者们吹嘘的个人主义,另一方面通过各种规章制度满足了小农们的心愿,因为新的制度需要他们。但是,依据某种类似二茬草权争执过程(我们已经见到这个例子了)的演变线索,这些有利于穷人的分配终于在大革命后期被资产阶级政权——督政府和执政府——禁止了。更有甚之,一些当

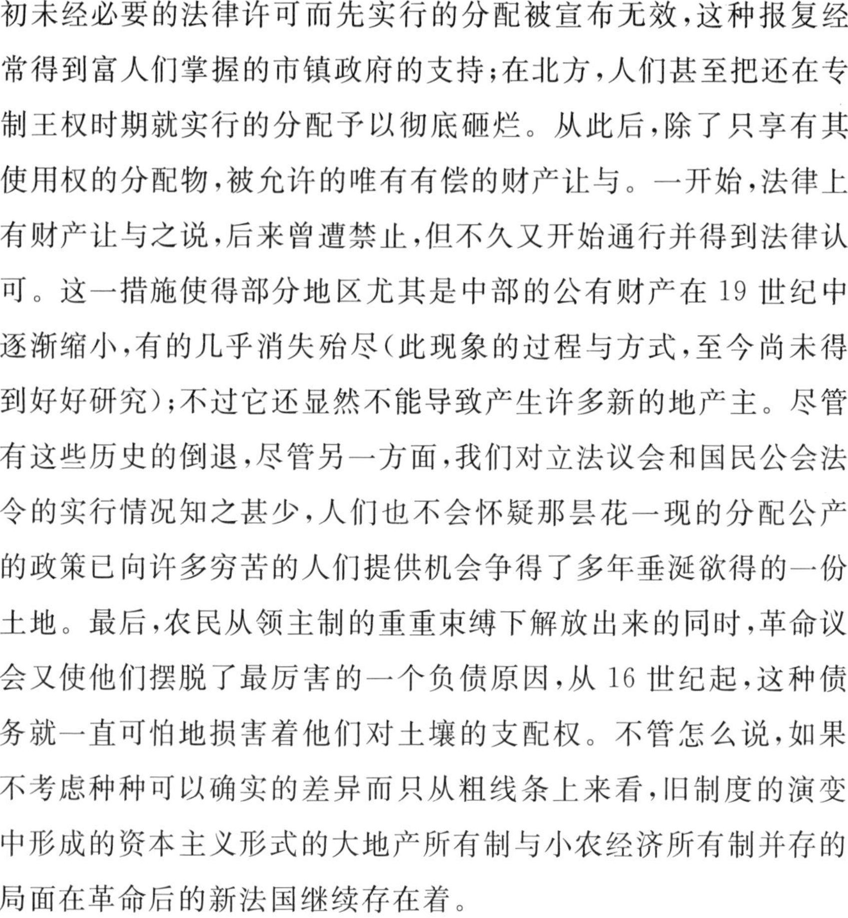

初未经必要的法律许可而先实行的分配被宣布无效，这种报复经常得到富人们掌握的市镇政府的支持；在北方，人们甚至把还在专制王权时期就实行的分配予以彻底砸烂。从此后，除了只享有其使用权的分配物，被允许的唯有有偿的财产让与。一开始，法律上有财产让与之说，后来曾遭禁止，但不久又开始通行并得到法律认可。这一措施使得部分地区尤其是中部的公有财产在19世纪中逐渐缩小，有的几乎消失殆尽（此现象的过程与方式，至今尚未得到好好研究）；不过它还显然不能导致产生许多新的地产主。尽管有这些历史的倒退，尽管另一方面，我们对立法议会和国民公会法令的实行情况知之甚少，人们也不会怀疑那昙花一现的分配公产的政策已向许多穷苦的人们提供机会争得了多年垂涎欲得的一份土地。最后，农民从领主制的重重束缚下解放出来的同时，革命议会又使他们摆脱了最厉害的一个负债原因，从16世纪起，这种债务就一直可怕地损害着他们对土壤的支配权。不管怎么说，如果不考虑种种可以确实的差异而只从粗线条上来看，旧制度的演变中形成的资本主义形式的大地产所有制与小农经济所有制并存的局面在革命后的新法国继续存在着。

除去那些在最激烈的斗争中认识到依靠下层人民的必要性的人，大革命中的大部分人对雇佣劳动者的估价并不比18世纪的改革家们更高。国民公会议员德拉克鲁瓦认为，如果给雇农以土地，就会剥夺工业以及农业本身的劳动力来源。热月党期间的救国委员会剥夺了他们所有的二茬草权，让他们在需要牧草喂养牲畜时为牧场主们提供劳役。它像旧制度下某些统治者一样，怀疑在农村有一个贫穷阶级的存在："贫困的居民（不知是否仍存在着)……。"事实上,集体劳役的取消对农村无产阶级的打击十分沉重,致使他们再也爬不起来。无疑,依靠某些国王的敕令和革命政权的法律,农村无产者从公有地的分割中获取了一些好处,并且得到了一部分国有财产。但这些收益经常是虚幻的;在贫瘠的土壤、小面积的产地上,众多的挫折正等待着开垦者。大弗勒内勒地方的耕农们在1789年预料,公有地分配后,会出现一个生育高峰,随之将带来贫穷的危机,看来,他们的预见并不完全错误。城市工资职位的引诱,原来供养农业工人的农村工业的衰落,适应新经济方式的困难,公共道德意识的变化(不如过去那样紧密依赖于传统的劳动方式),新的追求舒适生活的兴趣,对农庄工人悲惨生活状况的不满,这一切都使农村雇佣劳动者处在艰难困苦之中。梅斯高级法院院长缪扎克的预言得到了证实,短工和小农们纷纷抛弃了田地。农村人口外流,在七月王朝时就已成了十分敏感的问题,从19世纪中叶起以持续加快的节奏进行着,外流的人主要是雇佣劳动者。大约从1850年起,出现了出生危机,以后由于大规模战争带来的流血牺牲,劳动力来源短缺,人口外流又促进了某些技术变化:如农业机械的改进,人工培植牧草。在18世纪末和19世纪上半期充满血腥味的法国乡野,是一个不见人影的农业社会,——空荡的旷野,一片荒土,但是这样一个农业社会也许更适合于实行一种既摆脱了传统意识又摆脱了永恒的饥饿威胁的农业经济,而过去饥饿的威胁曾长期地给耕作实践压上了沉重的负担。

要对法国当代小型或中等水平的农业经营体(包括产地、租佃或分成制租佃)的命运作出精确的估计是十分棘手的——说实话,就我们现有的知识状态而言,是几乎不可能的。它遭受到种种严

重的危机：无休止的信贷困难的危机，进口谷物的竞争（约在1880年以后，俄国和美国的小麦开始进口），由雇佣劳动者外流和人口出生率下降引起的劳动力短缺，农民日益需要的工业产品的涨价。在某些相当数量的小农为佃农或分成制佃农的地区，小农经济还受大地产主束缚，几乎在所有地区，它还受资本主义经营者束缚，后者往往是贷款人，又是转运商，可以对生产者强行规定产品价格，并更巧地利用行情赚钱。小农们的经济地位在许多方面很不稳定。不过，总的来说，它无疑还是胜利渡过了19世纪和20世纪初期。在最近的大战和战后最初岁月中，小农经济经历了粮食危机以及随后的金融危机（跟百年战争及战后的情况完全相同），依靠法律条文的力量，在相当部分土壤上维持了统治，并征服了数目惊人的耕地面积。小农在今天仍然代表着一股强大的经济力量和社会力量，尽管这么说有些平庸，但这是一个毋庸置疑的真理。他们把自己关闭在土地中，拒绝改变土地的结构，很少对突如其来的革新感兴趣，——老奥利维埃·德·塞尔早就说过："庄严以古老的方式侍弄土地"，——他们很难摆脱祖传的习惯方式，他们接受进步的新技术十分缓慢。尽管人们对各种形式的机器越来越熟悉，尽管新的革命已经引入了集体意识中，而且对它无疑可抱极大期望，小农经济至今仍未将土地改良推进多远。不过，农业的变迁至少还没把它压碎。法国仍是一个土地属于众多农民的国家。

*　　*　　*

往日之事，今日之师。今天法国农村面貌中几乎没有一个特点不能从对过去时代演变的研究中得到解释。农业无产者人口的外流吗？这是雇农与耕农旧的对立的结果，而这种历史一直可以追溯到中世纪,在当时的文献中,就有关于劳力徭役与耕犁徭役的对立的记载。土地形状上的传统主义,共同耕作方式对新精神的长期抵抗,农业技术进步的缓慢,这一切的原因不都在于小农经济的顽固性吗?远在王家法庭最终批准法律承认自由租地耕种者的权利之前,小农经济就名正言顺地建立在领主的习惯法基础上,并且从地多人少这一现象中找到了它经济上的存在理由。但是小农并非唯一持有土地的人;大地产主同他们过去进行过、现在仍进行着激烈的竞争。没有大地产主,农业革命将是不可能的,它正是从大地产主那儿寻到了出发点;大地产主还创立了现代的领主兼资产阶级的资本主义农业经营。在长形的敞地地区,小块分割的土地与我国最古老的农业文明同样古老;从家长制份地过渡到以后年代的默认公地的家庭变迁过程,可以为我们提供研究这种进步的钥匙;小块土地的集中,在农村生活中新经济制度的实行则解释了例外情况。至于长形敞地、不规则敞地和圈地的基本差别,至于北部、东部与南部乡村、西部小庄在风俗习惯上,在集体心理状态上不同程度(北部、东部较强烈,而南部、西部较弱)的平行差别,则需要从土地占有的各插曲阶段中、从社会结构的特点上来探知答案,遗憾的是,各阶段的特点并未留下文字记载的资料就消失在往昔的浓雾之中了。在具有思索精神的人看来,这些观察中包容着农村问题研究的浓厚趣味。确实,哪里能够找到一种更急切地竭力抓住历史真正本质的研究方法呢?在人类社会进化的不断过程中,震动波也由一个分子到一个分子传播到遥远的远方,而发展阶段任何一个时期上的智力水平不论多么高超,都不能只以它对最近阶段历史的考察来达到这样遥远的距离。

地名索引

此索引收集了本书中出现的所有与法国农村史有关的地名。以下几种情况不包括在内：1. 外国的地区与村镇（除非属于旧法兰西王国的那些地区）；2. 仅仅在作品题目、档案编号（除非该题目或编号是唯一提供的能确实所述事实发生地点的说明）、贵族头衔、政府法令或会议的日期中出现的地名。表示属于某一地区的派生形容词保留在索引中，但不再另起一条，例如，breton（布列塔尼的、布列塔尼人）只归在 Bretagne 一条中。

Ile-de-France，法兰西岛
Iveline，伊弗林森林

Jancigny，让西尼(科多尔省，米尔博区)
Jéricho，杰里科(涅夫勒省，圣阿芒区，圣韦兰镇)
Jérusalem，耶路撒冷(涅夫勒省，圣阿芒区，圣韦兰镇)
Joberts (les)，若贝尔(阿列省，于列勒区，圣索维耶镇)图 12
Jura，汝拉(山脉，省)

Kerhouarn，克尔瓦恩(莫尔比昂省，拉罗什贝尔纳区，马尔藏镇)图 11

Lacapelle-Ségalar，拉卡佩勒－塞加拉尔(塔恩省，科尔德区)
Lagny，拉尼(塞纳－马恩省，莫城区)
Langue d'oc (France de)，法国的奥克语区
Languedoc，朗格多克；——下朗格多克——三级会议
Lantenay，朗特奈(科多尔省，第戎区)
Laonnois，拉昂
Larrey，拉雷(科多尔省，莱涅区)
Laye，拉伊森林
Libourne，利布尔讷(吉伦特省)
Lille，里尔(北方省)，总督
Limoges，利摩日(塞纳－马恩省，布里孔特罗贝尔区，利摩日－富尔什镇)
Limousin，利穆赞
Lincel，林塞尔(下阿尔卑斯省，雷亚讷区)
Loge，洛热森林
Loire (France au nord de la)，卢瓦尔河以北法国；——(Les pays de la)，卢瓦尔河流域
Longeville-les-St-Avold，隆日维尔(摩泽尔省，福尔克蒙区)；——修道院长
Lorraine，洛林；——德国
Lorris，洛里斯(卢瓦雷省，蒙塔日区)
Lot，洛特
Loutremange，鲁特尔芒热(摩泽尔省，布莱区)
Louvres，卢夫尔(塞纳－瓦兹省，吕扎什)
Lyon，里昂(罗讷省)；——教堂

Magny-les-Essarts，见 Magny-les Ha-meaux
Magny-les Hameaux，马尼小村庄(塞纳－瓦兹省，谢夫勒斯)
Magny-sur-Tille，蒂耶河畔马尼(科多尔省，让利斯区)
Maîche，迈什(杜省，蒙贝利亚尔区)
Maine，曼恩
Maisons，迈松(厄尔－卢瓦尔省，欧诺区)
Maisons-Alfort，迈松阿尔福(塞纳省，沙朗通勒蓬区)
Malaucène，马洛塞讷(沃克吕兹省，奥朗日区)
Manche，芒什
Mantarville，芒塔尔维尔(厄尔－卢瓦尔省，阿诺区，桑维尔镇)
Many，马尼(摩泽尔省，福尔克蒙区)
Marche，马尔什
Mariembourg，马里昂堡(比利时，那慕尔省)
Marizy-Sainte-Geneviève，马里济－圣热讷维耶沃(埃纳省，讷伊圣弗龙区)
Marly-le-Roi，马尔利勒鲁瓦(塞纳－瓦兹省，凡尔赛区)
Massif Central，中央高原
Mayenne，马耶讷省
Mayenne，马耶讷(马耶讷省)，公爵领地
Méditerranéenne (France)，法国地中海地区

人名译名对照表

三　画

马拉　Marat
马延　Mayenne
马纳塞　Manassé
马塞尔，埃蒂安　Marcel，Ftienne

四　画

比西一拉比坦　Bussy-Rabutin
厄尔托一拉梅尔维尔　Heurtault-Lamerville
贝尔坦　Bertin
贝迪埃，　M. Bédier，M.
瓦斯　Wace
瓦卢瓦　Valois
瓦尼耶，克洛德　Vanier，Claude
巴莱，弗朗索瓦　Belat，François
巴蒂洛　Badilo
巴雷斯，莫里斯　Barrès，Maurice
巴斯纳热　Basnage

五　画

丕平　Pépin
东戎，皮埃尔·德　Dongeon，Pierre de
汉森，格奥尔格　Hanssen，Georg
加尔朗　Galeran
古贝尔维尔　Gouberville
卡洛纳　Calonne
卡当维尔　Cardenville
皮埃尔一世　Pierre I
皮加西耶尔　Pigassière
圣洛朗　Saint-Laurent
圣维哥尔　Saint-Vigor
圣一朗贝尔　Saint-Lambert
弗拉谢，雅克　Flach，Jacques
弗洛伊埃　Frohier
弗雷曼维尔　Freminville
弗朗索瓦一世　François I
布洛赫，马克　Block，Marc
布拉什，维达尔·德·拉　Blache，Vidal de la
布列顿，雷蒂夫·德·拉　Rétif，de la
布尔盖伊，博特里·德　Bourgueil，Baudri de

六　画

扬，阿瑟　Young，Arthur
托尼　Tawney
约翰　Jean
吉内　Guines
伏尔泰　Voltaire
迈泽恩　Meitzen
朱米埃热，纪尧姆·德　Jumièges，Guillaume de
西博姆，弗雷德里克　Seebohm，Frédéric

亚历山大三世　Alexandre III

七　画

苏热　Suger
里梅约，热罗姆·德　Rimailho, Jérôme de
纳夏托，弗朗索瓦·德　Neufchâteau, François de
库朗热，福斯泰尔·德　Coulanges, Fustel de
秃头查理　Charles le Chauve
亨利二世　Henri II
亨利四世　Henri IV
享吉斯特　Hengist
克纳普，　G. F. Knapp, G. F.
克罗兹，安托万·德　Croze, Antoine de
克雷芒四世　Clement IV
克洛泰尔第三　Clotaire III
阿莫里　Amauri
阿科尔，勒尼埃　Accorre, Renier
阿洛格，罗贝尔　Alorge, Robert
阿格拉费伊　Agrafeil

八　画

尚宗，安德烈　Chamson, André
法耶尔　Fayel
若雷斯　Jaurès
佩西　Percy
佩兰　M. Ch.-埃德蒙　Perrin, M. Ch.-Edmond
迪穆兰　Dumoulin
迪尔凯姆　Durkheim
恺撒　Cesar
凯隆，佩洛特·德　Cairon, Perrotle de
凯隆，尼古拉·德　Cairon, Nicolas de
罗昂　Rohan
罗茨　Rots
罗隆　Rollon
罗什福尔　Rocheforrt
拉沃　Raveau
拉盖尔　La Guerre
拉伊埃　Rahier
拉孔布，　P. Lacombe, P.
拉伽莱齐耶尔　La Galaizière

九　画

品达　Pindar
威廉　William
荣格，阿瑟　Young, Arthur
费佛尔，让·勒　Febvre, Jean Le
洛朗森，克洛德　Laurencin, Claude
洛里埃尔，欧赛伯　Laurière, Eusebe
查士丁尼　Justinian
查理五世　Charles V
查理六世　Charles VI
查理七世　Charles VII
查理曼大帝　Charlemagne
科尔贝　Colbert
科基伊，居伊　Coquille, Gui
科尔努，奥布里　Cornu, Aubri
科尔努，戈蒂埃　Cornu, Gautien
科尔比，阿拉尔·德　Corbie, Alard de

十　画

泰纳　Taine
莫勒，威廉　Maurer, Wilhelm
朗贝尔　Lambert
埃苏勒　Essuile
唐　Doon
唐克雷德　Tancrède
特鲁瓦，克雷蒂安·德　Troyes, Chrétien de

特律代纳，达尼埃尔　Trudaine, Daniel
夏蒂埃，阿兰　Chartier, Alain
夏蒂荣，戈歇·德　Chatillon, Gaucher de
格里姆　Grimm
格雷戈瓦　Grégoire
格拉德曼　Gradmann

十一画

勒鲁瓦，欧仁　Leroy, Eugène
梅特兰　Maitland
梅雷特，亚历山大　Mairetet, Alexandre
菲利普　Philippe
菲利普二世　S. M. Philippe II, S. M.
维吉尔　Virgil
维诺格雷道夫　Vinogradoff
萨兰波　Salimbene
萨拉-帕泰贡，热罗　Salat-Patagon, Géraud

十二画

鲁伊，纪尧姆·勒　Rouille, Guillaume le
奥梅珍　Ormesson
塔西佗　Tacite
普利纳　Pline
普瓦尼昂　Poignant
普瓦提埃，阿尔丰斯·德　Poitiers, Alphonse de
博松　Boson
博德里　Baudry
博比松，皮埃尔　Baubisson, Pierre
博马努瓦尔　Beaumanoir

十三画

雷尔克，居伊　Foucoi, Gui
蒙梭，杜阿梅尔·杜　Monceau, Duhamel du
塞尔，奥利维埃·德　Serres, Olivier de
塞维涅　Sévigné
塞西尔，皮埃尔　Cécile, Pierre
路易　Louis
路易六世　Louis VI
路易七世　Louis VII
路易十一　Louis XI
路易十三　Louis XIII
路易十四　Louis XIV
踢易十五　Louis XV
路易十六　Louis XVI
路克特里乌斯　Lucter

十四画以上

缪扎克　Musac
福瓦　Foix
福比斯，加斯东　Phoebus, Gaston
福蒂斯丘　Fortescue
德马雷　Des Marez
德芒什　Demanche
德拉克鲁瓦　Delacroix
霍萨　Horsa
戴迪埃，若姆　Deydiex, Jaume

附图目录[①]

① 构成附图的绝大多数的摄影底片,以及用于本书资料说明的许多其他地图照片都是在农业部和科学研究经费管理委员会的赞助下进行的研究过程中完成制作的。在此,我谨向这些机构表示衷心的感谢。

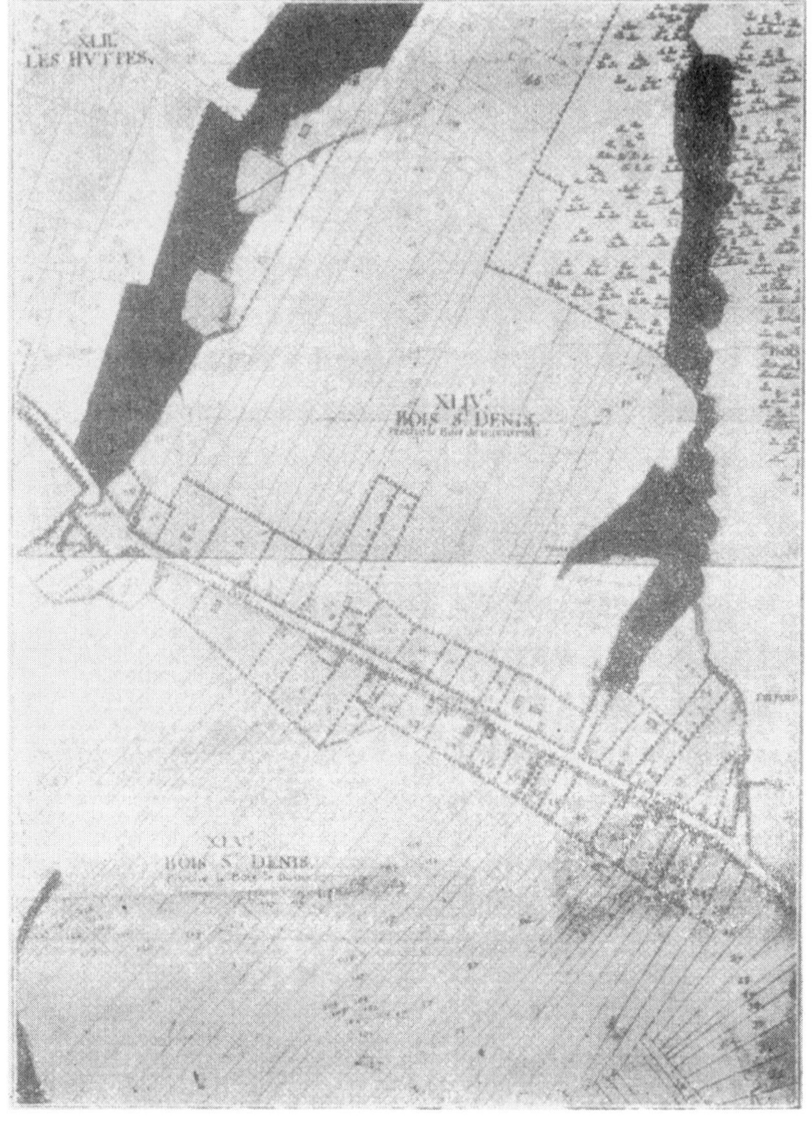

图 1　森林开垦地：鱼骨状地块

圣但尼小树林村庄园，拉费拉芒格利庄园地图局部（埃纳省，拉卡佩勒区），1715 年。

Arch. Seine et Oise，D，fonds de St. Cyr.

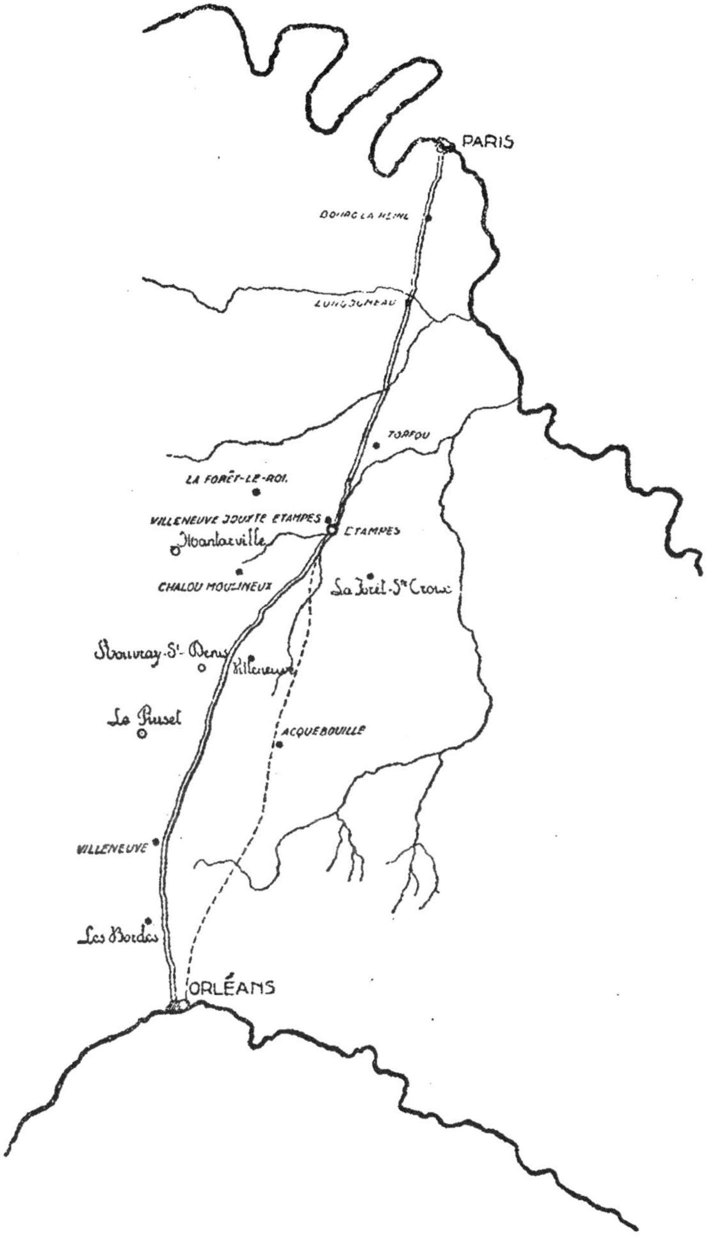

图 2　从巴黎到奥尔良的几个新城

（图 2 续）

图例：

══════ 现在的路，从埃唐普到奥尔良在 12 世纪时已经照这条基本线路；

············ 古代罗马的道路；

· 在荒地建立的新城；

o 在旧居民点附近建立的城镇；

TORFOU：五家新城（包括共有领主权）；

Rouvray St. Denis：贵族新城。

材料来源简要指南：

Acquebouille 1142—1143 年：Luchaire，Louis VII，n°. 98；Les Bordes，1203—1225 年：*Cartulaire de St. Avit d'Orléans*，no. 50—55；Bourg-la-Reine，原称 Préau Hédouin，1134 年以前：Luchaire，Louis VI，n° 536；Chalou-Moulineau，1185 年以前：Arch. Nat.，S 5131；Etampes，Marché Neuf，1123 年：Luchaire，Louis VI，n°333；La Forêt-Roi，1123—1127 年：Luchaire，Louis VI，n° 601；La Forêt-Saint-Croix，1155 年：*Cartul. de Ste Croix d'Orléans*，n° 75 et 115；Long umeau，1268 年前：Arch Seine et Oise，H，fonds de Longjumeau；Mantarville，约 1123 年 *Carst. de St. Jean en Vallée*，n° 33；Le Puiset，1102 至 1106 年之间：*Liber Testa mentorum Sancti Martini*，n° 56；Rouvray-Saint-Denis，1122—1145 年：Suger *De rebus*，c. XI；Torfou，1108—1170 年间：Luchaire，Louis VI，n° 551；Villeneuve-Jouxte-Etampes，1169—1170 年：Luchaire，Louis VII，n° 566；cf. J. M. Alliot，*Cartulaire de Notre-Dame d'Etampes*，n° XIII et CI；Vlleneuve（Angervirle 附近），1244 年以前：Arch. Seine et Oise，H，fonds d'Yerres（fondateur inconnu）；Villeneuve（Artenay 附近），1174 年以前：Arch. Loiret，G 1502（以 *Essart* 为题）

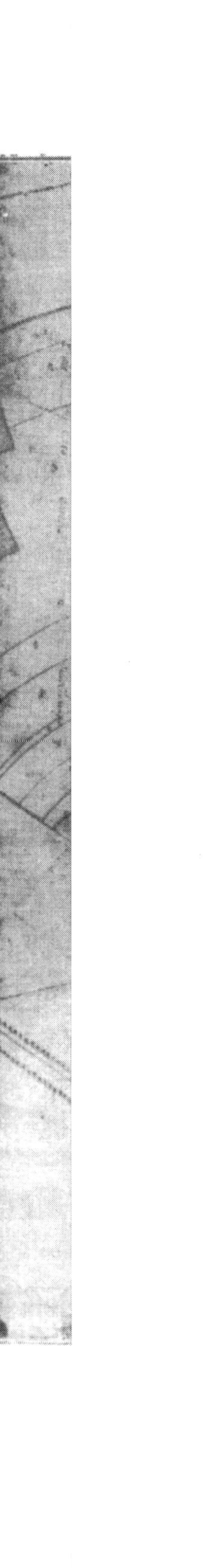

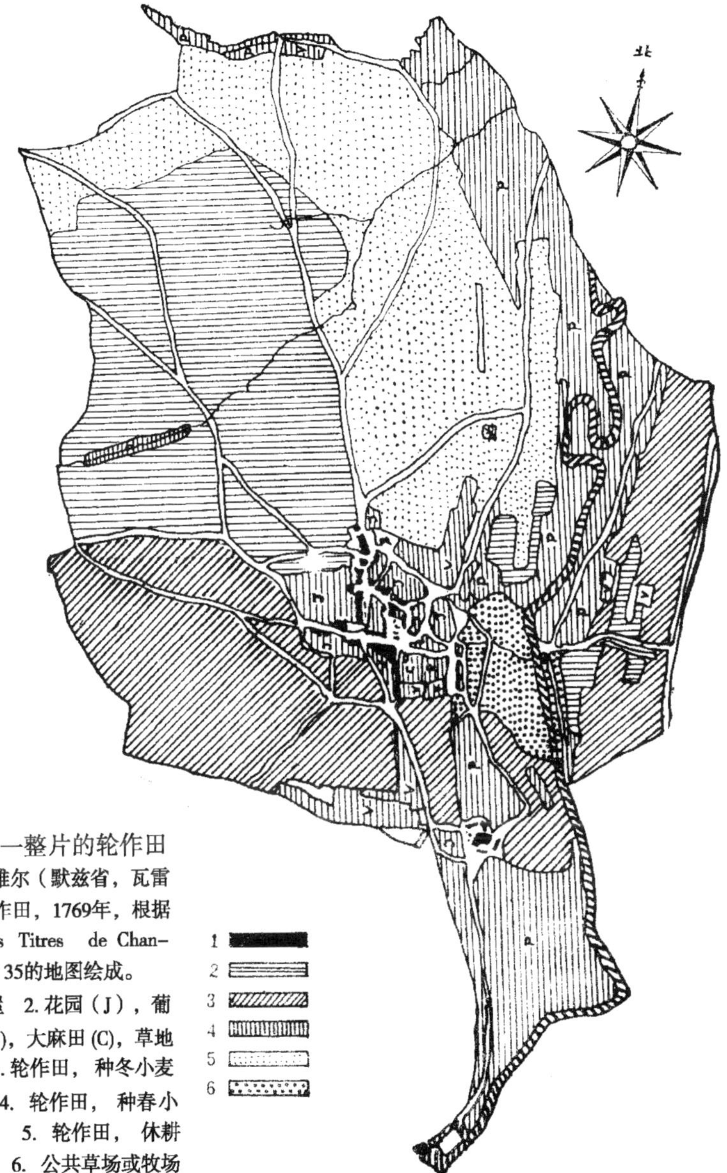

图4　连成一整片的轮作田

蒙伯兰维尔（默兹省，瓦雷讷区）的轮作田，1769年，根据Cabinet des Titres de Chantilly. E reg. 35的地图绘成。

1. 房屋　2. 花园（J），葡萄园（V），大麻田（C），草地（P）　3. 轮作田，种冬小麦部分　4. 轮作田，种春小麦部分　5. 轮作田，休耕部分　6. 公共草场或牧场

轮作田的东面部分也许是开垦相对较晚的土地。

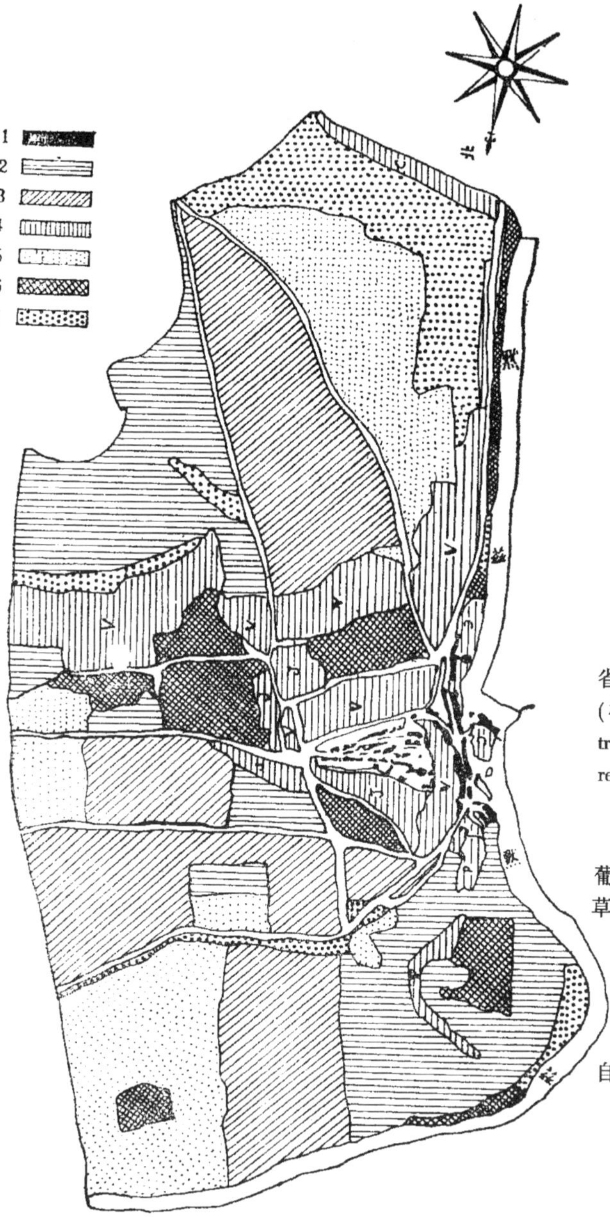

马斯河畔丹村(默兹省)的轮作田，1783年(根据 Cabinet des Titres de Chantilly, E reg. 39的地图绘成)。

1. 房屋

2. 花园和菜园(J)，葡萄园(V)，大麻田(C)，草地(P)

3. 轮作冬小麦田

4. 轮作春小麦田

5. 轮作休闲田

6. 不实行轮作制的自由分割的土地

7. 公共牧场

图5　分割相对小的轮作田；不实行轮作制土地

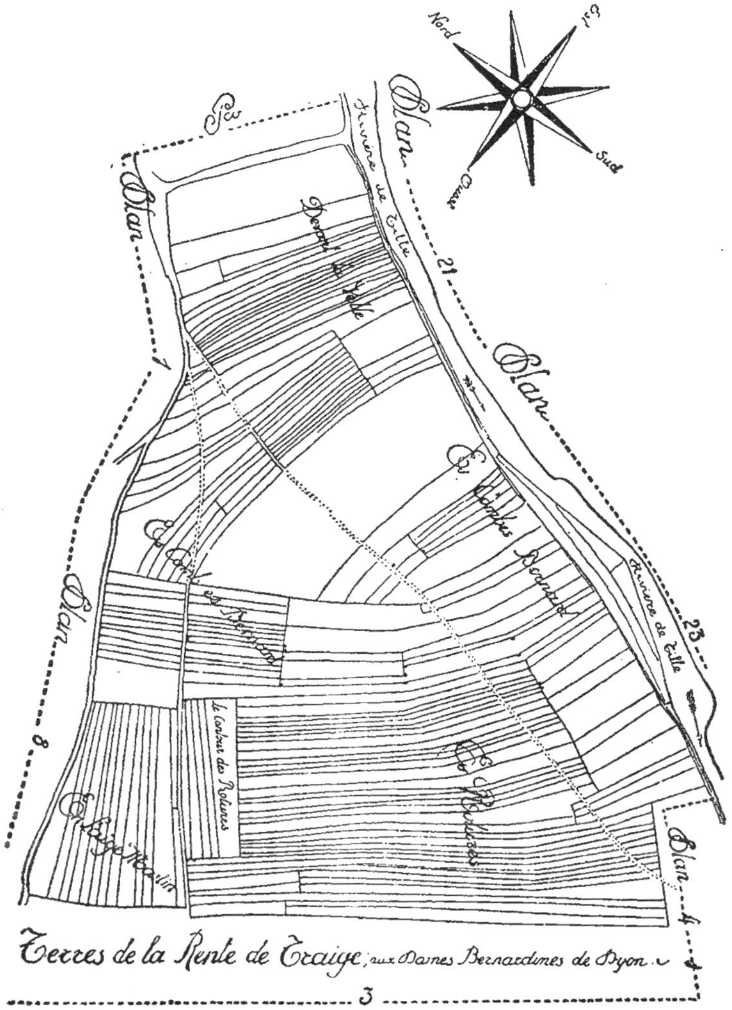

图 6　中世纪垦荒地上的长形敞地

根据 1782 至 1786 年间制成的斯普瓦(科多尔省,蒂耶河畔伊镇)地图的部分绘制。(Côte d'Or, E 1964,图 2)

写在一块田区上的 Rotures 这个名词表示垦荒地。沿着河边呈三角形的是一个叫 Bas de la Rochette 的小田区(图中未标名称),它要向主教交纳称为“新垦地”的什一税,这证明它本身也是由一块垦荒地构成的,而且那是一块在堂区建立、什一税被教会主持人据为己有之后开垦的荒地。这儿,我们看到了旧村庄周围耕地面积增加的一个十分明显的例子。斯普瓦的历史从 630 年起就有文字记载。

图 7　贝里的不规则形敞地

1765 年沙罗斯特(谢尔省)地图的第 9 页,1829 年重绘: Arch. Cher, altas non coté.

阴影部分的田块属于一个叫博德里的领主,很明显,这是一个土地兼并资产者,他的问题以后将涉及(第四章)。

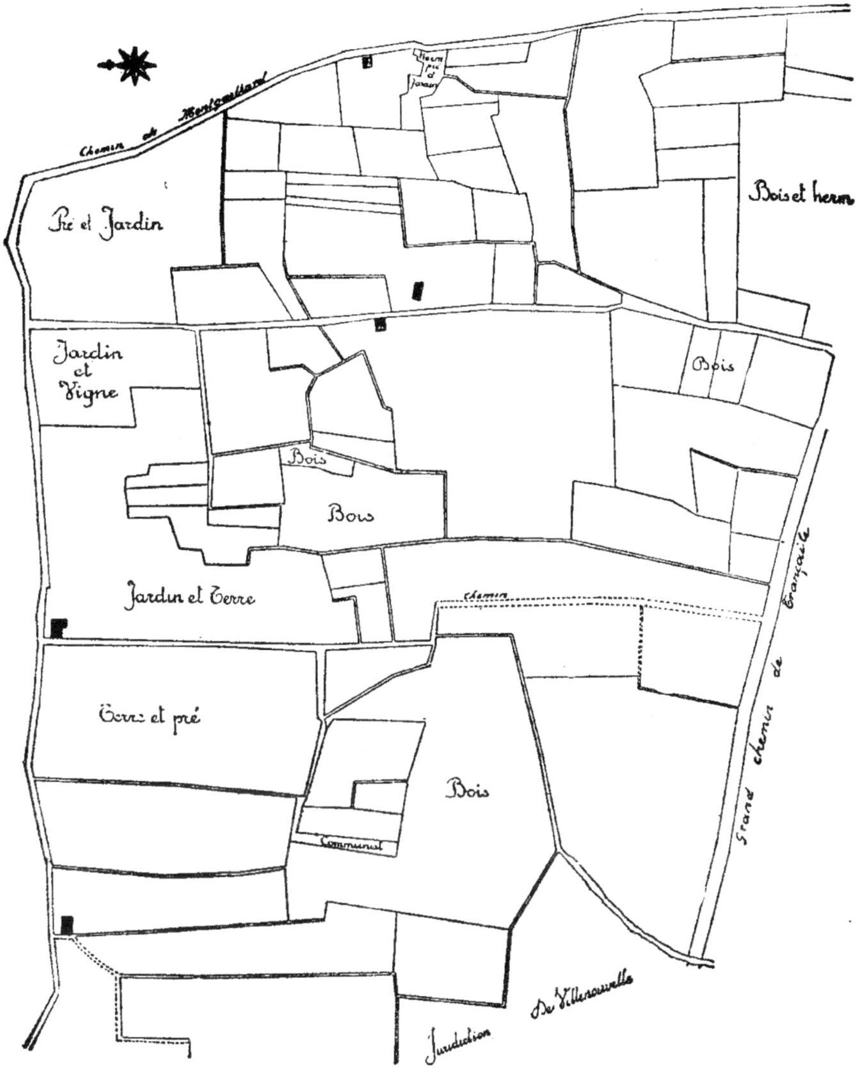

图 8　南方朗格多克的不规则形敞地

根据蒙加亚尔(上加龙省,维勒弗朗什区)地图的片段制成,18 世纪。

Arch. H[te] Garonne, C 1580, plan 7.

在照片上根据图例标明了作物的性质。Pré 为牧场,Jardin 为花园,Bois 为森林,Vigne 为葡萄园,未注明种植物的土地都是耕地。

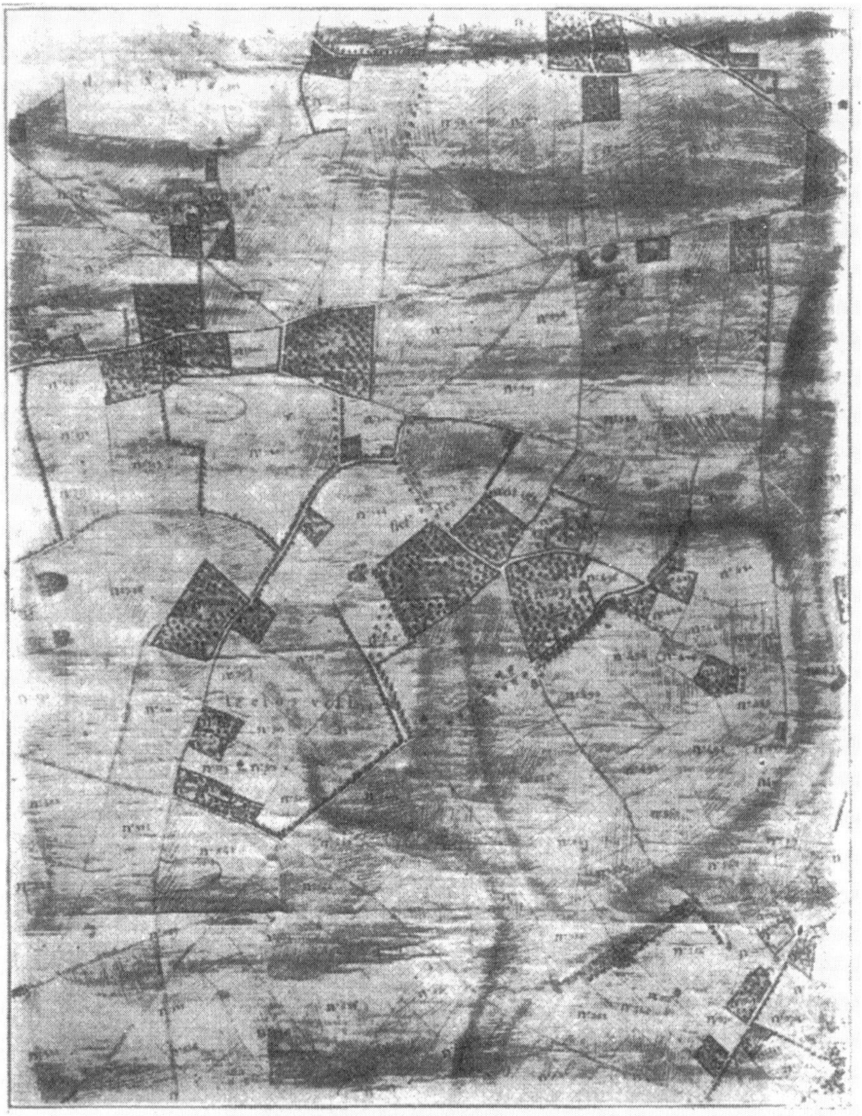

图 9　科地方的不规则形敞地

布雷欧特(下塞纳省,戈代维尔区)地图片段,1769 年。

Arch. S. Infér, plans n° 165.

人们注意到某些圈围地的出现,这是近代诺曼底农业制度变化的结果:对照后文第六章。

图 10　诺曼底由树木围隔的圈地

奥恩河畔圣奥贝尔(奥恩省,皮唐日区)地图片段,1700 年左右。

Arch. Calvados, H 3457.

圈地包括许多地块:如 1336 至 1339,1340 至 1342,1332 至 1334 号地块。1340 至 1342 号地块属于同一原始所有者的不同权力所有者。在另外的地图上,还有 1758 年的地块分布情况(H 3458),那时,1332 和 1333 号地块已由篱笆分割,地图上部 1097 和 1098 号地块之间也是同样情况。

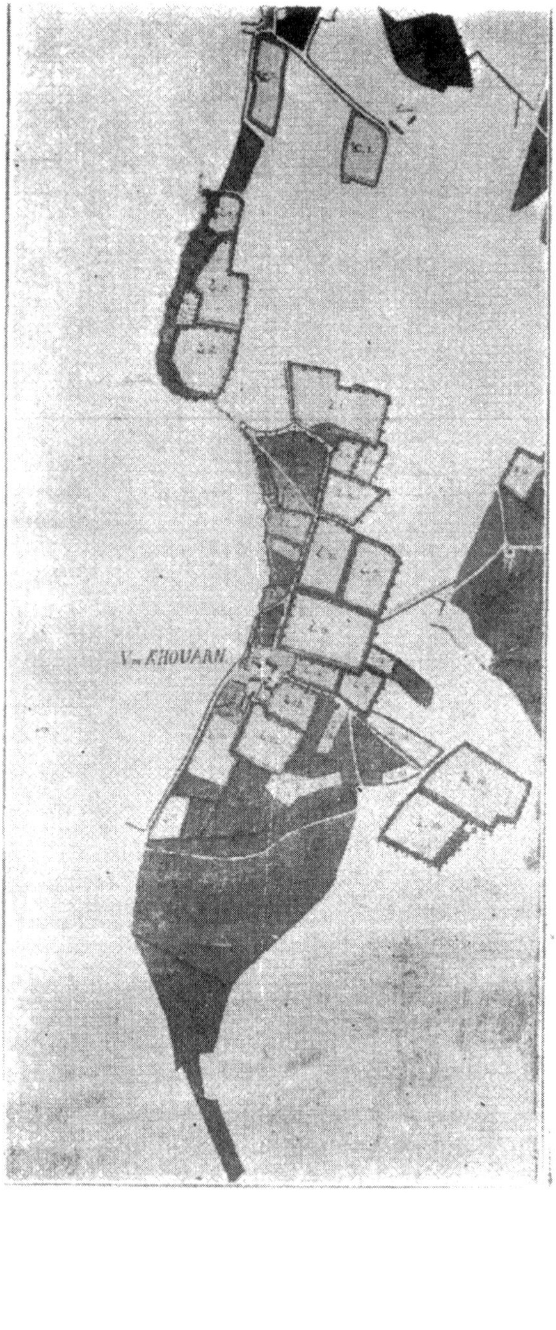

图11　布列塔尼的圈地和小村

1777年的克尔瓦恩(莫尔比昂省,马尔藏镇)地图。

Arch. Na., N II, Morbihan, 8.

图 12　中部地区(孔布拉伊)的圈地

1785 年若贝尔的村庄和拉布瓦尔的租田(阿列省,圣索维耶镇)地图。

Arch. Cher E 717, plan 59.

应该指出,绝大多数的土地在 1785 年属于资产者弗朗索瓦·巴莱及其妻子,而在 1603 年,它们还在众多的佃户的手中(见 Les terrierrs E 693 et 690)。

图 13　一个领主庄园的扩展

托米雷(科多尔省,乌什河畔布利尼亚区)的土地,尚-波托田区的地图,制于 1754 到 1764 年间。

Arch. Côte d'Or, G 2427, plan R.

在 1635 年,当地领主占有尚-波托田区中 7 汝尔纳 1/4,1/24,5 佩尔什(见土地赋税簿 G 2414),1756 至 1764 年(见土地赋税簿 G 2426),已于 1652 年 5 月 25 日获得领主庄园的欧坦圣母院的议事司铎把土地扩展到 22 汝尔纳 7/12(黑块部分),在一个半世纪左右的时间里,庄园差不多扩大到原来的三倍。

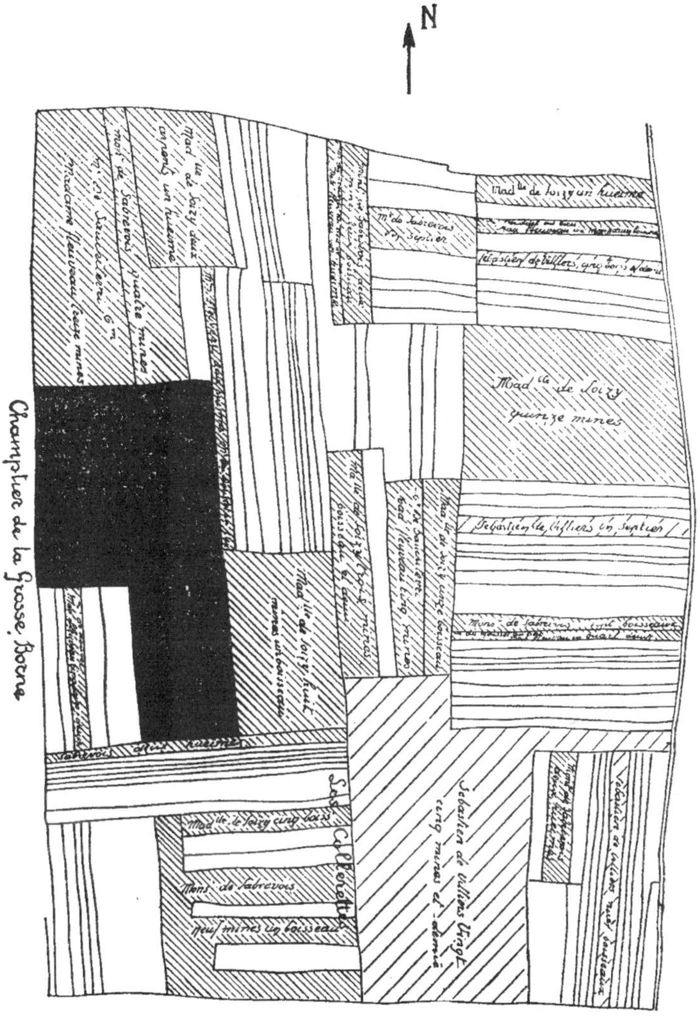

图 14　博斯大地产所有制的构成

根据莫纳维尔(塞纳瓦兹省,梅雷维尔区)地图的局部绘成,1699—1702 年。
Arch. Seine et Oise, D, fonds de St. Cyr.

- 领主庄园(原属圣但尼修道院的财产,后连同庄园归入圣西尔修女院)
- 贵族地产
  - Millourdin　的女主人 Fleureau 夫人的继承者
  - Choisy 或 Soizy 小姐
  - Bleury 的老爷 Sabrevois 先生
- 居住在莫纳维尔的"商人兼耕农"Sébastien de Villers

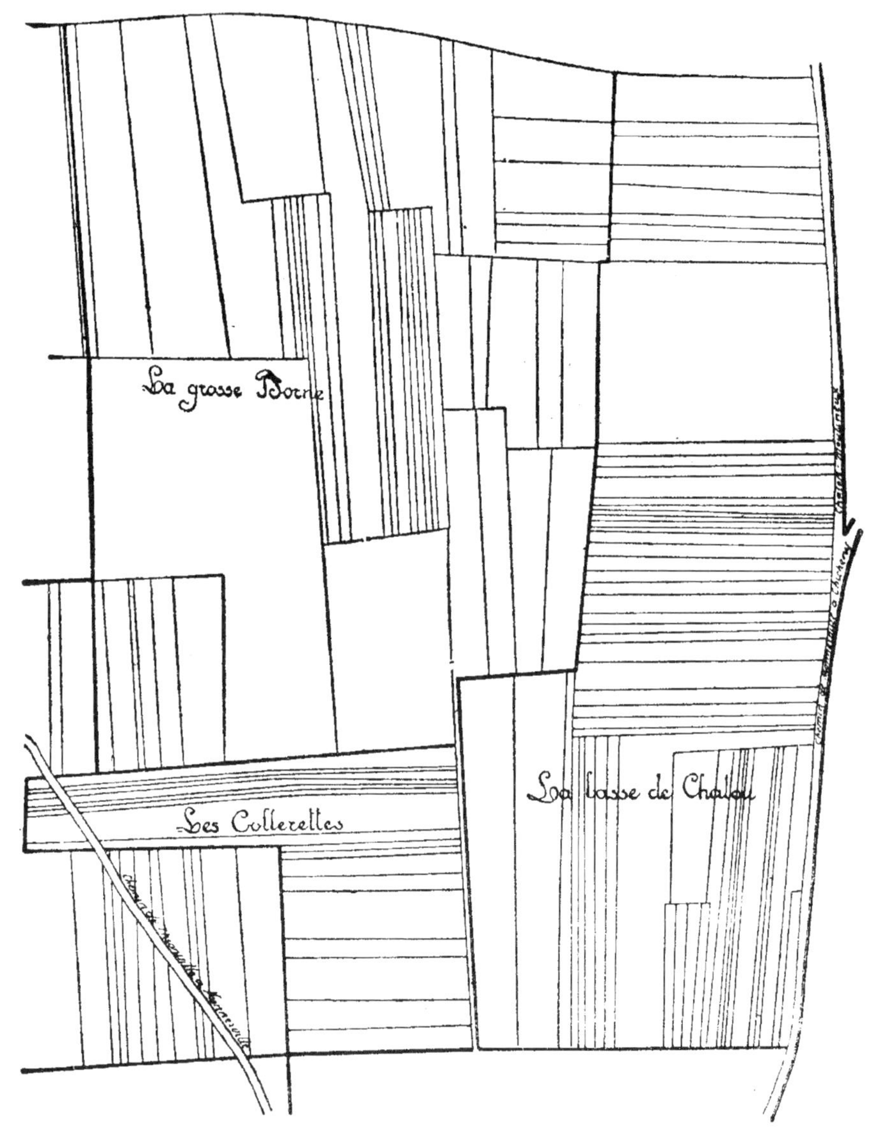

图 15　博斯大地产所有制的构成

与图 14 一样，是莫纳维尔的同一块地，根据 1831 年地籍图制成，Section A. feuille 3.

除了上一幅地图中原属 Sébastien de Villiers，后又不断分割的 163－170 号地块（靠南），所有于 1699－1702 年就存在的大地块到 1831 年时依然如旧。

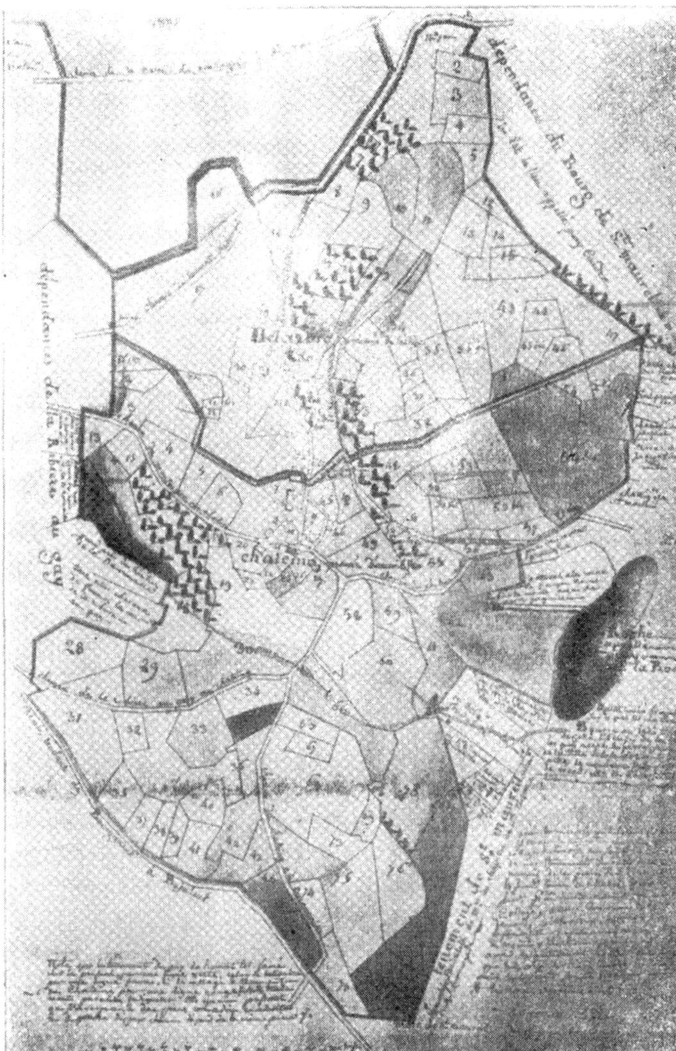

图 17　利穆赞与马尔舒瓦的农舍

1777 年夏坦的“村庄、农舍和租耕地”以及伯拉尔伯（克勒兹省，圣莫雷伊镇）的租耕地地图。

Arch. H^te^ Vienne，D 587，plan 2.

“mansum qui vocatur lo lastaint” 首次见诸 1100 年左右（*Cartulaire d'Aureil*，载于 *Bulletin. soc. archéologique du Limousin*，t. XLVIII，n° CXLV.）.

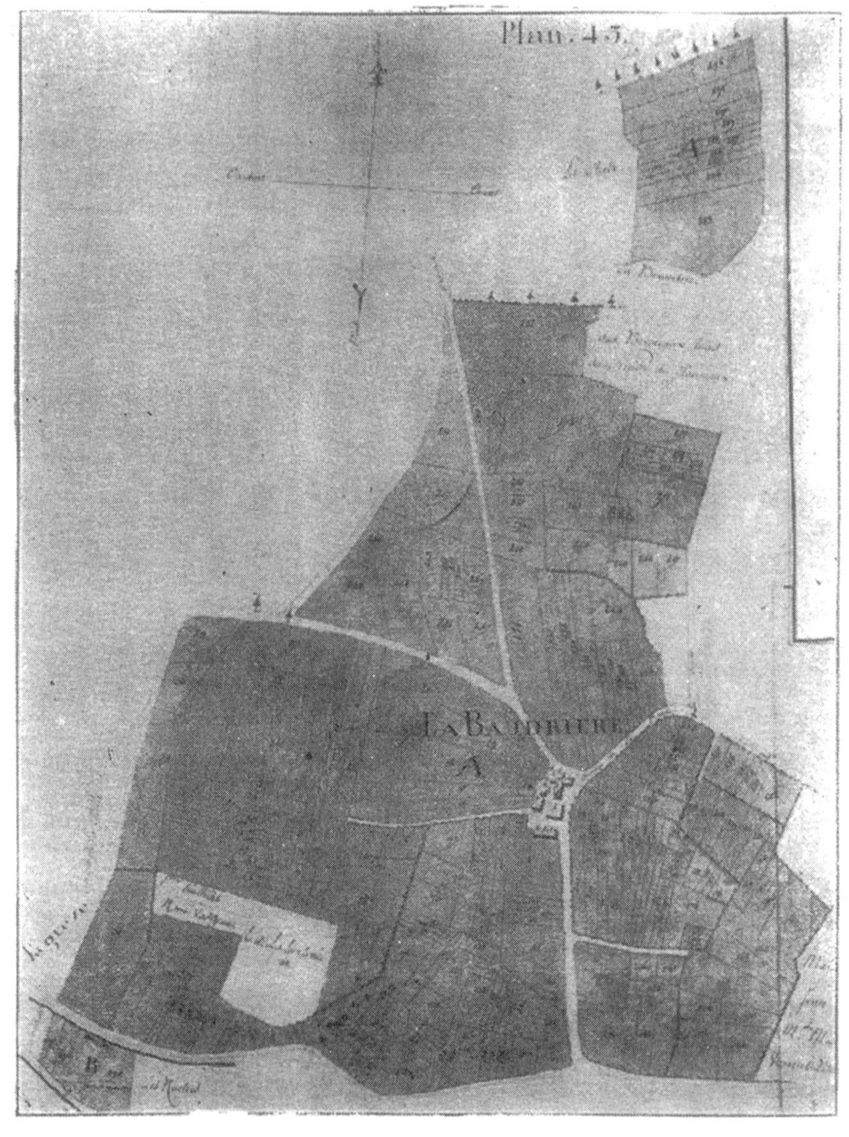

图 18　法国中部的田区，促进小村庄的诞生

拉博德里耶尔（维埃纳省，今天斯科布贝-克莱沃镇一个小村）的田区图，1789 年。Arch. Vienne, E 66 bis, plan 43.

标有 B 的部分（图上最下面）属于附近的博坦的田区，标有 A 的部分则属于拉博德里耶尔的田区。

图书在版编目(CIP)数据

法国农村史/(法)马克·布洛赫著;余中先,张朋浩,车耳译.—北京:商务印书馆,2017
(汉译世界学术名著丛书:120年纪念版:珍藏本)
ISBN 978-7-100-14078-2

Ⅰ.①法… Ⅱ.①马… ②余… ③张… ④车…
Ⅲ.①农业史—法国 Ⅳ.①F356.59

中国版本图书馆CIP数据核字(2017)第139534号

汉译世界学术名著丛书
(120年纪念版·珍藏本)
法国农村史
〔法〕马克·布洛赫 著
余中先 张朋浩 车 耳 译

商 务 印 书 馆 出 版
(北京王府井大街36号 邮政编码100710)
商 务 印 书 馆 发 行
南京爱德印刷有限公司印刷
ISBN 978-7-100-14078-2

2017年12月第1版　　开本710×1000 1/16
2017年12月第1次印刷　　印张19¾ 插页2
定价:93.00元